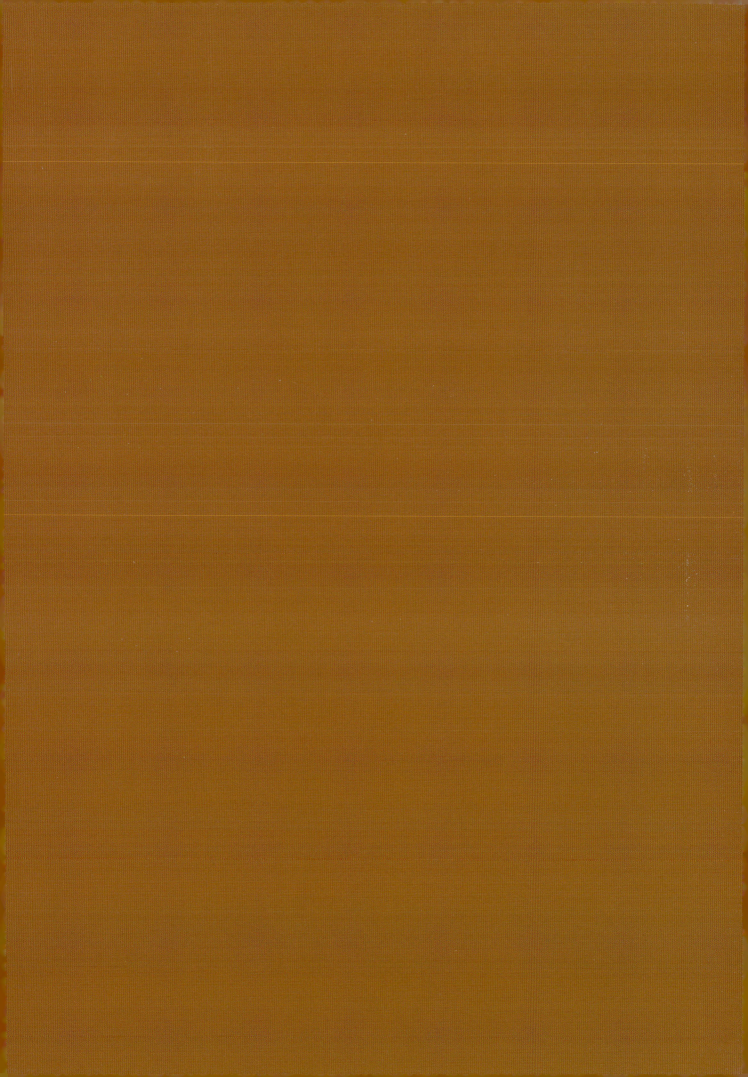

鄂州市博物馆
馆藏铁器保护修复报告

鄂州市博物馆 编

杨震 主编

华中科技大学出版社
http://press.hust.edu.cn
中国·武汉

图书在版编目（CIP）数据

鄂州市博物馆馆藏铁器保护修复报告 / 鄂州市博物馆编；杨震主编 . -- 武汉：华中科技大学出版社，2024.7
ISBN 978-7-5772-0369-0

Ⅰ.①鄂⋯　Ⅱ.①鄂⋯　②杨⋯　Ⅲ.①铁器（考古）—文物保护—鄂州　②铁器（考古）—文物修整—鄂州　Ⅳ.① K876.42

中国国家版本馆 CIP 数据核字 (2024) 第 103648 号

鄂州市博物馆馆藏铁器保护修复报告　　　　　　　　　　　　　　　　　　　　鄂州市博物馆　编
Ezhou Shi Bowuguan Guancang Tieqi Baohu Xiufu Baogao　　　　　　　　　杨　震　主编

策划编辑：李娟娟　饶　静

责任编辑：陈　然

封面设计：琥珀视觉

责任校对：李　弋

责任监印：朱　玢

出版发行：华中科技大学出版社（中国·武汉）　　　电话：（027）81321913
　　　　　武汉市东湖新技术开发区华工科技园　　　邮编：430223

印　　刷：武汉市洪林印务有限公司

开　　本：889mm×1194mm　1/16

印　　张：21.75

字　　数：419 千字

版　　次：2024 年 7 月第 1 版第 1 次印刷

定　　价：320.00 元

本书若有印装质量问题，请向出版社营销中心调换
全国免费服务热线：400-6679-118　　竭诚为您服务
版权所有　侵权必究

编 委 会

主　　任：刘　军

副 主 任：左继国　江楚文　李朝霞　余华兴
　　　　　卫扬柳　刘传坤

编　　委：（按姓氏笔画排列）
　　　　　卫扬柳　方　燕　左继国　刘　军　刘传坤
　　　　　江楚文　李朝霞　杨　震　余华兴　陈志勇
　　　　　钟　琼

主　　编：杨　震

副 主 编：方　燕　李　伟　赵　钰

编　　者：（按姓氏笔画排列）
　　　　　王瑞平　吴翠文　余夏红　陈　贤　郭红波
　　　　　葛　雯

前　言

在5000多年的文明发展进程中，中华民族创造了大量珍贵的文化遗产。这些宝贵遗产是历史与社会发展的见证，是文化认同的标志，是提高创新能力的源泉，也是研究我国古代历史、文化和科技的重要实物资料。

馆藏文物是文化遗产的重要组成部分，是博物馆事业可持续发展的重要资源和物质基础，更是祖先留给我们和子孙后代的宝贵财富。截至2023年8月，鄂州市博物馆藏品总数80154件（套），其中一级文物82件（套），二级文物673件（套），三级文物4036件（套）。科学有效地保护好这些珍贵的文物，充分发挥其在教育、研究、展示、宣传等方面的积极作用，是每一位文博人应尽的责任和义务。

为落实"保护第一、加强管理、挖掘价值、有效利用、让文物活起来"文物工作方针，鄂州市博物馆加强对博物馆科研实力的提升，将文物保护修复与科研工作紧密结合，组织相关科研人员对馆藏文物进行分类，分期调查、评估，依照国家文物局颁布的文物保护行业标准，依托专业机构的文物保护修复技术，通过馆藏文物保护修复项目的实践培养技术人才，全面提升博物馆软实力。在做好文物收藏保护和科学研究的基础上，提升和丰富展览内容，拓展对外交流，让更多的文物走出库房；让更多的民众近距离欣赏文物，感知艺术，触摸历史，使博物馆成为民众精神家园。

《鄂州市博物馆馆藏铁器保护修复报告》是鄂州市博物馆近两年来开展的馆藏可移动文物保护修复项目的研究报告，主要介绍馆藏铁器的保护修复与相关研究工作。全书共9章。第1章是项目综述，介绍鄂州市博物馆馆藏铁器保护与修复工作项目的立项、实施与验收的基本情况。第2章是项目概况，对项目器物来源及类型分类统计。第3章是文物基本信息与价值评估，对本项目的文物类型及来源情况进行简介，对不同时代的铁质文物的价值进行评估。第4章是铁质文物的保存现状及病害评估，针对器物保存状况，依照行业标准将文物保存现状进行分级。第5章是文物的科技分析，通过多种科学技术手段，提取样品的多维度信息，对文物病害类型进行诊断，加深对文物的全方位认知。第6章是铁质文物带锈保护实验研究，对不同配方缓蚀剂缓蚀效果进行对比研究、评估，筛选出高效率复合缓蚀剂。第7章是铁质文物保护、修复实施，着重介绍文物保护修复的实施流程，分别对具体修复方法进行翔实记录和描述。第8章是铁器保护修复案例，着重介绍对同一质地、不同保存状况的文物的有针对性的保护修复策略。第9章是保护修复后保存环境安全控制建议，提出文物的预防性保护预案。

  本书是一本关于铁器保护修复及相关问题研究的实例报告，依照国家文物局颁布的行业标准执行，对今后开展同类文物保护修复工作具有参考价值。

序一

鄂州市位于湖北省东部，地处长江中游南岸，长江水域流经鄂州达77.5公里，地理位置优越。鄂州历史文化悠久，最早可追溯到新石器时代。鄂州历史上曾为都城、陪都、郡、州、军、县等。早在西周时期，就有楚王封子为鄂王的记载。自春秋战国以来，始为东楚首府，继为鄂县，是楚文化发祥地之一，受楚文化浸润极深。三国时期，孙权在此建都，取名武昌。鄂州作为东吴国都和陪都，先后达45年之久。纵观历史，鄂州一直是鄂东地区重要的经济文化中心，是经贸、交通的重要口岸和物资集散地，同时也是一座军事重镇。

鄂州市是湖北省第一批省级历史文化名城，历史文化遗迹遗存十分丰富。作为展示鄂州地域历史文化的综合性博物馆，鄂州市博物馆馆藏文物8万余件，其馆藏文物以古铜镜和六朝青瓷最具特色，在全省乃至全国都有重要的地位。鄂州市博物馆馆藏铁器数量较大，精品众多，其中以三国吴错金铭文环首铁刀、三国吴环首铁刀、三国吴铁矛和三国吴铁戟4件一级铁质文物最为重要，是鄂州乃至全国三国时期铁质文物的典型代表。近代铁器中新式陆军指挥刀、刻有"曹锟敬赠""虎威将军"铭文的指挥刀、"十周年""吕鹏飞佩"中正剑等文物记录了近代中国军人的变迁。可以说，鄂州市博物馆馆藏铁器是鄂州历史沿革、军事传统的重要实物见证。

我国是世界上最早发明冶铁技术的国家，也是已知最早使用铁器的国家之一。铁器具有优良的理化性质，出现后很快取代了铜器。铁的化学性质活泼，在自然环境中其化学稳定性较铜、锡、铅等金属差，极易发生腐蚀。因此，保存下来的铁质文物数量远少于青铜文物，即使留存下来，铁器也已经发生严重腐蚀。铁质文物是现阶段保存难度最大的文物之一，研究铁质文物的保护技术对于铁质文物长久保存意义重大。为永续保存鄂州市博物馆馆藏铁质文物，2021年，在湖北省文化和旅游厅的支持下，鄂州市博物馆申请立项并实施了馆藏铁质文物保护修复项目，保护修复铁器121件，基本囊括了馆藏各时期重要的铁质文物。2023年8月，该项目顺利通过结项验收。

《鄂州市博物馆馆藏铁器保护修复报告》是"鄂州市博物馆馆藏铁器保护与修复"

项目的保护修复报告。该报告对鄂州市博物馆馆藏铁质文物进行了全面的价值评估，采用多种检测技术对这批铁器的埋藏环境、腐蚀产物、制作工艺进行了科学分析，并对其保存现状进行了综合评估。在此基础上，对铁质文物腐蚀机理进行了初步探讨，经科学实验后，筛选了适宜的加固和缓蚀材料用以保护修复这批珍贵的铁质文物。报告选取了5件珍贵典型铁器，翔实、系统地展示了保护修复技术流程和保护修复效果。

"鄂州市博物馆馆藏铁器保护与修复"项目结项报告真实、全面地展现了这批铁器在文物价值评估、腐蚀机理研究、保护新材料研发等方面的大量工作和研究成果，为鄂州市博物馆馆藏珍贵铁器展示、研究与利用留下了难得的宝贵文字资料。同时，该报告的出版对于铁质文物，特别是考古发掘出土的濒危铁质文物的保护修复具有重要的借鉴意义和参考价值。习近平总书记在文化传承发展座谈会上提出，要"在新的起点上继续推动文化繁荣、建设文化强国、建设中华民族现代文明"。借此，希望我省文物工作在"保护第一、加强管理、挖掘价值、有效利用、让文物活起来"的方针指导下，有更多高水平的保护修复成果以著作的形式出版，为我省乃至全国文物保护行业的发展提供成果借鉴和参考。

湖北省文化和旅游厅博物馆与社会文物处

序二

犹记得2011年，我在澳门嘉模讲坛给公众做"钢铁是怎样炼成的——中国古代钢铁技术概述"的演讲，有听众问关羽青龙偃月刀的制作技术和使用方式等问题。在思考如何回答这些问题时，我首先想到的是曹植的《宝刀赋》，其中有"建安中，家父魏王乃命有司造宝刀五枚，三年乃就"，"故其利，陆斩犀革，水断龙舟，轻击浮截，刃不瀸流。逾南越之巨阙，超西楚之太阿"的记载。其次想到的是在鄂州市博物馆所见的几把出土不久的东汉、三国时期的环首铁刀、铁戟等铁兵器，它们保存状况尚好，制作工艺精良，我还有幸对其中的一件进行了检测分析，确定是采用百炼钢工艺锻打炒钢而成，体现出当时铁兵器的最高制作水平。于是，我根据上面的信息并结合自己对传说和小说的理解回答了听众的问题。因此机缘，时隔多年，我仍常想起鄂州市博物馆馆藏的这些铁兵器，也经常关注这批铁器的研究和保护工作进展情况。不久前，编写团队嘱我为《鄂州市博物馆馆藏铁器保护修复报告》一书写篇序言，虽自觉力有不逮，但还是想讲讲阅读该书的三点体会。

第一，该书很好地贯彻了"没有正确认知文物的各类价值，就不可能有优秀的保护利用工作"的理念。从公元前两千纪中期开始，欧亚旧大陆多个地区开始使用人工冶铁制品，公元前一千纪开始进入铁器时代，不同地区发展出不同的冶铁技术传统，每种技术传统均需做好研究、保护与传承工作，其基础在于铁器及冶铁技术的价值认知研究。截至目前，中国最早的人工冶铁制品出土于甘肃陈旗磨沟遗址，系用块炼铁锻打而成的小件铁器，其年代为公元前十四世纪，相当于商代中期。在春秋早中期时的晋陕豫黄河金三角地带，出土了中原地区最早的一批包括块炼铁和生铁在内的铁器，显示出强烈的冶铁技术本土化现象。特别是随着春秋战国之交铸铁退火技术、战国秦汉时期炒钢技术以及之后的百炼钢、灌钢等技术的发明，更是创造出一个完全不同于其他国家的生铁冶炼和利用生铁进行炼钢的技术体系。在这一体系中，生铁冶铸、退火柔化、固体脱碳成钢、铁范铸造、炒钢、灰口铁、百炼钢、灌钢、水排鼓风、活塞式风箱鼓风、用煤和焦炭等多项长期领先于欧洲的冶铁制钢技术，为中国古代文明的发展作出了巨大贡献。这种从技术引进和自主创新方面体现出的中华民族创新与包容的特有气质，为正确阐释当今中国道路提供了坚实的历史依据。该书所述保护修复的121件铁器，年代范围从战国到民国时期，文物类型众多，农具、工具、生活用具和兵器均有，该书对这些铁器进行了系统性价值评估，为完整认识中国古代钢铁技术发展史提供了一批新的科学资料和历史依据，也为后续的文物保护修复工作奠定了基础。

第二，该书完整介绍了项目组关于铁质文物保护修复的理念、方法、操作过程和相关成效，体系完整，是国内为数不多的展示铁质文物保护修复研究成果的著作，其突出特点是：①写作体例完整，介绍内容详略得当，为保护修复项目报告的编写和出版提供了标准案例。②工作理念和方法科学先进，针对所涉及的文物保护工作，在价值评估和病害调查的基础上，制订了科学、可信、操作性强的保护修复方案；针对铁质文物带锈保护修复的难点问题，通过对比研究、评估等实验研究筛选出高效率复合缓蚀剂；开展铁质文物保护修复操作并就之后的保存环境安全控制提出预防性保护方案，具有保护修复技术路线合理、修复材料公布翔实、预防性保护建议有效等特点，因此学术价值较大。需要指出的是，近年来中国铁质文物保护修复的理论与实践工作成效较为显著，但相关成果尚未得到系统宣传和展示。该书秉持科学施策、开放共享的原则，严格执行文物保护行业标准操作规范，几乎将科学获取的数据全部公开，不回避保护修复工作中存在的不足，无一不体现出编写团队严谨创新、求真务实的学风，以及甘为人梯的奉献精神。

第三，在将中国古代铁质文物的研究、保护和传承利用工作继续推向深入方面，该书作出了榜样。韩汝玢和柯俊先生讲过，钢铁材料的广泛使用是中国古代经济发达、文化进步和社会长期领先于其他国家的重要因素之一，它影响了世界农业和人口分布、经济和政治的发展，为中华民族的融合和统一、国家的巩固、保证文明的连续性创造了经济基础。习近平总书记在《建设中国特色中国风格中国气派的考古学　更好认识源远流长博大精深的中华文明》一文中讲道："中国古代农业技术、'四大发明'以及漆器、丝绸、瓷器、生铁和制钢技术、郡县制、科举制等在世界文明史上具有鲜明的独创性。这些重大成就展示了我国在悠久历史进程中为人类文明进步作出的突出贡献，也展示了中华民族以和为贵的和平性格、海纳百川的包容特质、天下一家的大国气度。"文章进一步强调了中国古代在生铁及制钢技术方面的卓越贡献，为深入开展古代钢铁技术发展面貌研究、揭示其当代价值并做好保护传承工作指明了方向。因此，我趁此机会呼吁能有更多研究团队致力于铁质文物研究、保护与修复，呼吁在铁质文物和冶铁遗址两方面均加强研究、保护和传承利用工作,唯有如此,才能更好研究、保护铁质文物,并向世界展示中国古代钢铁技术的创造之美及其多方面的价值。

通读该书,也发现有不足之处,如对X射线探伤信息解读不深入,部分科技检测分析数据未能充分使用,特别是与腐蚀机理研究成果尚未充分结合,部分章节之间也存在关联性不强等问题。但瑕不掩瑜,该书的学术价值因以上三点而值得充分肯定。

写到此时,眼前仿佛看到关羽手握钢刀立于鄂州长江岸边的身影,我在想,如何用考古学和文物保护学的方法更好揭示当时的宝刀制作技术,如何保护考古发现的宝刀等铁器并赋予其新的时代价值,值得我们继续探索和努力。

是为序。

陈建立

北京大学考古文博学院党委书记

目 录

- 第一章 项目综述 1

- 第二章 项目概况 3
  - 第一节 鄂州地理、历史概况 3
  - 第二节 鄂州文物资源概况 4
  - 第三节 鄂州市博物馆概况 5

- 第三章 文物基本信息与价值评估 6
  - 第一节 文物类型及来源情况简介 6
  - 第二节 文物价值评估 8

- 第四章 铁质文物的保存现状及病害评估 12

- 第五章 科技分析 57
  - 第一节 埋藏和保存环境 57
  - 第二节 X射线探伤 61
  - 第三节 超景深显微观察 94
  - 第四节 拉曼光谱分析 162
  - 第五节 金相分析 176
  - 第六节 XRF检测 178
  - 第七节 小结 189

第六章　铁质文物带锈保护实验研究　196

　　第一节　铁质文物腐蚀机制及缓蚀材料　196
　　第二节　实验方案　200
　　第三节　结果与讨论　203
　　第四节　讨论　212

第七章　铁质文物保护、修复实施　213

　　第一节　制定铁质文物保护方案　213
　　第二节　保护处理的目标与原则　213
　　第三节　铁质文物脱盐、缓蚀与效果评估　216
　　第四节　修复　229

第八章　铁器保护修复案例　233

第九章　保护修复后保存环境安全控制建议　291

附录　292

　　附录A　鄂州市博物馆馆藏铁器基本信息表　292
　　附录B　铁器保护修复前后照片　298
　　附录C　铁器X射线荧光分析总表　324

后记　331

第一章 项目综述

2021年，鄂州市博物馆向湖北省文化和旅游厅申报其馆藏121件具有极高历史、科学、艺术价值，但存在病害的铁质文物保护修复项目，同年获立项批复（鄂文旅函〔2021〕231号）。其后，鄂州市博物馆委托湖北省博物馆文物保护中心负责为鄂州市博物馆馆藏121件铁质文物编制保护修复方案。方案上报省文化和旅游厅，经专家审阅通过并获批复（鄂文旅函〔2021〕334号）。

2022年6月17日，湖北省文化和旅游厅组织有关专家召开了"鄂州市博物馆馆藏铁质文物保护修复项目"实施方案评审会。与会专家考察了文物保存现状，查阅了相关资料，听取汇报，经质询、讨论，形成如下意见：

项目以湖北省文化和旅游厅的批复文件（鄂文旅函〔2021〕334号）意见为依据，在深入评估该批铁质文物保存现状的基础上，编制了《鄂州市博物馆馆藏铁质文物保护修复项目实施方案》（以下简称《实施方案》）。

《实施方案》目标明确，技术路线合理，操作工艺成熟，选用的保护修复材料适宜，可操作性强。同意《实施方案》通过评审。

2022年7月28日，鄂州市博物馆向社会公开招标铁质文物保护修复技术服务，具有铁质文物保护修复的资质团体均可投标。通过政府采购竞争性磋商，吉林省丹青文化艺术有限公司中标并正式签署鄂州市博物馆馆藏铁器保护修复工作项目合同，约定自签字之日起，正式启动鄂州市博物馆馆藏铁器保护修复工作。

2022年11月17日，湖北省文化和旅游厅组织故宫博物院的李化元研究员、荆州文物保护中心的方北松研究员、湖北省博物馆的王先福研究员、湖北省博物馆文物保护中心的周松峦研究员、湖北省文物考古研究院的李玲研究员组成专家组，采取线下和线上相结合的方式，召开"鄂州市博物馆馆藏铁器保护修复项目"实施中期评估会议。与会专家听取了项目组汇报，经质询、讨论形成如下意见：项目按照湖北省文化和旅游厅批复的《鄂州市博物馆馆藏铁质文物保护修复方案》（鄂文旅函〔2021〕334号）实施，已完成48件铁质文物的保护修复工作，为下一步工作的实施奠定了基础；在文物保护修复过程中，采取多学科相结合的研究模式，尤其注重文物价值研究，值得肯定；文物检测分析较全面，项目以48件近现代铁质文物的分析结果为依据，保护过程中采取带锈防锈处理，保护修复技术、工艺、方法科学成熟，保存了文物现状面貌，保护修复效果良好。同时建议：进一步加强对附着物、残留物、微痕等的检测分析；根据不同时代铁质文物的检测分析结果，加强保护修复的针对性。

2023年8月6日，湖北省文物事业发展中心组织荆州文物保护中心的方北松研究员、湖北省博物馆文物保护中心的周松峦研究员、湖北省文物考古研究院的李玲研究员组成专家组，召开了"鄂州市博物馆馆藏铁器保护修复项目"结项验收会议。专家组一致认为：项目按照湖北省文化和旅游厅批复的方案（鄂文旅函〔2021〕334号），完成了121件（套）出土铁质文物的保护修复工作；项目调查研究充分，研究方法合理，价值挖掘深入；项目通过对器物群全面的取样分析，以及对铁质文物的保存现状和腐蚀特征的系统研究，为文物保护项目实施提供了有力的技术支撑；实施过程按照批复的方案执行，技术路线合理，保护修复效果良好，保护修复档案和报告符合行业规范，达到了预期目标。一致同意通过结项验收。

第二章 项目概况

第一节 鄂州地理、历史概况

鄂州市位于湖北省东部,长江中游南岸,西与武汉市接壤,东、南与黄石市毗连,北与黄冈市隔长江相望。

鄂州的历史可以追溯至距今五六千年的新石器时代。至西周夷王时,楚君熊渠伐扬越,至鄂,于此封"中子红为鄂王"[1]。春秋时,为楚之别都,楚共王熊审封其三子子皙为鄂君。战国时,为鄂邑。秦置鄂县,属南郡,其范围西北界至长江,东抵江西,南接湖南。汉为鄂县,属江夏郡。

三国时期,孙权为适应赤壁之战后三国鼎立和吴蜀联盟出现裂痕的新形势,同时为了便于控制新占领的荆州,不得不把军事指挥中心移向长江中游,故孙权于公元221年4月迁都鄂县,改名"武昌",设"武昌"郡,并筑"武昌"城,以此为吴王王都,此后,鄂州开始成为长江中游中心城市。直到东吴黄龙元年(229年),孙权称帝于此,同年秋迁都建业(今南京市)[2],但仍"留太子登及尚书九官于武昌,使上大将军陆逊辅太子,并掌荆州及豫章二郡事,董督军国"[3]。陆逊死后,又以吕岱、诸葛恪、陆凯、滕胤等重臣先后镇守鄂州。东吴甘露元年(265年),孙皓又迁都鄂州一年有余。故在整个东吴,鄂州一直处于王都或陪都的重要地位。

西晋时鄂州仍为郡治,统柴桑、阳新、沙羡、鄂、官陵等县。元康元年(291年)由原属荆州改属新设江州。此时,原属"武昌"都寻阳县已改属庐江郡。永兴元年(304年)又从"武昌"郡分出柴桑县,与寻阳县合置寻阳郡[4]。寻阳兴起,使"武昌"的重要性有

---

1 《史记·楚世家》。
2 《三国志·吴书·吴主传》。
3 《资治通鉴》卷七十一《魏纪三》。
4 《晋书·地理志》。

所减弱。但在东晋偏安江左时，"武昌"又再度成为长江中游重镇，王敦、温峤、陶侃、庾亮与庾翼等大臣，均先后以荆州刺史或江州刺史身份镇守"武昌"，他们还有都督江、荆或加督豫、益、梁、交、广诸州的军事权力，可见在东晋前期，"武昌"实际上是长江中上游以至岭南地区的政治和军事中心。至东晋后期桓温专政后，改以江陵为根据地，并以襄阳为重镇，"武昌"地位遂逐步减弱。南朝时，在荆州与江州之间别立一郢州，州治设在夏口（今武昌），"武昌"郡亦改属郢州，辖县减为"武昌"、阳新、鄂三县，吴晋时"武昌"的重要地位又被夏口所取代。

隋军灭陈后，改郢州为鄂州，并撤销"武昌"郡，废鄂县入武昌县，隶属于鄂州。此后，唐、宋、元、明、清各代皆称武昌县，唐代属江南西道鄂州，宋代初属荆湖北路鄂州武昌军节度，后属寿昌军，元代属湖广行省武昌路，明代属湖广布政使司武昌府，清代属湖北省武昌府。1913年改武昌县为寿昌县，第二年又改称鄂城县，"鄂城县"一名自1914年起使用到1982年为止。在1962年和1979年曾两度设立过鄂城市，1983年合鄂城市、鄂城县及江对岸黄州镇设置鄂州市，原鄂城城区及郊区为鄂州市鄂城区，后又不辖黄州镇，以原鄂城县境为鄂州市辖区[1]。

鄂州市具有辉煌灿烂的历史，曾经创造出丰富的物质财富和精神财富，通过生动、精美、具有独特风格的文物来展现，铁器就是其中一大类。

第二节　鄂州文物资源概况

鄂州古称武昌，是湖北省第一批省级历史文化名城。鄂州历史悠久，在春秋战国和三国两晋南北朝时期，曾两度辉煌，在政治、经济、军事和文化上都曾繁荣一时，留下了大量历史文化遗址和遗物。截至2022年5月，鄂州市已有全国重点文物保护单位3处、省级文物保护单位21处、市级文物保护单位99处，合计123处。其中，具有代表性的文物保护单位有全国重点文物保护单位吴王城遗址、湖北省文物保护单位瓦窑咀窑址等。

吴王城遗址是全国重点文物保护单位之一，坐落于现鄂州城区武昌大道。公元221年，孙权将其统治中心迁到鄂县，改县名为"武昌"，在此大兴土木营造宫城。因孙权接受魏文帝曹丕"吴王"封号，所以此城名曰"吴王城"。魏黄初二年（221年）至吴黄龙元年（229年），吴王城作为正都长达9年，此后直至东吴灭亡，除后主孙皓曾短暂迁都"武昌"外，吴王城遗址一直是吴国陪都。经过考古勘探，该城呈长方形，东西长1100米，南北宽500米[2]。吴王城有护城河、城门，城内有宫殿群，名曰"安乐宫"，以太极正殿

---

1 南京大学历史系考古专业等：《鄂城六朝墓》，科学出版社，2007年。
2 鄂州市博物馆等：《六朝武昌城考古调查综述》，《江汉考古》1993年第2期。

为中心，旁有礼宾等殿，城内城外有大量房屋建筑与水井、地窖等设施。吴王城遗址是目前我国保存较好的三国两晋南北朝时期的古城遗址之一，有重要的历史和科学研究价值。

瓦窑咀窑址位于鄂城区凤凰街道办事处司徒村5组瓦窑咀湾，西北距吴王城遗址约3公里。1979年3月，鄂州市博物馆对瓦窑咀窑址进行了考古调查，发现了3处窑炉，并采集到陶罐、盆等遗物。1981年，湖北省人民政府将瓦窑咀窑址列为省级文物保护单位。2016年9月至2017年4月，武汉大学历史学院考古系与鄂州市博物馆对瓦窑咀窑址进行了考古发掘，收获了一批珍贵遗迹、遗物。从出土遗物看，瓦窑咀窑址主体年代当为东吴早中期，少量遗迹可晚至西晋时期。瓦窑咀窑址西北距吴王城仅约3公里，是吴王城外一处以烧制日用陶器为主的手工业作坊遗址，其功能应该主要是满足城内外居民日常生活所需。瓦窑咀窑址除出土大量陶器外，部分窑址操作坑或其附近灰坑亦出土了较多的青瓷器，有些瓷器为烧坏的废品。此外，瓷器胎釉也具有较明显的地域特点。这表明，瓦窑咀窑址亦烧造青瓷器，是湖北地区目前发现最早烧制青瓷器的窑址，其发现对研究湖北陶瓷史，以及早期青瓷技术交流与传播等具有重要意义[1]。

第三节 鄂州市博物馆概况

鄂州市博物馆新馆坐落于鄂州市西山风景区南麓，于2014年8月28日正式对外开放，馆区占地面积3万平方米，建筑面积2.1万平方米。馆舍按功能划分为陈列展示、社会教育、藏品保管、科学研究、文化产业、综合办公等区域，总体建筑风格为仿汉高台建筑，古朴博大，厚实典雅。

鄂州市博物馆是一座功能齐全、配套完善的现代综合性博物馆，采用高科技展陈手段，汇集并诠释了鄂州人文历史，其展览陈列定位清晰、重点突出，由"鄂地古韵·鄂楚历史文化""以武而昌·三国历史文化""以铜为鉴·铜镜文化""岁月流芳·鄂州民俗文化""历代名人与鄂州"五个基本陈列板块构成，另设有两个临时展厅。

鄂州市博物馆藏品主要通过考古发掘、征集、捐赠、收购等途径取得，藏品数量众多、种类丰富，藏品总数80154件（套），其中一级文物82件（套），二级文物673件（套），三级文物4036件（套）。文物年代上自新石器时代，下迄民国，尤以汉、三国、六朝时期的青铜镜、青瓷器最具特色，特别是三国吴龟形铜砚滴、三国吴错金铭文环首铁刀等一级文物，在湖北省内乃至全国都是独具风格的藏品，具有较高的艺术欣赏性和重要的研究价值。

---

[1] 曹昭、王然、徐劲松：《湖北鄂州瓦窑咀窑址发掘简报》，《江汉考古》2021年第3期。

第三章 文物基本信息与价值评估

铁价廉、易得、质优、适应性强的优点在古代是其他任何金属或非金属材料所不能比拟的。铁器冶炼是人类社会具有划时代意义的重要事件。中国早在商代就开始利用陨铁打造器具，最新考古发现表明，在商末周初时，中国就开始使用人工铁，到春秋时期，中国就发明了生铁（液态）冶炼技术，自此以后，世界形成了块炼铁（固态）、液态生铁冶炼两大技术分野。战国中晚期后，中国的冶铁技术进一步发展，开始跨入生铁冶铸时代。铁器的广泛使用是中国封建社会持续繁荣的生产力基础，对世界文明发展做出了巨大贡献。但是与铜器器型相比，铁器器型更简单，而且又没有铜器表面精美繁复的纹饰，导致在以前很长一段时间内，对铁器的保护和研究发展滞后，许多铁质文物未能发挥其作用。

如今，铁质文物的保护越来越受关注。但由于铁金属的特性，铁质文物锈蚀情况会比其他同期金属文物严重，导致其反映的历史信息被掩盖，处理锈蚀是铁质文物保护修复工作的重点之一。因此，为了保护铁质文物，揭示其信息、挖掘其价值以便于展示利用，采取合适的修复手段就成为近年来铁质文物保护工作的目标。

第一节 文物类型及来源情况简介

按器物年代划分，本项目所涉及的121件铁质文物中除了1件年代不明铁器外，包括3件战国时期铁器、31件汉代铁器、32件三国铁器、1件西晋铁器、4件东晋铁器、1件南朝时期铁器、12件清朝铁器和36件民国时期铁器。

本项目涉及的铁质文物类型众多，为了更清楚地归纳各种器型，本项目将所涉及的121件铁质文物按用途及性质分为四大门类：铁质农具、铁质工具、铁质生活用具和铁质兵器。其中，铁质农具共有8件，包括臿6件、叉1件和挖锄1件；铁质工具共有48件，包括刀27件、凿8件、斧4件、锤4件、铁权2件、飞钗1件、锁1件和砧1件；铁质生活用具共有21件，包括铁钩4件、铁镜4件、鐎斗3件、宗教用具2件、匜1件、釜1件、箕形器1件、饼模1件、剪刀1件、钟1件、炉1件和圣饼夹1件；铁质兵器共有48件，包括铁剑16件、环首铁刀7件、矛10件、匕首4件、刺刀3件、戟3件、箭镞1件、鞭1件、枪管1件、手枪1件和梭镖1件。这些铁质文物皆收藏于鄂州市博物馆，是鄂州地区几十年来考古发掘和征集收藏铁质文物的集合代表。

本项目所涉及的121件铁质文物中除了1件来源不明铁器外，包括75件发掘出土铁质文物和45件采集、征集或他人捐赠铁质文物。

75件发掘出土铁质文物来源具体为：鄂钢饮料厂M1出土18件铁器、鄂城棉花公司（鄂州市武昌大道443号环艺花园附近）J30出土15件铁器、鄂钢古水井出土4件铁器、程潮矿区矿山管理站余金水上交3件铁器、鄂钢630工地出土3件铁器、鄂钢八一钢厂出土2件铁器、鄂城出土2件铁器、鄂城火车站（今鄂州市朱家垴路东街火车站社区）M1出土2件铁器、鄂城棉花公司出土2件铁器、鄂城区房地产开发公司科技大楼（今鄂州市鄂城区古城路20号）J2出土2件铁器、鄂城新庙司徒砖瓦厂（今鄂州市鄂城区凤凰街道司徒村砖瓦厂）出土2件铁器、鄂城造船厂（今鄂州市鄂城区樊口薛家沟村）出土2件铁器、碧石韩信（今鄂州市鄂城区碧石韩信村）M6出土1件铁器、鄂钢冷轧（鄂州市鄂城钢铁厂冷轧车间）M14出土1件铁器、鄂城棉花公司J26出土1件铁器、鄂东华光三小队（鄂州市鄂城区西山街道华光村三组）出土1件铁器、鄂钢544M12出土1件铁器、鄂钢544M14出土1件铁器、鄂钢544工地出土1件铁器、鄂钢630工地出土1件铁器、鄂钢冷轧M62出土1件铁器、鄂州市麻纺厂（原鄂州市棉麻纺织总厂）出土1件铁器、科技大楼J2出土1件铁器、市汽车中心客运站（鄂州客运站）M1出土1件铁器、司徒村M102出土1件铁器、司徒村M64出土1件铁器、吴王城14号房（今鄂城区吴都花园小区）C13桩孔出土1件铁器、五里墩（鄂州市鄂城区鼓楼街道五里墩村）M1出土1件铁器、544工地M6出土1件铁器和朱家垴（鄂州市西山街办朱家垴村）M8出土1件铁器。

45件采集、征集或他人捐赠铁质文物来源具体为：鄂城征集36件铁器、涂镇公社征集1件铁器、鄂城采集1件铁器、吴王城12号房A9拉孔采集1件铁器、鄂城棉花工地采集1件铁器、花湖公社八庙大队(今花湖镇八庙村)曹家湾赠1件铁器、公友公社熊易大队（今鄂州市梁子湖区涂家垴镇熊易村）箭楼周启平捐赠2件铁器、沼山公社洪李大队（今沼山镇洪李大队）11队张友训捐赠1件铁器和曹锟捐赠1件铁器。

由于大部分出土铁质文物资料还在整理编撰中，就目前已经公布的资料来看，大部分出土于鄂州地区汉代至三国两晋南北朝的遗迹、遗物，主要来自鄂钢饮料厂M1，本项目中有18件铁器出土于鄂钢饮料厂M1。

鄂钢饮料厂M1位于鄂州市区西山南麓，东距吴王城约2000米。该墓营筑在西山南坡，分墓圹、墓道两部分。砖砌墓室营造在墓圹中，自北向南由棺式、过道、横前堂、甬道、东西耳室组成，墓室全长14.5米。该墓随葬器物丰富，有青瓷器、陶器、铜器、铁器等。其中铁器出土44件，占总数的10.6%，以铁钉和铁凿数量最多，另有铁臿、铁锤、铁砧、铁权等出土[1]。

待修复保护器物文物号、名称、来源、时代、尺寸等基本信息见附录A。

第二节 文物价值评估

文物是历史文化遗留下来的实物史料，其所拥有的历史信息的可靠性和真实性是文献资料所不能比拟的。我国是世界上最早发明冶铁技术的国家之一，铁器在我国有两千多年的历史。铁器的出现和发展，极大地推动了社会生产力的发展以及社会的进步，铁器是我国社会历史发展的见证者。

一、汉、三国时期铁质文物的文物价值

本项目中铁质文物数量众多，类型丰富，通过对其进行技术分析，可以揭示当时铁器冶炼工艺、矿料来源等信息，了解当时的生产力水平、社会经济发展状况，具有较高的科学研究价值。本项目中铁质文物年代从战国至民国都有分布，例如铁刀出土的年代以汉代、三国时期东吴和民国为主，通过对铁刀形制的深入研究可以总结出其生产制造的时代发展特点，可以间接地了解当时的社会生活、生产和经济贸易等发展情况，具有重要的历史研究价值。此外，虽然铁器在古代社会主要以实用为主，主要是为了满足人们的生活需求，但同时，也反映了人们的审美意识，例如出土于鄂钢综合原料厂M1的三国吴错金铭文环首铁刀，其环首部位和刀背上都装饰有错金纹饰，这些精美纹饰不仅提高了铁刀的审美价值，也保证了铁刀本身的实用性，给人以美的享受。

以用途及性质分类，本项目中的125件铁器可分为铁质农具、铁质工具、铁质生活用具和铁质兵器。铁质农具出现于春秋晚期，到战国中后期已普遍使用，不仅提高了耕作效率，还扩大了农田耕作面积，这使得战国及秦汉时期的农业生产水平得以大幅提高，生产力得到空前发展，同时促进了生产关系的变革，因此，对本项目中铁臿铁质农具的

1　陈贤一、丁堂华等：《湖北鄂州鄂钢饮料厂一号墓发掘报告》，《考古学报》1998年第1期。

研究，有助于了解鄂州在三国时期农业生产中的耕整地环节信息。随着冶铁技术的发展，人们使用铁器的场合越来越多，铁质工具和铁质生活用具在生产生活中广泛应用，本项目中对铁镜和鐎斗等的保护修复和研究有利于研究当时铁质用具的制造工艺和形制变化，探讨其背后的文化因素。铁质兵器的出现与不断改进，极大地提高了军队作战能力，促进了战争规模扩大和战争形势变化，对历史发展进程产生了直接影响，而东汉末年至三国两晋南北朝是中国古代社会发生重大转折的历史阶段，同时也是中国军事史上一个活跃时期，鄂州作为六朝时代（222—589年）长江中游重镇，出土铁质兵器数量众多，本项目所涉及的铁刀和环首铁刀占比大，通过观察铁刀形制结构，结合古文献，可以研究铁刀的制作方式、形制演变特点、结构部件甚至佩戴方式，以丰富对汉代至三国时期铁刀的了解。本项目中的铁质兵器对于研究鄂州当时的冶铁业有着重要意义，且有利于研究三国时期东吴的兵器制造、兵工管理结构，乃至军队作战方式。

本项目需要修复保护的鄂州市博物馆馆藏铁质文物中来源为出土发掘的共有79件，器物时代为战国时期、汉代、三国两晋南北朝和清代，数量众多，为研究鄂州铁器生产和使用提供了重要实物资料。其中，出土的汉代和三国东吴时期铁器共有65件，对于研究鄂州在汉代和三国时期的地位和作用提供了重要材料，对于研究鄂州地区汉代至三国时期的建城史、冶铁史、科技史和丧葬史等都具有重要意义。

二、民国时期铁质文物的文物价值

本项目中需要修复保护的民国铁器种类众多，具有重要的历史价值，部分器物上刻有铭文，通过对其进行深入研究，可以总结出民国时期鄂州地区铁器制造的时代特点，以及该地区政治制度、经济贸易、社会生活、民风习俗、文化艺术等特点。

此次文物大多都是兵器，随着社会的变革，军刀也随之改变。从清末陆军军刀到"中正剑"，可以从中看出近代中国的历史变迁，揭示近代兵器制造、军队形制等信息。例如文物编号为00787的民国铁马刀上有"曹锟敬赠""虎威将军"铭文，这对研究北洋时期军阀曹锟以及军阀纷争有重要启示。

民国铁刀（文物编号为00788）。根据刀柄装饰信息，通过查找相关资料确定该器物实际为清末新式陆军配刀，它对研究清末兵制，尤其是陆军军刀和军衔等级制度有重要参考价值。此器物为给新军发放的军官佩刀，或称指挥刀、仪仗刀，以刀柄的龙身、龙爪来标识地位的高低。据相关文献记载，军官配刀，刀柄壳及护手，均用铜质镀金色，柄尾高錾莽头。以刀柄花纹分等，以刀柄金丝分级。上等官，刀柄及护手均高錾蟒鳞花纹；中等官，平镌蟒鳞花纹；下等官，均用光面不制花纹。各等第一级，均用金丝三道缠刀柄；第二级，均用两道缠刀柄；第三级，用一道缠刀柄。从文物编号为00788的这把军刀铜质柄壳上高錾龙纹、龙有五爪和手把上保留的两种铜丝（素丝和拧花丝）来看，拥有者官职至少为上等二级。此器物是研究清末新军佩刀和等级制度的重要实物。

民国铁刺刀（文物编号为01141）。手柄上的铜壳外侧一面刻着"校长蒋中正赠"，另一面刻有"中央陆军军官学校军官第十九期学生毕业纪念"，说明此器物为中央陆军军官学校给学生发放的毕业纪念品。此剑亦被称为"中正剑"，是蒋介石担任黄埔军校校长时赠予毕业生、得力部将和有功人员的随身短剑。"中正剑"见证了黄埔军校的一段历史。1924年，孙中山在中国共产党和苏联的帮助下，于广东省广州市黄埔区正式成立中央陆军军官学校，又名黄埔军校。1927年黄埔军校曾迁至武汉，而鄂州毗邻武汉，故与黄埔军校关系密切。文物编号为01141的民国铁刺刀的使用者吕鹏飞即为鄂州人。刀身一面统一铸刻"成功成仁"，因此"中正剑"也叫"成仁剑"，意思是当军队战斗力不如敌人，最后只剩佩剑者一人时，应当拔剑自刎，也就是"不成功，便成仁"[1]。

铁器见证了我国社会生产力的发展过程，铁质文物对研究我国的冶铁和科学技术史有很大的帮助。这一批铁器从不同角度反映了民国时期的科学技术和生产力水平，也从侧面显示出民国时期的社会经济、军事状况。这批铁质文物是民国时期鄂州地区劳动生产者创造出的劳动成果，其矿物原料、制作流程和工艺反映了民国时期的科技发展水平。对这一批铁质文物进行科技分析，可以得知其矿料来源以及冶铁工艺等重要信息。鄂州的铁矿资源丰富，据《鄂州市志》记载，鄂州已探明铁矿储量为2.5亿吨，居全省第二位。1919年王遇甲创建了官商合办的鄂城铁矿有限公司，对鄂州境内的铁矿加以采掘。据杨宽所著《中国古代冶铁技术发展史》的记载，近代鄂州有独特的"中型土高炉"经久耐用，每半个小时即可出铁95—110公斤，产量高，说明鄂州地区的冶铁业在民国时期较发达。此次涉及的文物对研究鄂州近代冶铁技术的发展具有一定的价值。

此批文物除了有较高的实用价值外，还具有一定的审美价值，充分体现了人们的审美水平。其中一部分铁器具有优美的造型和精美的传统纹饰，实用与美观高度结合。很多军刀十分精美，蕴含丰富的传统文化元素，例如文物编号为00787的民国铁马刀有玳瑁手柄，外侧包裹铜质柄套上高錾铁血十九星和五色旗，具有胜利的含义，旗杆处阴錾祥云绶带。此军刀风格以西方刀剑为主，局部融入了中国传统刀剑风格，装饰有菊花等具有象征意义的传统纹样。文物编号为00788的民国铁刀刀柄壳及护手，均用铜质镀金色，柄尾高錾莽头，刀柄及护手均高錾蟒鳞花纹，木质把手上缠有素丝和绞花两种金属丝，十分精美。文物编号为01141的民国铁刺刀格为菱形片状，两头为球形，手柄外侧包有铜壳，铜壳首端两面高錾狮头，柄中两面高錾隶书铭文，刀柄上鞘扣装饰党徽，鞘口和刀标用

---

[1] 杨涛：《"中正剑"的沉浮起落》，《文史春秋》2010年第1期。

铜皮包裹，上高錾云纹和梅花。整件器物器形简约，细节精致。

这一批铁质文物蕴含着丰富的文化内涵，是历史文化的载体，此批文物是中华传统文化和近代军刀文化融合的代表。一部分铁器表面刻有精美的花纹，体现了传统文化的延续，如文物编号为 00787 的民国铁马刀，鞘扣按钮和护手上都装饰有菊花纹样。菊花在中国传统文化意象中代表不畏风霜的高尚品格，包含了长寿的寓意。这一批文物包含一大批铁刀，刀在军事武备中是广泛使用的武器，在近代军事史的发展中，军刀逐渐从实战兵器演变为代表军人等级、地位的标志，具备礼仪和指挥功用，成为军人荣誉和军队的精神象征，形成军刀文化[1]。辛亥革命后，军阀混战，很多将领会定制属于自己的军刀。军刀成为军人间互赠的礼物，也有上级赠予下级，作为荣誉的象征。这种特殊的军人荣誉制度，记录了近代军人的"理想"和"追求"。

此外，这一批文物中还包括两件铁质的宗教用具，这对研究民国时期鄂州地区的宗教思想与民众的社会生活有一定的参考作用。

---

[1] 尹仑：《从大清陆军军刀到护国共和军刀》，《云南档案》2018 年第 6 期。

第四章　铁质文物的保存现状及病害评估

本批铁器大致可划分为容器类和兵器类（剑和刀）两大类。一部分来源于考古出土，另一部分来源于社会征集。考古出土的铁质文物整体保存状况较差，全面腐蚀，整体呈棕黄色，器物表面通体布满较厚的酥松锈蚀层，局部表面有硬结物，酥松发脆的锈蚀物以裂隙及层状剥离状态存在，有些器物局部呈瘤状物凸起状。社会征集的近现代铁质文物大多表面通体锈蚀，但铁基体保存较完好。本批考古出土容器类铁器都被厚厚的泥土所包裹，出现严重的断裂及矿化、残缺不全现象。部分器物曾经做过临时保护处理，器表石蜡封护层已老化开裂、剥落，丧失保护作用。兵器类器物表面覆盖白色较致密的沉积物，局部附有席纹、编织物、木质等形状的锈蚀痕迹。兵器类铁器有的在剑柄部位还存在着铜挡。铁器的锈蚀情况见图 4-1 至图 4-10。

图 4-1　全面腐蚀，器表石蜡封护层老化开裂、剥落，残缺，断裂

图 4-2　全面腐蚀剥落，残缺，断裂

图 4-3 全面腐蚀，层状剥离

图 4-4 全面腐蚀，层状剥离，表面硬结物

图 4-5 全面腐蚀，层状剥落

图 4-6 残缺，断裂，层状剥离

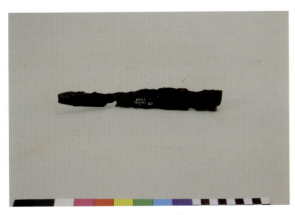

图 4-7 残缺，断裂，变形

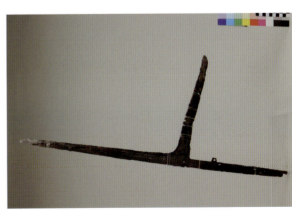

图 4-8 全面腐蚀，层状剥离

图 4-9 层状剥离，表面硬结物、瘤状物

图 4-10 全面腐蚀，表面硬结物

参考中华人民共和国文物保护行业标准《馆藏铁质文物病害与图示》（GB/T 30686—2014）所界定的病害类型，本批铁器存在的病害有：残缺、断裂、裂隙、变形、孔洞、层状剥离、表面硬结物、瘤状物、点腐蚀、缝隙腐蚀、通体矿化、全面腐蚀。病害评估有三个等级：中度、重度、濒危。

中度——无层状剥落，有轻微缺失，且缺失部位不影响文物花纹、铭文完整，不影响文物强度，有轻微变形、腐蚀、矿化，但均处于稳定状态，其余病害现象处于稳定状态，不影响文物整体强度和观赏性，通过适当的保护修复，容易去除病害。

重度——多种病害现象均有不同程度体现，文物强度、观赏性不同程度受到影响，通过适当的保护修复，可以去除部分病害，适当增加文物强度，恢复文物观赏性，并使裂隙、层状剥落、腐蚀、矿化等病害现象趋于稳定。

濒危——多种病害现象均有体现，文物强度、观赏性受到严重影响，通过保护修复，文物强度增加不明显，仍无法恢复文物观赏性。

121件铁器文物中，45件铁器的病害情况评估为中度，占37.2%；49件铁器病害属于重度，占40.5%；27件已处于濒危状态占22.3%。

具体的病害调查见表4-1、表4-2。

表 4-1　鄂州市博物馆馆藏古代铁质文物病害调查表

序号	文物号	名称	照片	病害示意图	病害情况	既往保护修复	病害程度
1	00829	东汉铁刀		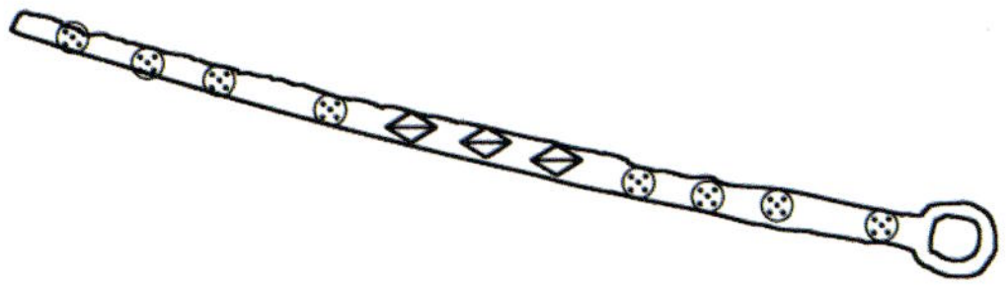	刃部残损。全面腐蚀，局部矿化，器表呈黄褐色，附着大量深褐色有点状锈结坑，腐蚀色点状有层状剥落现象	无	濒危
2	00827	东汉铁刀		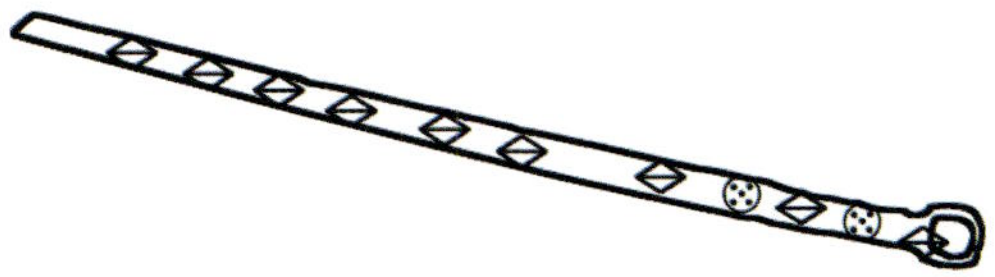	形制基本完整，刃部微残。全面腐蚀，器表附着大量硬结物，局部有黄褐色点状腐蚀坑	无	重度
3	08586	汉铁剑		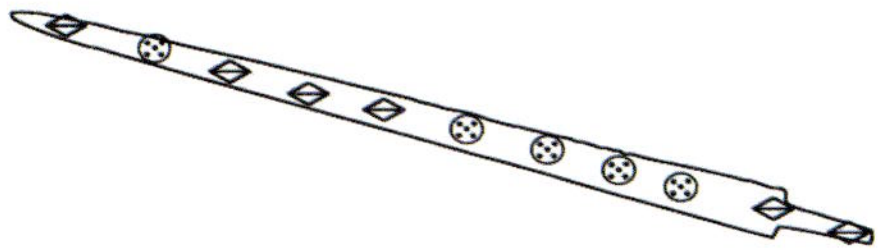	器型基本完整，刃部微残。全面呈褐色，表面较致密，局部深褐色酥松附着，局部有黄色锈蚀，有点状分布的锈蚀坑	无	重度

续表

序号	文物号	名称	照片	病害示意图	病害情况	既往保护修复	病害程度
4	01124	铁剑		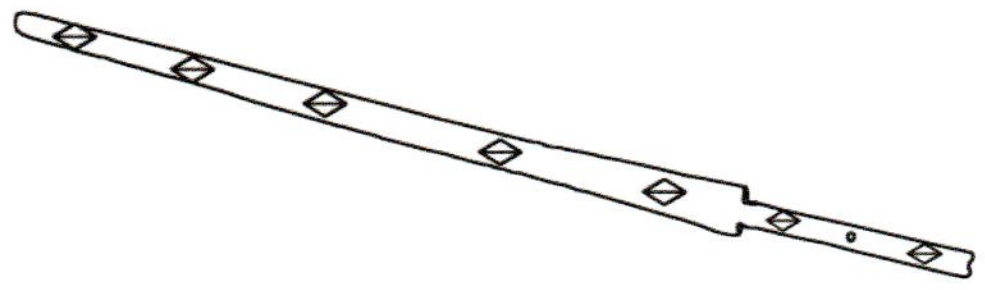	锋、首缺失，刃微腐蚀，全面残。表面呈坑洼不平，较致密的深褐色，局部酥松锈蚀和灰白色硬结物黄色	无	重度
5	08588	汉铁矛		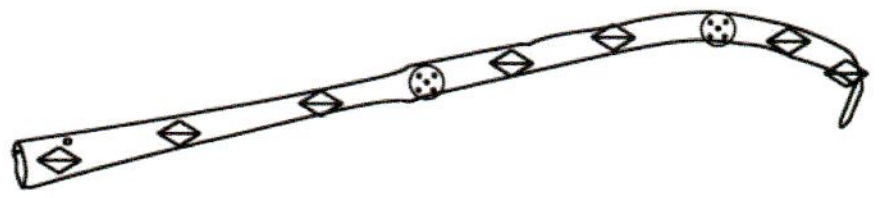	矛前端变形，叶刃微残。全面腐蚀，表面坑洼不平，整体为深褐色，局部附着锈蚀黄色和灰白色硬结物	无	重度
6	08589	汉环首铁削刀		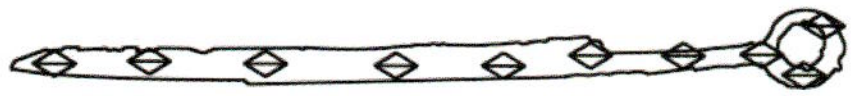	刃面变形，刃微腐蚀，全面残。表面坑洼不平，总体呈黑褐色，局部附着黄色锈蚀和灰白色硬结物	无	重度

续表

序号	文物号	名称	照片	病害示意图	病害情况	既往保护修复	病害程度
7	08584	汉环首铁削刀	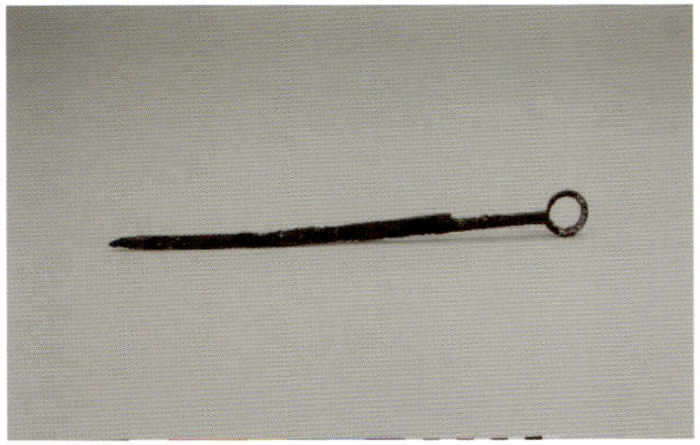	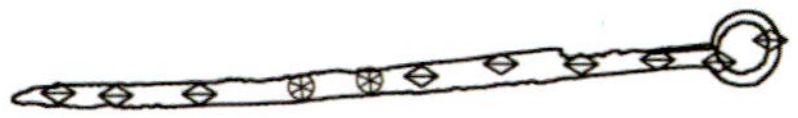	刀刃残损。全面腐蚀，局部呈黑褐色，局部有层状剥落现象	无	重度
8	68120	汉铁矛		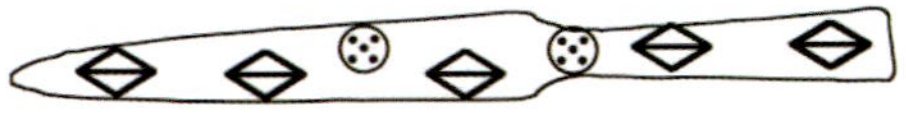	器物形制基本完整。全面腐蚀，器体整体呈深褐色，局部附着大量酥松黄色较厚锈蚀和灰白色硬结物	无	重度
9	68121	汉铁矛			锋残缺。全面腐蚀，表面坑洼不平，通体呈深砖红色，表面附着薄锈和灰白色硬锈结物。有点状腐蚀坑分布	无	重度

续表

序号	文物号	名称	照片	病害示意图	病害情况	既往保护修复	病害程度
10	08585	汉铁矛			锋残缺，刃残损。全面腐蚀，表面附着砖红色和灰白色锈蚀物，局部表层硬结有片状剥落现象	无	重度
11	08550	汉铁矛			形制完整，刃微残，有裂隙。腐蚀物附着严重，大量褐色、灰白色硬结物，有片状剥落现象	无	重度
12	07354	战国时代铁𨨏		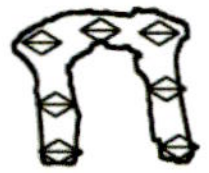	刃及器残缺。全面腐蚀，局部矿化，表面附着大量瘤状物及多处有片状剥落现象	无	濒危

续表

序号	文物号	名称	照片	病害示意图	病害情况	既往保护修复	病害程度
13	08577	汉铁戟		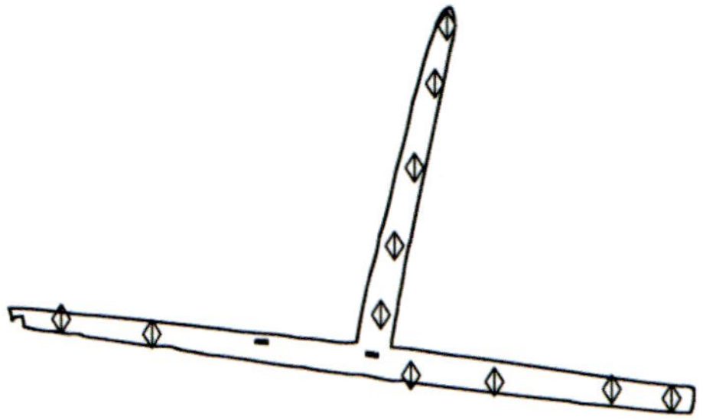	器型基本完整，锋、刃残损，全面腐蚀，表面附着大量黄褐色、灰白色硬结物，局部有片状剥落现象	无	重度
14	08578	汉铁戟	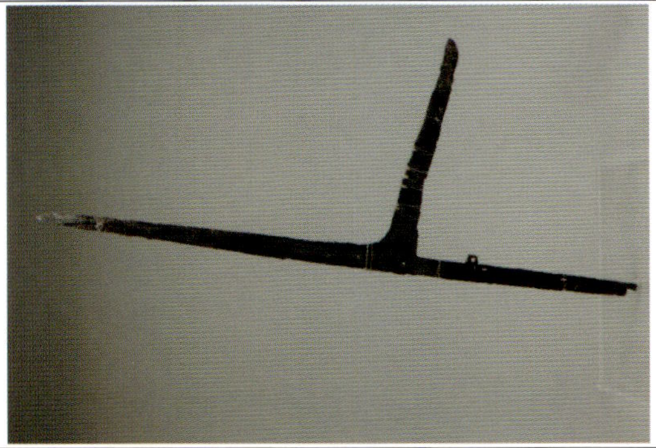	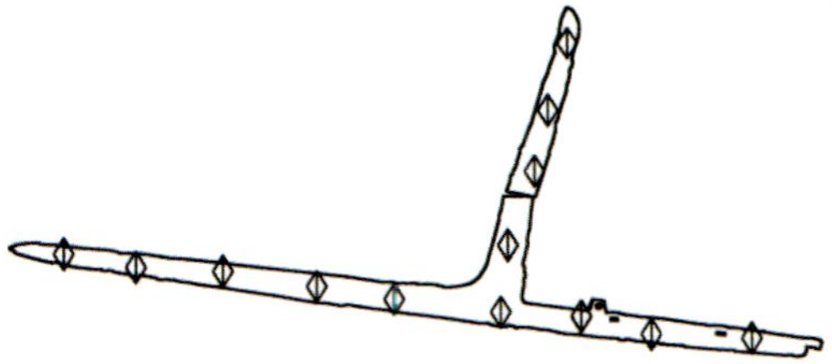	刃部残损，援断为二。全面腐蚀，表面附着大量黄褐色、灰白色硬结物，局部有片状剥落现象	无	重度
15	01118	三国吴铁刀			锋、刃微蚀，器全面附着大量灰褐色、黄褐色硬结物，局部表面有片状剥落现象	无	重度

续表

序号	文物号	名称	照片	病害示意图	病害情况	既往保护修复	病害程度
16	01120	三国吴铁钩	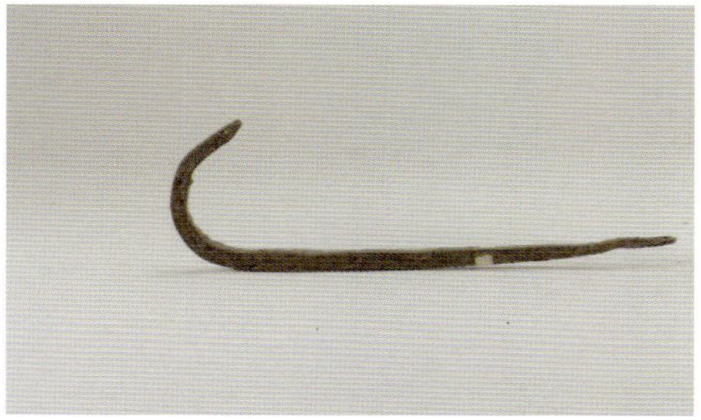		局部变形。全面腐蚀,整器呈深褐色,局部附着器物,黄色硬结物,有大量点状腐蚀坑分布	无	重度
17	01142	汉铁剑	 	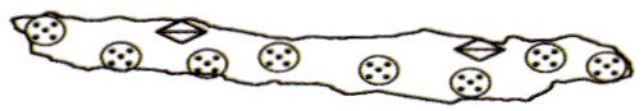 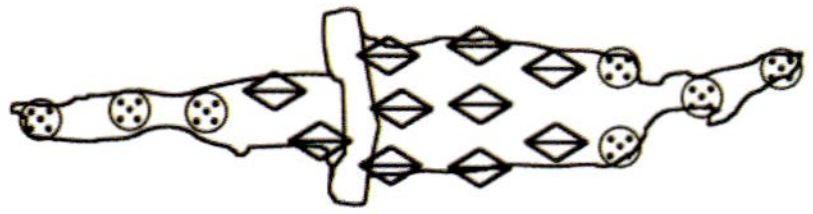	残缺严重,剑身仅剩一小截,茎局部残缺且伴有开裂,格局部残缺,除剑格外基本矿化。茎表面被黄褐色硬结物覆盖,多处有片状剥落现象。格表面为灰绿色致密锈层,局部有点状剥落现象	无	濒危

续表

序号	文物号	名称	照片	病害示意图	病害情况	既往保护修复	病害程度
18	01122	三国吴铁刀			刀身残缺1/3。全面腐蚀，局部呈黑褐色，通体表面附着黄白色沉积物及土锈物。刀面局部起皮，有片状剥落现象	无	重度
19	01125	三国吴铁削刀			刀身残缺约1/3，刀茎开裂。全面腐蚀，器表覆盖大量黄色酥松锈蚀，少量附着灰白色沉积物，有片状剥落现象	无	重度
20	00793	三国吴铁削刀			刀背、刀部残缺。全面腐蚀，局部矿化，表面覆盖一层黄色锈蚀，刀身多处呈片状剥落	无	濒危

第四章 铁质文物的保存现状及病害评估

续表

序号	文物号	名称	照片	病害示意图	病害情况	既往保护修复	病害程度
21	01121	三国吴铁钩			器物形制完整。全面腐蚀，器物整体呈深褐色。附着黄色锈蚀和点状沉积物，有片状剥落现象	无	重度
22	07907	三国吴铁凿			大量残缺，有多处裂隙。全面矿化、腐蚀，通体被一层灰白色石蜡包裹，石蜡下透出较厚的黄色土锈	器物表面残存一层石蜡	濒危
23	07908	三国吴铁凿			大量残缺，大面积龟裂、矿化、腐蚀。器表被一层灰白色石蜡包裹，石蜡下透出较厚的黄色土锈，有大面积层状剥落现象	器物表面残存一层石蜡	濒危

续表

序号	文物号	名称	照片	病害示意图	病害情况	既往保护修复	病害程度
24	07905	三国吴残铁锸			大量残缺，矿化龟裂，腐蚀。全面，器表被一层灰白色石蜡包裹，石蜡下透出较厚的黄色土锈，有大面积层状剥落现象	器物表面残存一层石蜡壳	濒危
25	07906	三国吴铁锸		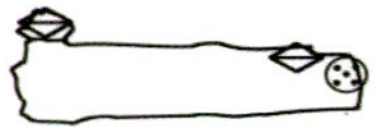	大量残缺，矿化开裂，腐蚀。器表被一层灰白色石蜡包裹，石蜡下透出较厚黄色土锈，有大面积层状剥落现象	器物表面残存一层石蜡壳	濒危
26	07909	三国吴铁锸		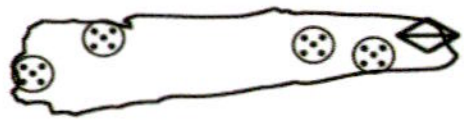	大量残缺，矿化开裂，腐蚀。全面，器表被一层灰白色石蜡包裹，有大面积剥落及点状腐蚀坑现象	器物表面残存一层石蜡壳	濒危

续表

序号	文物号	名称	照片	病害示意图	病害情况	既往保护修复	病害程度
27	07910	三国吴铁锸			残缺，多处开裂，整体矿化。全面腐蚀，器表被石蜡包裹，黄色石蜡下透出较厚的土锈，有大面积剥落现象，呈黑褐色，触及有渣粉掉落	器物表面残存一层石蜡壳	濒危
28	07911	三国吴铁锸			大量残缺，多处开裂，整体矿化。全面腐蚀，器表被灰色石蜡包裹，有大面积层状剥落现象，呈黑褐色，触及有渣粉掉落	器物表面残存一层石蜡壳	濒危
29	07904	三国吴铁䥩	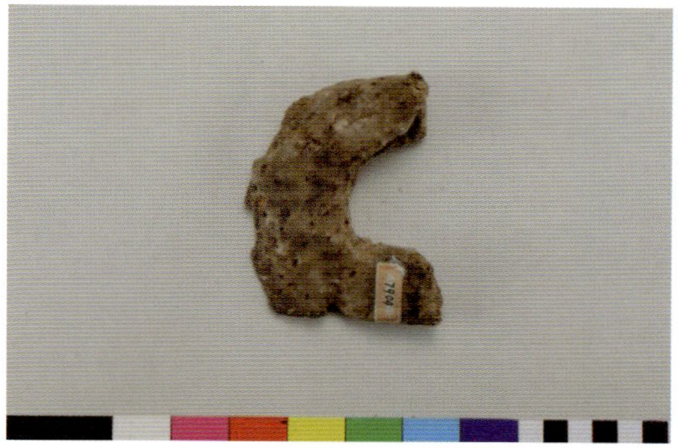	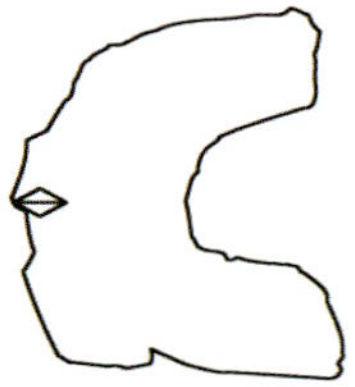	刃残缺，通体腐蚀，矿化。器表被灰白色石蜡包裹，石蜡下透出较厚的黄色土锈，整体锈蚀严重	器物表面残存一层石蜡壳	重度

续表

序号	文物号	名称	照片	病害示意图	病害情况	既往保护修复	病害程度
30	07901	三国吴铁函		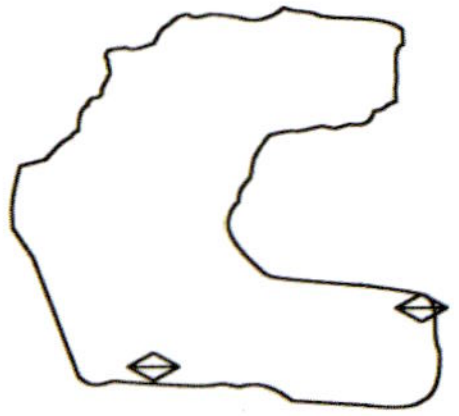	刃残缺。全面腐蚀，通体矿化。器表被灰色石蜡包裹，石蜡下透出较厚的黄色土锈及白色沉积物	器物表面残存一层石蜡壳	重度
31	07902	三国吴铁函		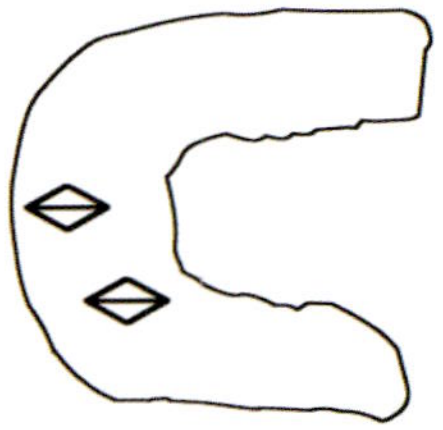	完整，全面腐蚀，局部矿化。器表被灰色石蜡包裹，石蜡下透出的黄色土锈及白色沉积物	器物表面残存一层石蜡壳	重度
32	01184	清铁叉	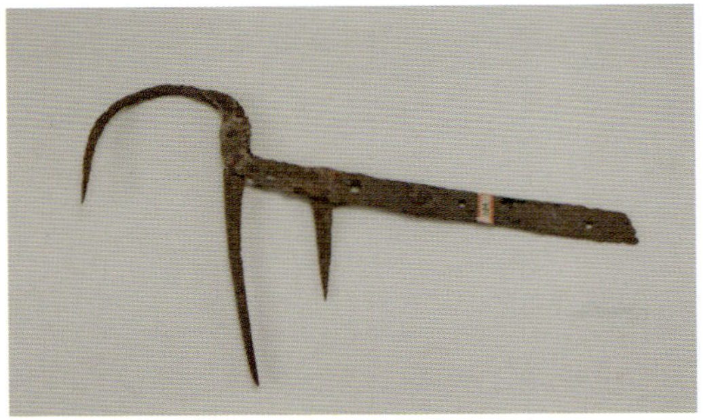	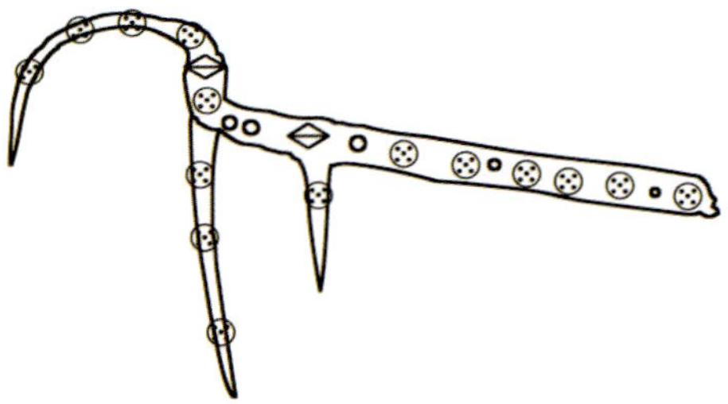	器型完整。全面腐蚀，器表局部矿化，多处呈褐色。表面有片状剥落现象，有大量灰黄色较硬结疏松及黄色锈蚀	无	重度

第四章 铁质文物的保存现状及病害评估

续表

序号	文物号	名称	照片	病害示意图	病害情况	既往保护修复	病害程度
33	00796	东汉铁剑		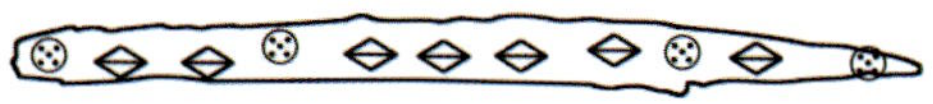	锋残缺。全面腐蚀，局部矿化，表面被黄色土锈覆盖，多处呈片状剥落	无	重度
34	07931	西晋铁刀		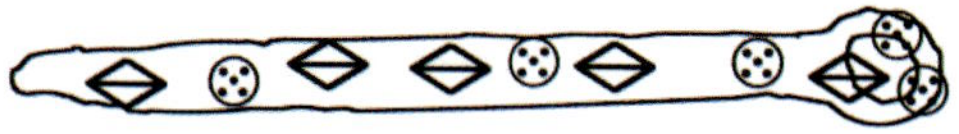	刀身缺失，仅存刀柄。全面腐蚀，局部矿化，表面被黄色锈蚀覆盖，锈层酥松，有大量片状剥落现象	无	濒危
35	01181	清铁挖锄		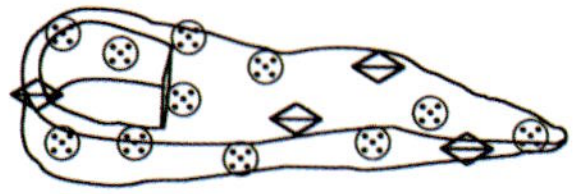	器型完整。全面腐蚀，通体呈深褐色，表面布满锈坑，锈坑内聚积黄褐色酥松锈蚀	无	重度

26

续表

序号	文物号	名称	照片	病害示意图	病害情况	既往保护修复	病害程度
36	01183	清铁钟		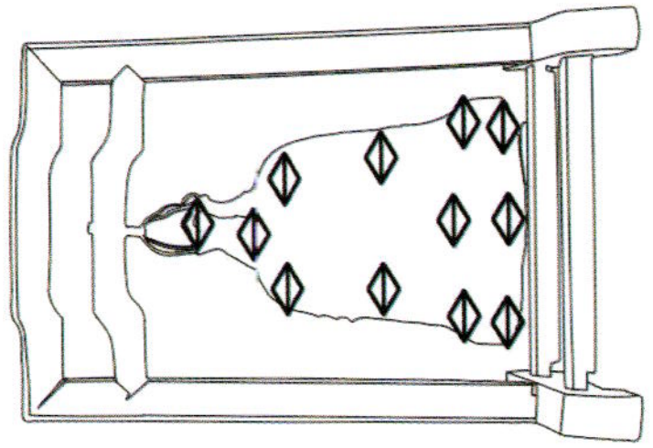	器型完整，木架松散，全面腐蚀，整体呈深褐色，满布锈坑，局部表面附着黄色锈蚀	无	中度
37	07924	三国吴铁斧		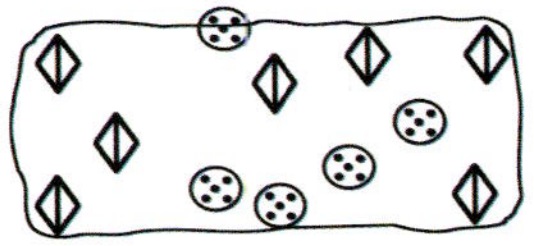	多处开裂，錾口残缺，腐蚀、矿化。表面附着较厚的土锈，局部酥松剥落	无	重度
38	07925	三国吴铁斧		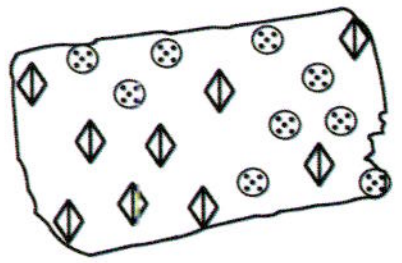	刃残。全面腐蚀，整体呈深褐色，表面附着大量黄褐色灰色酥松锈蚀，多处剥落，形成大量锈坑	无	重度

续表

序号	文物号	名称	照片	病害示意图	病害情况	既往保护修复	病害程度
39	01185	清铁斧			刃残缺。全面腐蚀，表面黄色锈蚀疏松，大片剥落，露出褐色锈坑	无	重度
40	01180	清铁锤		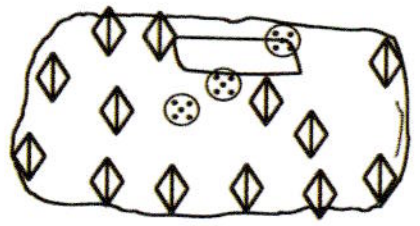	完整。全面腐蚀，表层为疏松黄色土锈，局部有剥落现象	无	重度
41	01188	清铁秤砣			完整。全面腐蚀，表层呈灰色，有大面积剥落现象，表面布满锈坑	无	中度

续表

序号	文物号	名称	照片	病害示意图	病害情况	既往保护修复	病害程度
42	01182	清铁锤		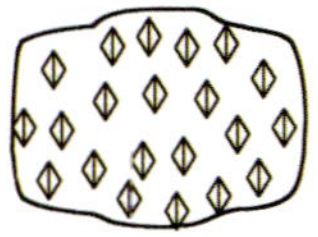	完整。全面腐蚀，表层呈灰黑色，附着有大面积片状剥落现象	无	中度
43	01179	清铁锤		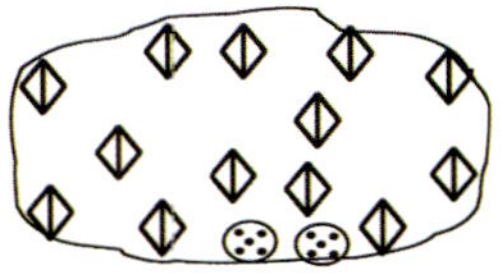	基本完整。全面腐蚀，表层覆盖较厚松黄色土锈，局部锈层剥落，留有锈坑	无	重度
44	07913	三国吴铁砧		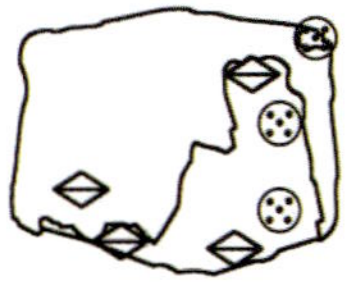	完整。表面腐蚀，石蜡保存一层外壳，表层局部松散、大片剥落，剥落处分布点状腐蚀坑，内部聚积黄褐色锈蚀	器物表面残存一层石蜡保护壳	重度

续表

序号	文物号	名称	照片	病害示意图	病害情况	既往保护修复	病害程度
45	07914	三国吴铁权			完整。全面腐蚀，表面被一层石蜡包裹，内部锈蚀疏松	器物表面残存一层石蜡壳	重度
46	07903	三国吴铁甾		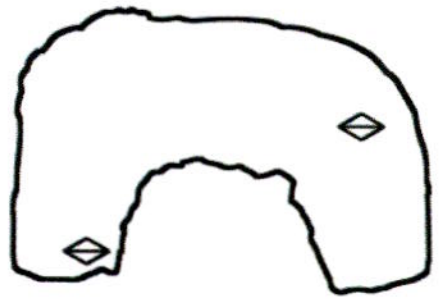	完整。全面矿化，表面被一层石蜡包裹，蜡壳下是较厚的土锈	器物表面残存一层石蜡壳	重度
47	00801	战国时代铁匜		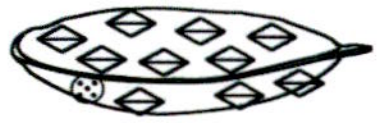	完整。全面有锈蚀，表面色黄疏松，锈层大片剥落，局部形成点状锈坑	无	重度

续表

序号	文物号	名称	照片	病害示意图	病害情况	既往保护修复	病害程度
48	01186	清铁锁		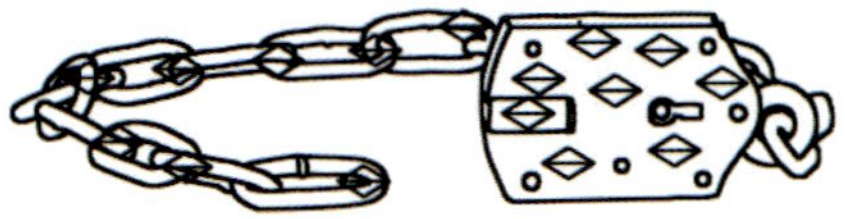	完整。全面腐蚀，整体呈深褐色，有大量黄色锈蚀和点状腐蚀坑	无	中度
49	07899	三国吴残铁锥斗		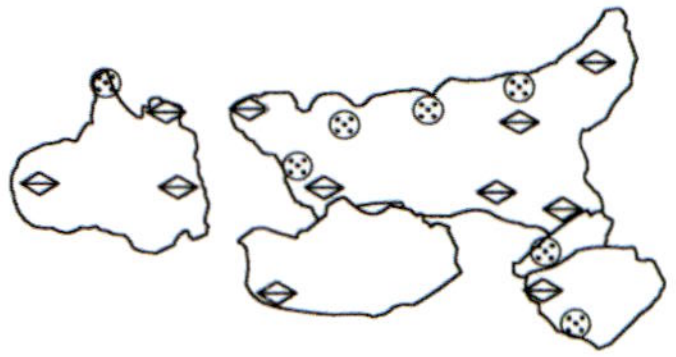	残断成四块，腹部及足大量缺失。全面腐蚀，通体矿化，表层被石蜡包裹，其下是较厚的疏松黄色锈蚀和瘤状物	器物表面残存一层石蜡完	濒危
50	07915	三国吴残铁簧形器		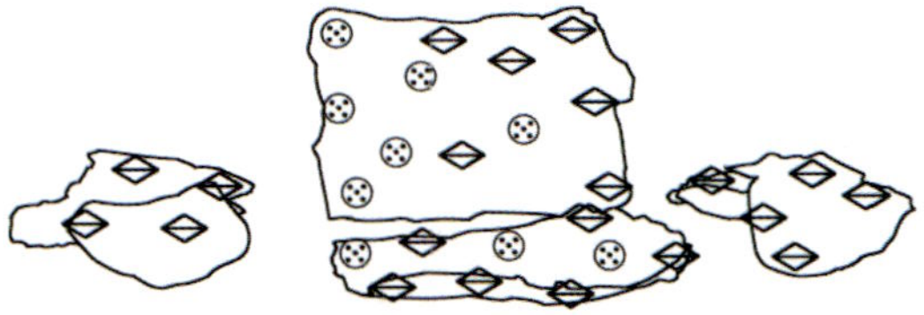	残断成六块，全面腐蚀，通体矿化，表面附着较厚的土锈，锈层较为疏松，多处呈片状剥落	无	濒危

续表

序号	文物号	名称	照片	病害示意图	病害情况	既往保护修复	病害程度
51	00795	东汉铁剑		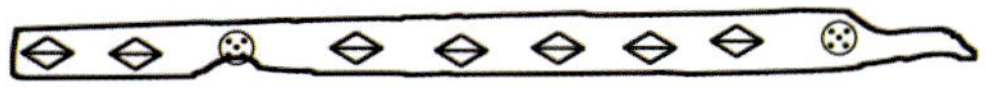	剑柄、腊部、锋部均残缺。表面腐蚀硬结，全面被黄色覆盖，有较大面积片状剥落，局部矿化	无	重度
52	00786	清铁七星剑	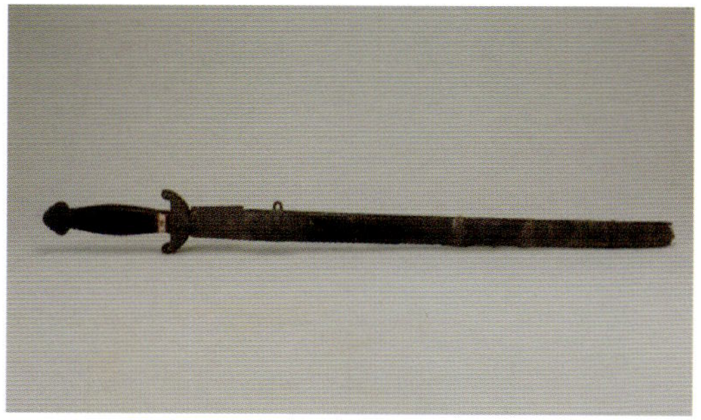		刀鞘开裂，鞘标松脱。剑格松脱。剑身全面附着黄褐色锈蚀，整体黄褐色锈蚀，局部纹饰被锈蚀掩盖。剑鞘尾端糟朽	无	重度
53	01175	清铁剑	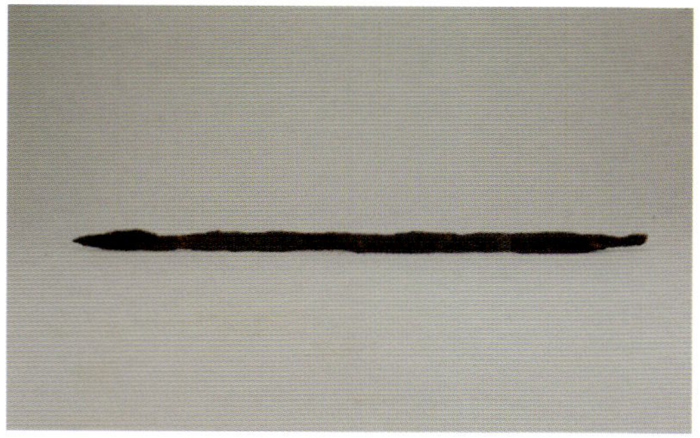		剑身大面积残缺、柄缺失。全面矿化，整体呈深褐色，通体锈层疏松，表面片状剥落严重	无	濒危

续表

序号	文物号	名称	照片	病害示意图	病害情况	既往保护修复	病害程度
54	00800	东汉铁剑		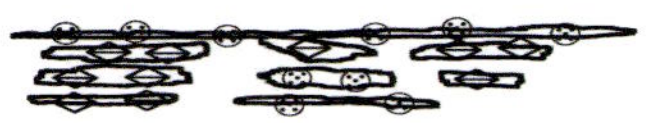	残断成九段，全面腐蚀，通体矿化，部分残片表面腐蚀，有黄色土锈，锈层较疏松，多处有大量片状剥落现象	无	濒危
55	00794	东汉铁剑			锋缺失，腊柄残缺。全面腐蚀，通体矿化，表面锈层疏松，有大量片状剥落现象	无	濒危
56	00831	东汉铁刀		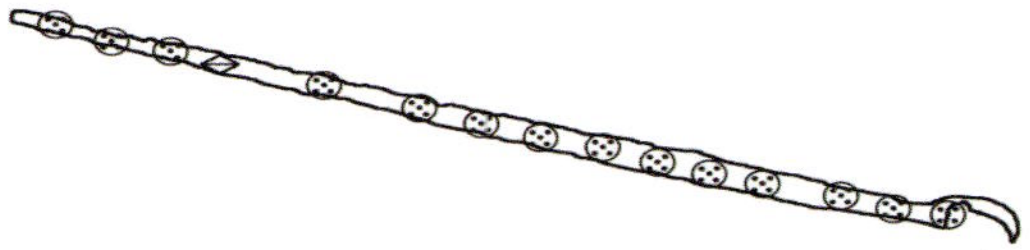	锋、刃、环首残缺，全面腐蚀，通体矿化，表面锈层疏松，有大量片状剥落现象	无	濒危

第四章 铁质文物的保存现状及病害评估

续表

序号	文物号	名称	照片	病害示意图	病害情况	既往保护修复	病害程度
57	00830	东汉铁刀		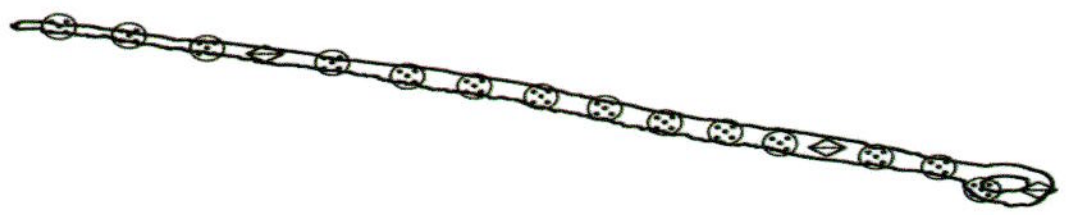	锋、刃残缺，刃身变形。全面腐蚀，通体表面有大面积矿化，锈层疏松，表面有大量片状剥落现象	无	濒危
58	00799	东汉铁剑			腊、刃残缺，柄残断。全面腐蚀，通体矿化，锈层疏松，表面有大量片状剥落现象	无	重度
59	00797	东汉铁剑		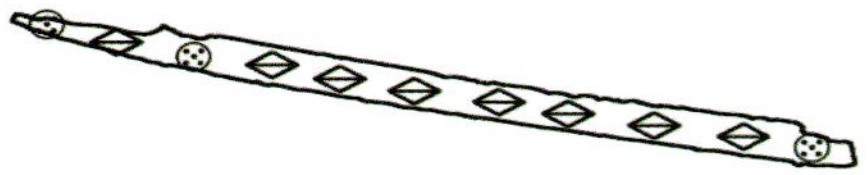	腊前端部残缺，局部开裂。全面腐蚀，局部矿化，表面被一层黄褐色覆盖，锈蚀疏松，多处有大片剥落现象	无	重度

续表

序号	文物号	名称	照片	病害示意图	病害情况	既往保护修复	病害程度
60	00798	东汉铁剑		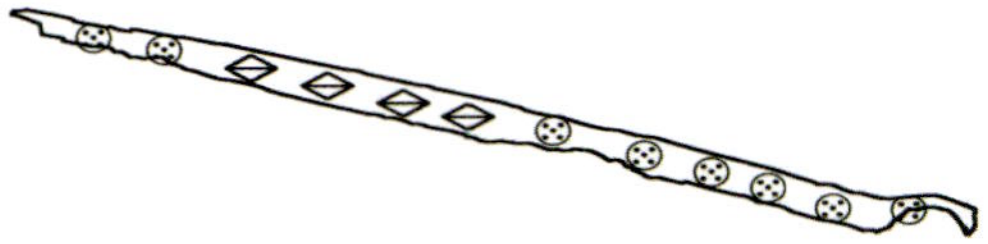	腊前端残缺，刃残损，首残缺1/2。全面腐蚀，表面被较厚的黄褐色锈蚀覆盖，器身多处有片状剥落现象，露出大片锈坑化。局部矿	无	濒危
61	00828	东汉铁刀		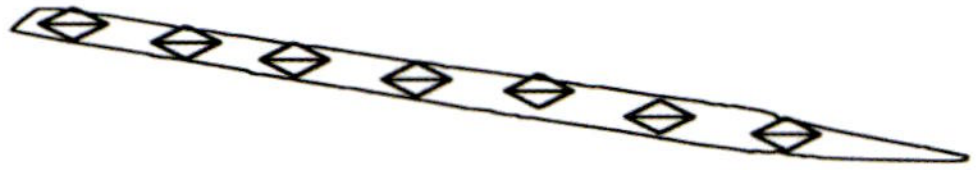	完整。全面腐蚀，表面被黄褐色较厚的锈蚀覆盖，较疏松，局部有片状剥落现象	无	重度
62	08552	汉铁剑		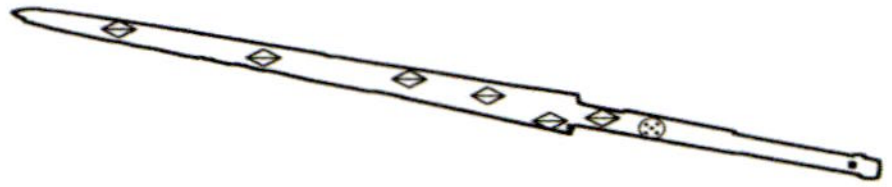	完整，刃微残。全面腐蚀，整体呈深褐色，锈层较疏松，表面局部有片状剥落现象	无	重度

续表

序号	文物号	名称	照片	病害示意图	病害情况	既往保护修复	病害程度
63	10896	三国吴铁炉			腹、足残缺，有多条裂隙，全面腐蚀，伴局部被厚土锈覆盖，表面有片状剥落现象	无	重度
64	07900	三国吴残铁鐎斗		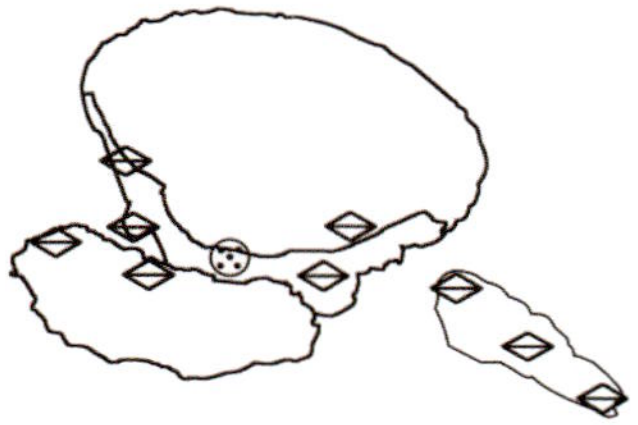	腹、足残断，局部开裂，全面腐蚀，通体矿化。表面和石蜡厚土锈包裹，局部有矿化龟裂，疏松剥落现象	器物表面残存一层石蜡壳	濒危
65	07898	三国吴铁鐎斗		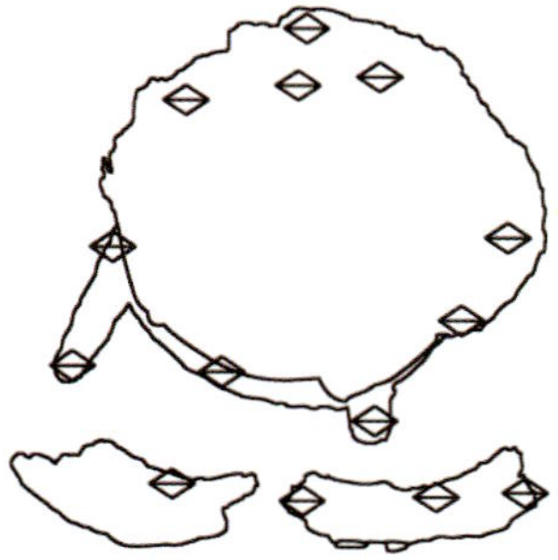	腹、足残断，局部开裂，全面腐蚀，通体矿化。表面和石蜡厚土锈包裹，局部有矿化龟裂，疏松剥落现象	器物表面残存一层石蜡壳	濒危

续表

序号	文物号	名称	照片	病害示意图	病害情况	既往保护修复	病害程度
66	07353	战国时代铁釜		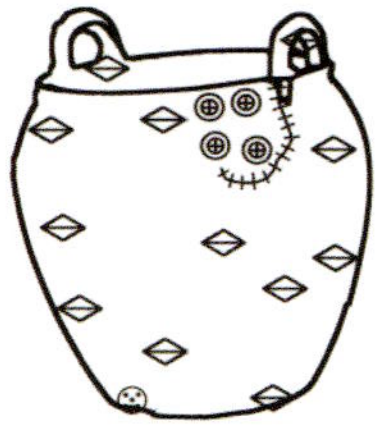	口沿开裂。全面腐蚀，整体呈黑褐色，表面大量附着黑色硬结物，局部表层酥松剥落	器口有一块补配痕迹，补配处出现开裂	重度
67	08580	汉环首铁刀	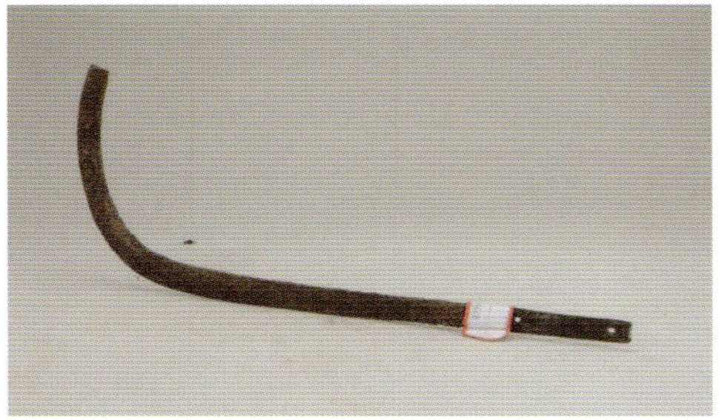	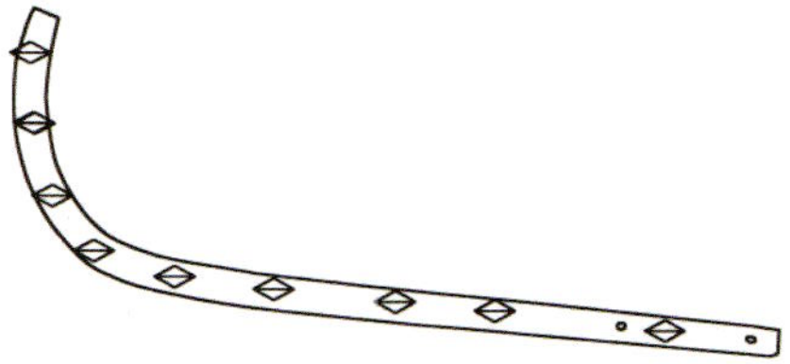	基本完整。全面腐蚀，表面附着黄褐色锈蚀松结物，多处有片状剥落现象	无	中度
68	09215	三国吴铁水钩		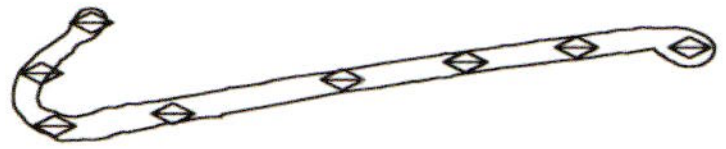	器身变形。全面腐蚀，整体呈深褐色，局部深灰白色，多处硬结物附着，有层状剥落现象	无	重度

第四章 铁质文物的保存现状及病害评估

续表

序号	文物号	名称	照片	病害示意图	病害情况	既往保护修复	病害程度
69	70702	三国吴铁短剑		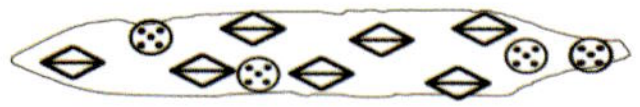	刃、柄残缺。全面腐蚀，表面局部被矿化，较厚的黄色锈蚀覆盖，局部有片状剥落现象	无	濒危
70	08587	汉环首铁削刀			刃身残缺1/3，刀柄残缺失。全面腐蚀，通体矿化，整体呈深褐色，表面薄附着锈层疏松，多处有片状剥落现象	无	濒危
71	08559	汉铁刀		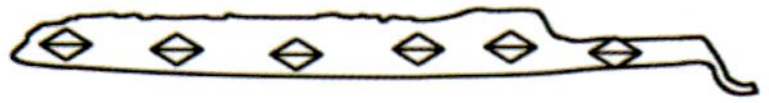	刃、首残缺。局部呈深褐色，整体表面附着灰色薄锈层疏松，多处有片状剥落现象	无	重度

续表

序号	文物号	名称	照片	病害示意图	病害情况	既往保护修复	病害程度
72	72034	清铁钩			完整。全面腐蚀，表面薄层附着灰色薄锈，锈层疏松，多处有片状剥落现象，露出深褐色锈坑	无	中度
73	08583	汉环首铁刀	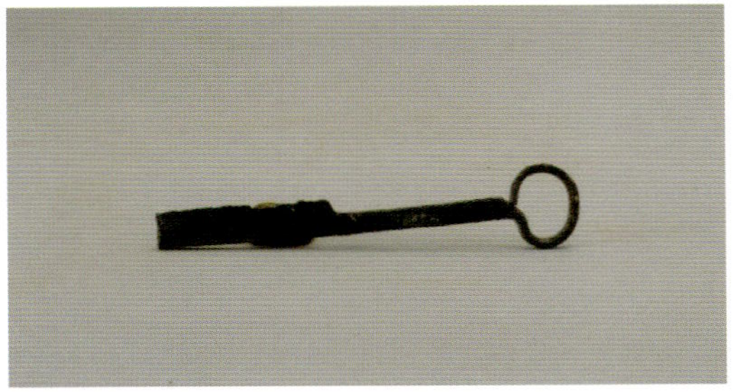	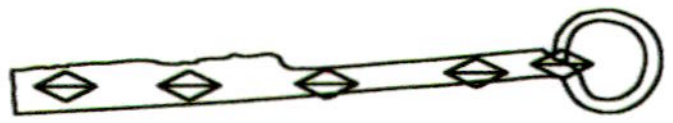	刃身缺失1/2，刃残损。全面腐蚀，表面呈深褐色附着锈，锈层疏松，多处有片状剥落现象，露出深褐色锈坑	无	重度
74	08579	汉环首铁刀			刃残损，首缺损1/2。全面腐蚀，整体呈深褐色，表面黄褐色附着锈蚀，局部有片状剥落现象	无	重度

第四章 铁质文物的保存现状及病害评估

续表

序号	文物号	名称	照片	病害示意图	病害情况	既往保护修复	病害程度
75	69849	三国吴铁刀		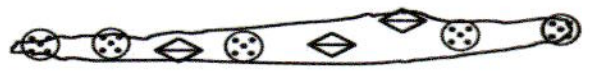	刀身、柄残缺。全面腐蚀，整体矿化，通体呈深褐色，表面附着大量黄色疏松锈蚀，多处有片状剥落现象，露出深褐色锈坑	无	濒危
76	08549	汉铁凿			刃残缺。全面腐蚀，表面呈灰褐色，布满大量点状锈蚀坑，内部酥松，黄色酥松锈蚀	无	重度
77	09103	东晋铁箭镞			铤变形，局部残缺。全面腐蚀，灰白色，表面局部有片状剥落现象，露出深褐色锈坑	无	重度

续表

序号	文物号	名称	照片	病害示意图	病害情况	既往保护修复	病害程度
78	07912	三国吴铁锤		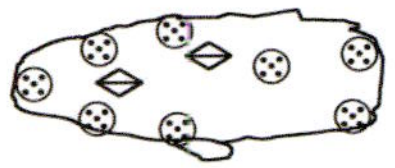	基本完整。全面腐蚀，通体呈深褐色，整体矿化，表层锈蚀疏松，呈片状剥落	无	濒危
79	07930	东晋铁剪刀		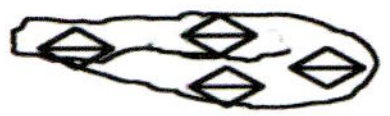	仅存绞股半截手柄。全面腐蚀，通体矿化，表面被较厚的黄色土锈覆盖，局部有瘤状物	无	濒危
80	08527	东汉铁斧			残缺1/2。全面腐蚀，通体呈灰黄色，表面深附着薄锈，锈层较疏松，局部有片状剥落现象	无	濒危

第四章 铁质文物的保存现状及病害评估

41

续表

序号	文物号	名称	照片	病害示意图	病害情况	既往保护修复	病害程度
81	69567	三国吴铁函		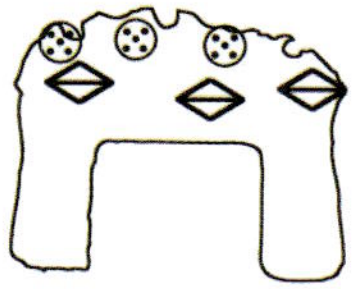	刃残缺。全面腐蚀，整体呈深褐色，表面呈锈层疏松，呈片状剥落	无	重度
82	07926	三国吴铁镜		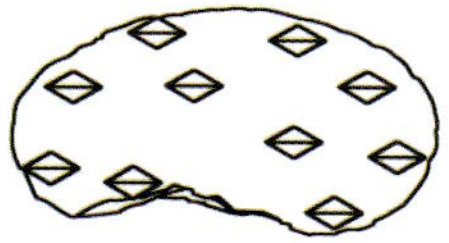	残缺1/4，器身开裂，全面腐蚀，局部矿化，表面被厚泥土包裹，泥土上存有一层石蜡壳	器物表面残存一层石蜡壳	濒危
83	07928	东晋铁镜			基本完整，基面全面腐蚀，基面矿化，表面被厚泥土包裹	无	濒危

续表

序号	文物号	名称	照片	病害示意图	病害情况	既往保护修复	病害程度
84	07927	东晋铁镜			镜钮、镜缘残缺，全面腐蚀，基本矿化，表面被厚泥土覆盖	无	濒危
85	07929	南朝铁镜			残缺，整器仅存小块。全面腐蚀，通体矿化，器身被厚泥土包裹	无	濒危
86	06084	三国吴错金铭文环首铁刀		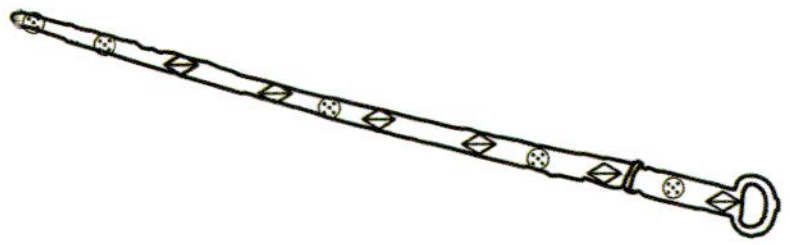	刃、柄局部残缺，全面腐蚀，局部矿化，表面锈蚀疏松，层状剥落严重	无	濒危

第四章 铁质文物的保存现状及病害评估

续表

序号	文物号	名称	照片	病害示意图	病害情况	既往保护修复	病害程度
87	06085	三国吴环首铁刀	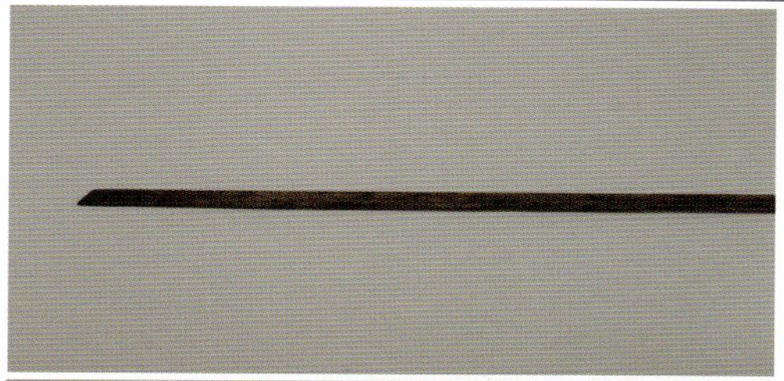 		完整。全面腐蚀，锈层较致密，局部附着疏松锈蚀物，有片状剥落现象	无	重度
88	06100	三国吴铁戟		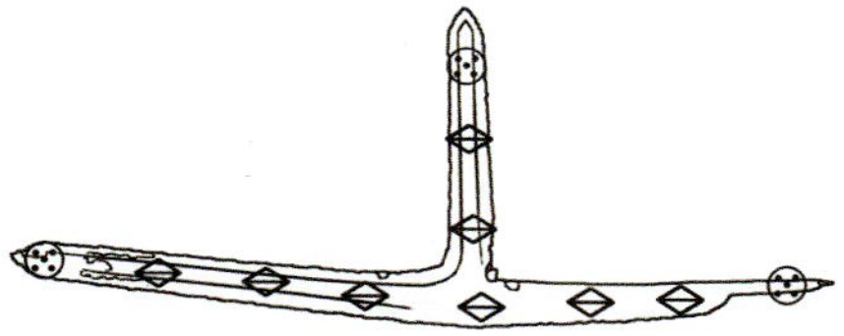	内残缺。全面腐蚀，局部矿化，表层疏松，有大量片状剥落现象	无	濒危
89	06087	三国吴铁矛			刃残损。全面腐蚀，局部矿化，表层疏松，有大量点状剥落现象	无	濒危

表 4-2　鄂州市博物馆馆藏近现代铁质文物病害调查表

序号	文物号	名称	照片	病害示意图	病害情况	既往保护修复	病害程度
1	07892	民国铁匕首		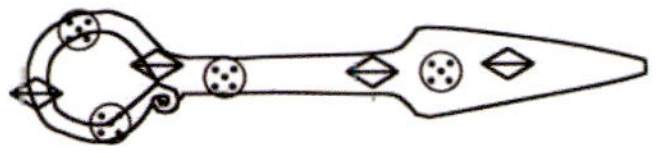	器型完整。全面腐蚀，表面呈深褐黄色，局部附着松疏锈蚀，有大量点状锈坑分布	无	中度
2	07893	民国铁匕首			器型完整。全面腐蚀，表面坑洼不平，整体呈深褐色，局部附着松疏黄褐色锈蚀及灰白色沉积物	无	中度
3	07894	民国铁匕首		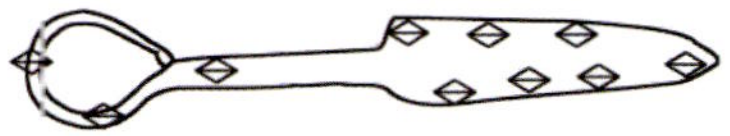	器型较完整。表面全面腐蚀，呈深褐色，局部附着松疏黄褐色锈蚀，有片状剥落现象	无	中度

第四章　铁质文物的保存现状及病害评估

续表

序号	文物号	名称	照片	病害示意图	病害情况	既往保护修复	病害程度
4	07895	民国铁匕首		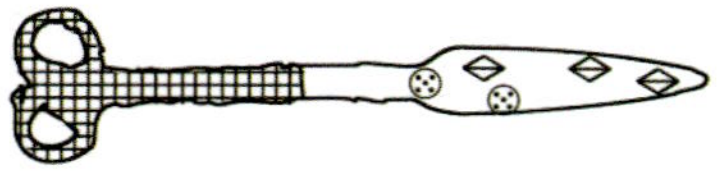	器型完整。全面腐蚀，通体较为致密。器表黑褐色，锈坑有大量内聚积黄色疏松锈蚀	无	中度
5	01140	民国铁刺刀		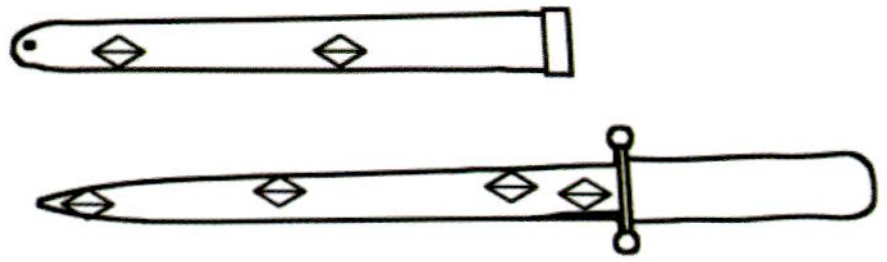	鞘标缺失，鞘变形，全面腐蚀。刀身、鞘层部分脱落，镀层脱落处附着黄褐色锈蚀	无	中度
6	00791	民国铁梭镖		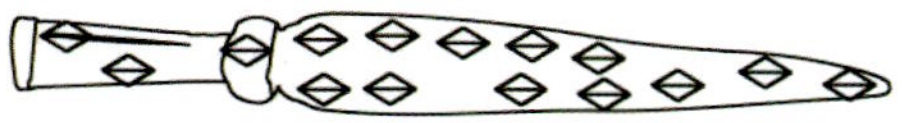	器型完整。全面腐蚀，点状锈蚀有大量锈坑。器体表呈深褐色，整体表面附着大量黄褐色、灰白色锈蚀物及白色沉积物	无	中度

续表

序号	文物号	名称	照片	病害示意图	病害情况	既往保护修复	病害程度
7	01141	民国铁刺刀		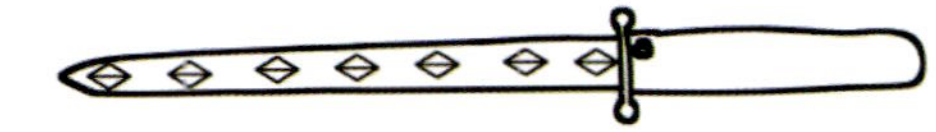	器型基本完整，手柄部铜丝断裂，全面腐蚀。刀鞘局部铜丝布满锈坑，刀身表面镀层基本脱落，附着一层黄褐色锈蚀	无	重度
8	07889	民国铁矛		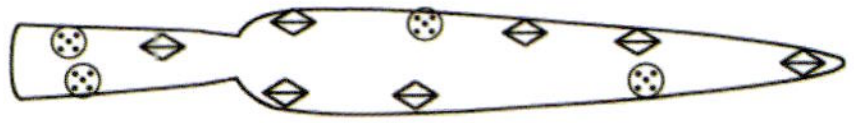	器型完整。全面腐蚀，表面坑洼不平，呈深褐色，体部局部有黄褐色酥松锈蚀附着	无	中度
9	07890	民国铁矛		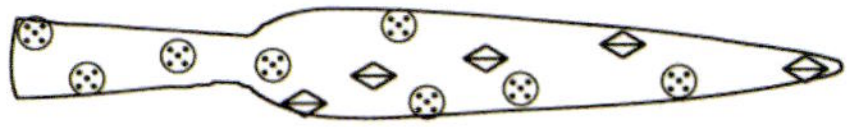	器型完整。全面腐蚀，表面坑洼不平，呈深褐色，体部局部有黄褐色酥松锈蚀附着	无	中度

第四章 铁质文物的保存现状及病害评估

续表

序号	文物号	名称	照片	病害示意图	病害情况	既往保护修复	病害程度
10	01173	民国宗教用具		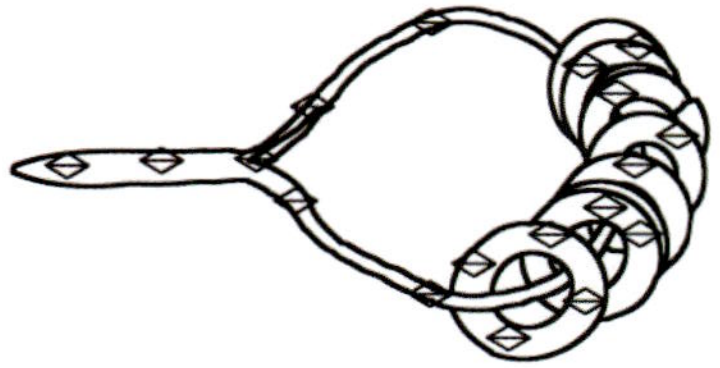	器型完整，局部变形、开裂。全面腐化，整体呈深褐色，表面布满锈坑，局部附着黄褐色锈蚀	无	重度
11	01133	民国铁鞭		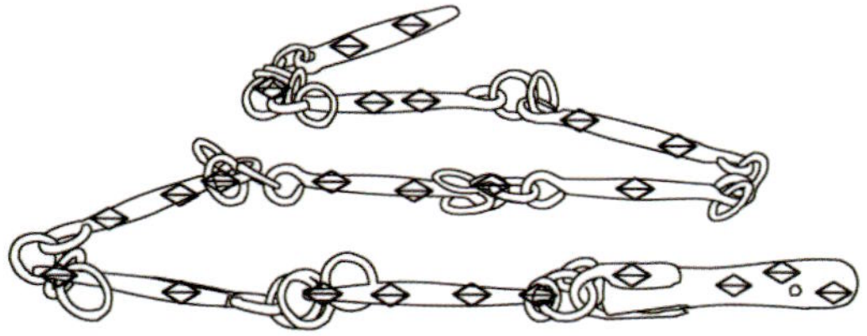	器型完整。全面腐蚀，整体呈深褐色，表面布满锈坑，局部附着黄褐色锈蚀	无	中度
12	01171	民国铁手枪			手柄残缺，开裂。全面腐蚀，整体呈深褐色，表面局部附着黄褐色锈蚀	无	重度

续表

序号	文物号	名称	照片	病害示意图	病害情况	既往保护修复	病害程度
13	01169	民国铁饼模	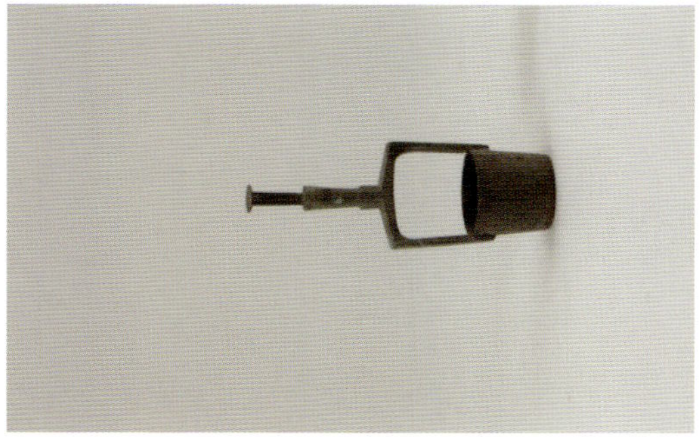	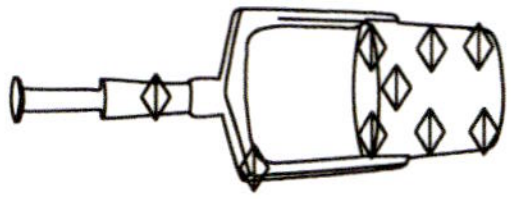	器型完整。全面腐蚀，圆筒表面布满锈坑，锈坑内聚积黄褐色疏松锈蚀。"Y"形支架表面镀层磨损，局部附着绿色锈蚀	无	中度
14	01139	民国铁刀			完整。全面腐蚀，护手附着黄褐色锈蚀，标剑鞘皮质剑鞘板结	无	重度
15	01187	民国铁刀		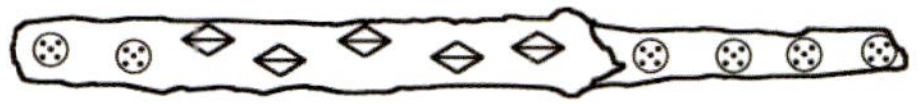	刀身大量残缺，全面矿化，局部附着较厚的土白色沉积物，另有锈蚀层疏松多处大面积剥落	无	濒危

第四章 铁质文物的保存现状及病害评估

续表

序号	文物号	名称	照片	病害示意图	病害情况	既往保护修复	病害程度
16	07888	民国铁矛		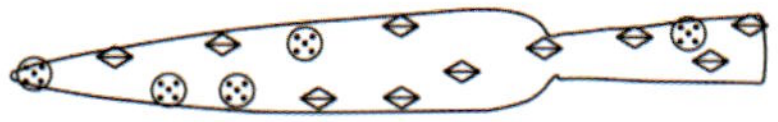	完整。全面腐蚀，整体褐色，表面布满点状锈蚀坑，并附着黄色薄锈	无	中度
17	01138	民国铁飞叉		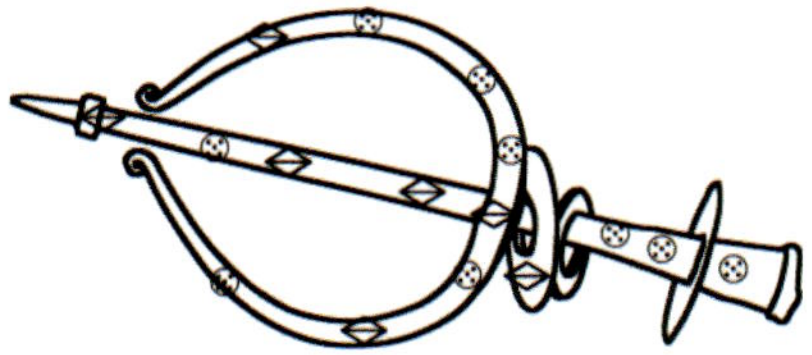	完整。表面附着色灰白层较蚀，黄锈蚀，整疏松，满点状腐蚀坑器布	无	重度
18	00790	民国铁刀			锋残缺，刀身变形。全面腐蚀，表面及灰白层较蚀，黄锈蚀，整疏松，满点状腐蚀坑器布	无	重度

续表

序号	文物号	名称	照片	病害示意图	病害情况	既往保护修复	病害程度
19	01126	民国铁大刀		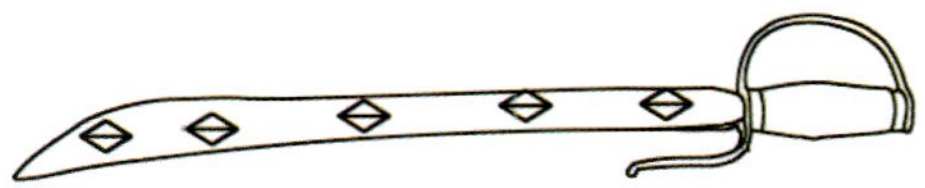	完整。整体呈腐蚀褐色，全面呈面深满点状锈蚀坑，大量黄色锈蚀分布并附着少量灰白色沉积物	无	中度
20	00792	民国铁刀木柄刀		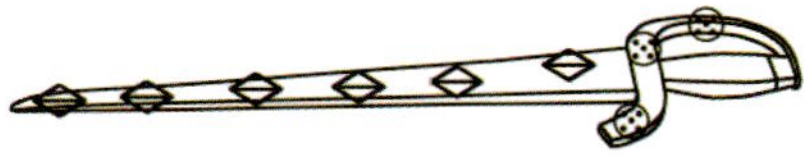	完整。整体呈腐蚀褐色，全面呈面深满点状锈蚀坑，大量黄色锈蚀分布	无	中度
21	01127	民国铁大刀		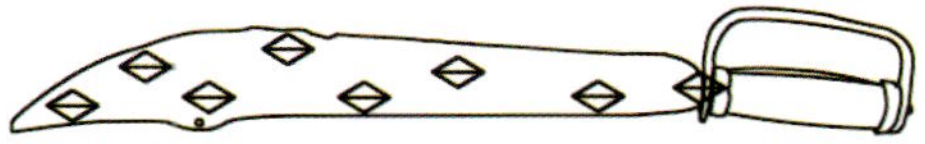	刃残缺，局部变形。整体呈腐蚀褐色，全面呈面深满点状锈蚀坑，部分锈坑内聚积黄色锈蚀物	无	重度

第四章 铁质文物的保存现状及病害评估

续表

序号	文物号	名称	照片	病害示意图	病害情况	既往保护修复	病害程度
22	01131	民国长矛铁刀	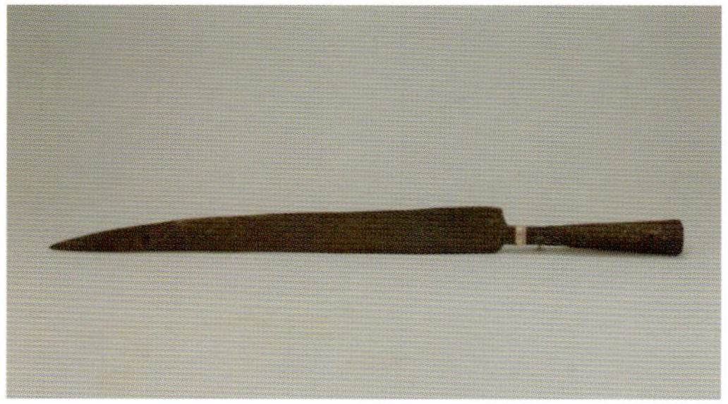		器型完整。整体腐蚀，整器呈深褐色，器面点状锈坑附着分布，局部黄色锈蚀	无	中度
23	01132	民国长矛铁刀	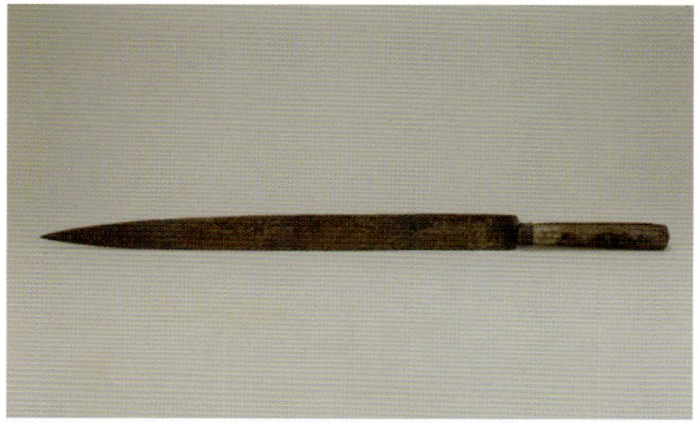		器型完整。整体腐蚀，整器呈深褐色，器面点状锈坑附着分布，局部黄色锈蚀	无	中度
24	01130	民国长矛铁刀		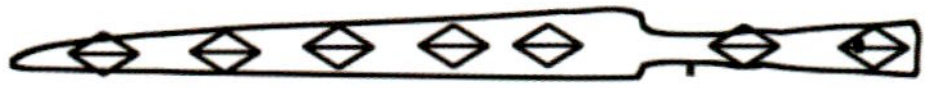	器型完整。整体腐蚀，整器呈深褐色，器面点状锈坑附着分布，局部灰白色锈蚀	无	中度

续表

序号	文物号	名称	照片	病害示意图	病害情况	既往保护修复	病害程度
25	01136	民国铁剑	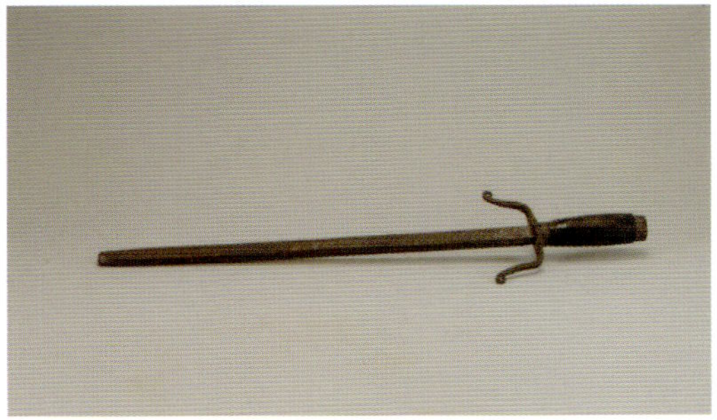	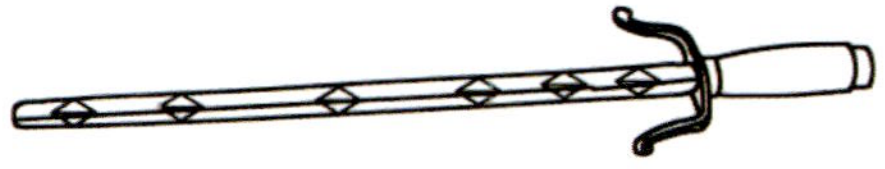	器型完整。整体腐蚀，表面呈深褐色，锈层较疏松，整体布满点状腐蚀坑	无	中度
26	01135	民国双手铁剑	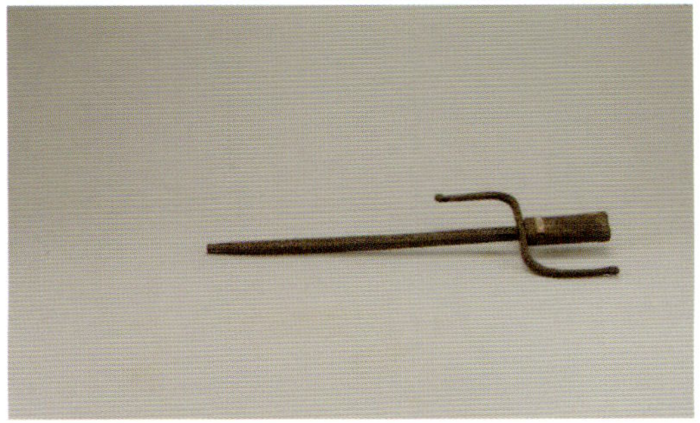	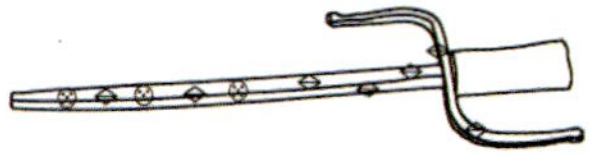	器型完整。整体腐蚀，表面呈深褐色，锈层较疏松，整体布满点状腐蚀坑	无	中度
27	01137	民国铁刺刀	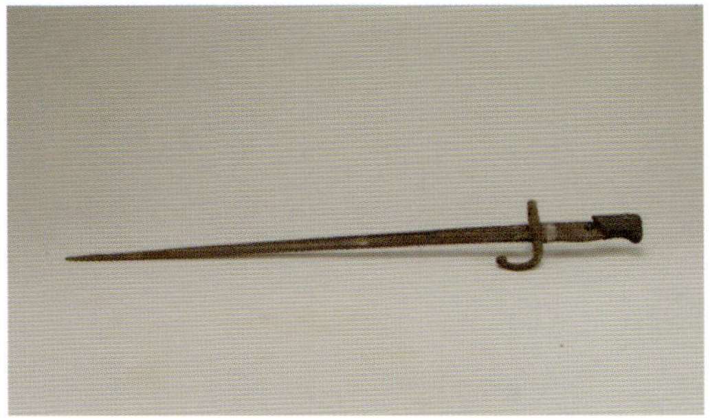	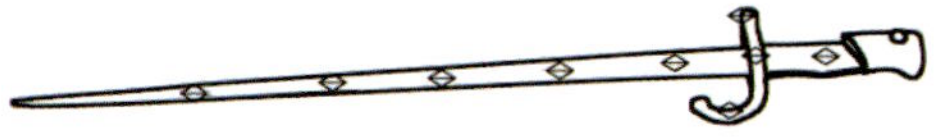	器型完整。整体腐蚀，表面呈深褐色，锈层较疏松，整体布满腐蚀坑。局部附着白色沉积物	无	中度

第四章 铁质文物的保存现状及病害评估

续表

序号	文物号	名称	照片	病害示意图	病害情况	既往保护修复	病害程度
28	01134	民国铁圣饼夹	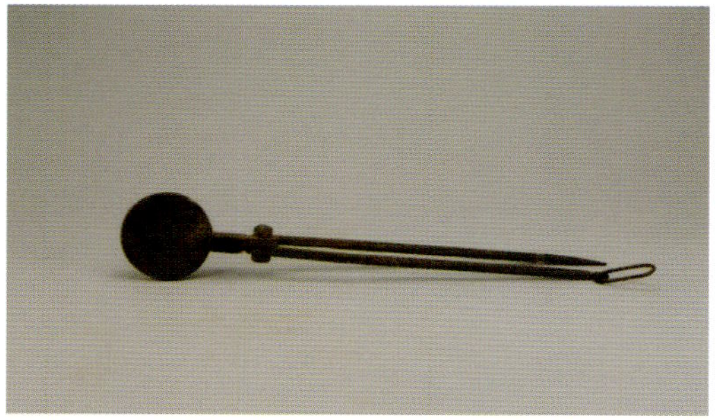	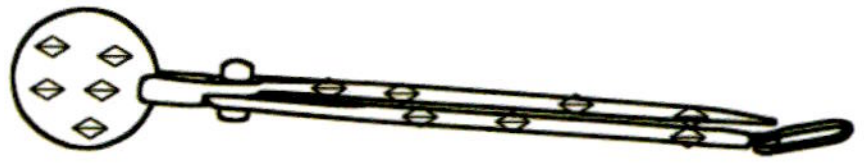	器型完整,手柄变形开裂。全面深腐蚀,整体表面呈褐黄色表面附着锈蚀,柄部有大量点状锈坑	无	中度
29	00789	民国铁片刀		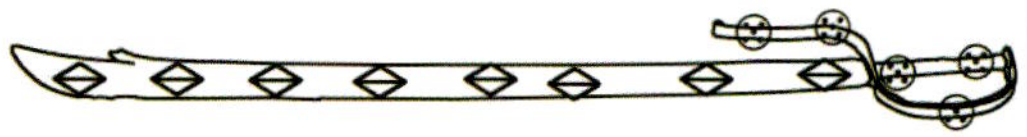	完整,刃微变形。全面深腐蚀,整体表面呈褐黄色附着锈蚀,局部锈蚀,并有大量锈坑	无	中度
30	01129	民国铁大刀		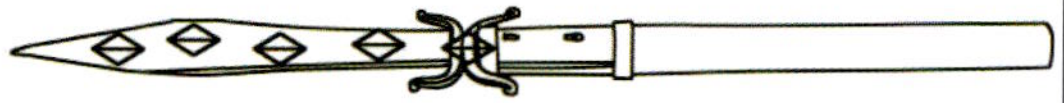	完整。全面腐蚀,灰黄色松较疏锈层,表面布满锈坑	无	中度

续表

序号	文物号	名称	照片	病害示意图	病害情况	既往保护修复	病害程度
31	01128	民国铁大刀		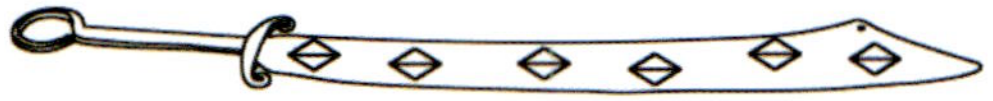	完整,刃变形。全面腐蚀,灰黄色锈层较疏松,表面布满锈坑	无	中度
32	00788	民国铁马刀	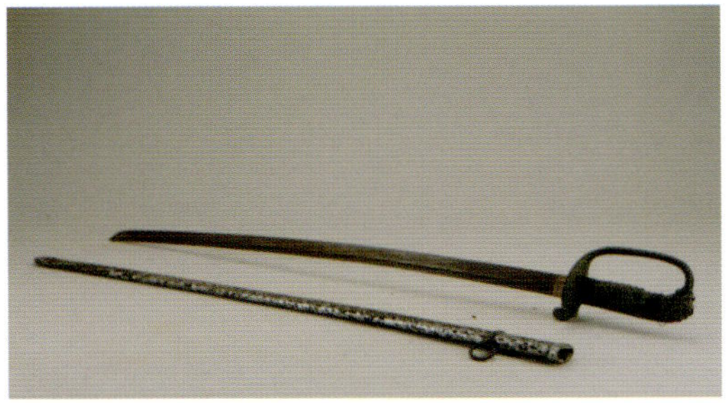	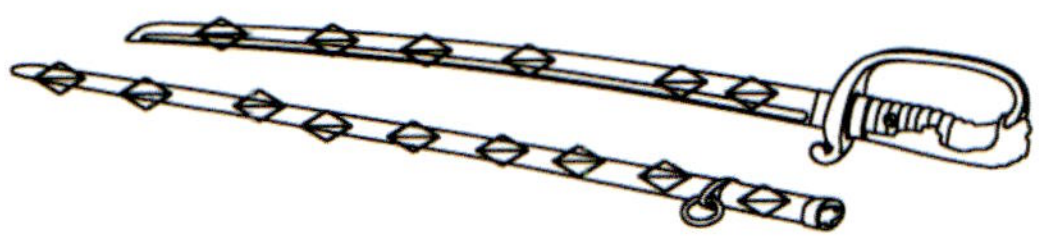	基本完整。全面腐蚀,刀鞘镀层大量剥落,表面形成大量锈坑。刀身整体附着黄褐色锈蚀	无	重度
33	00787	民国铁马刀		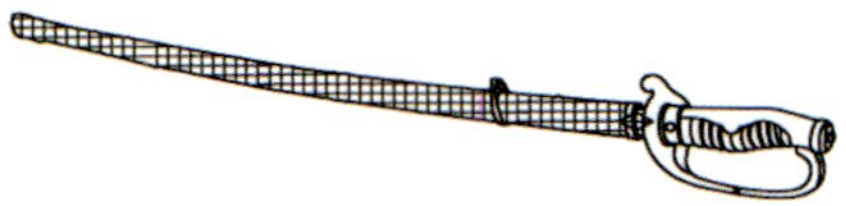	完整。全面腐蚀,刀身整体附着黄褐色锈蚀	无	中度

续表

序号	文物号	名称	照片	病害示意图	病害情况	既往保护修复	病害程度
34	01143	民国铁枪管	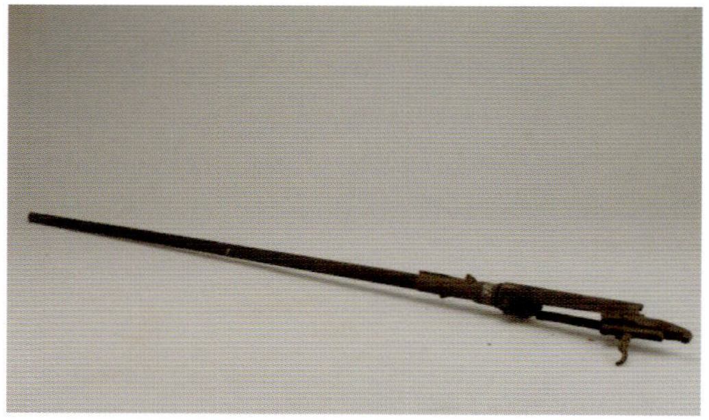	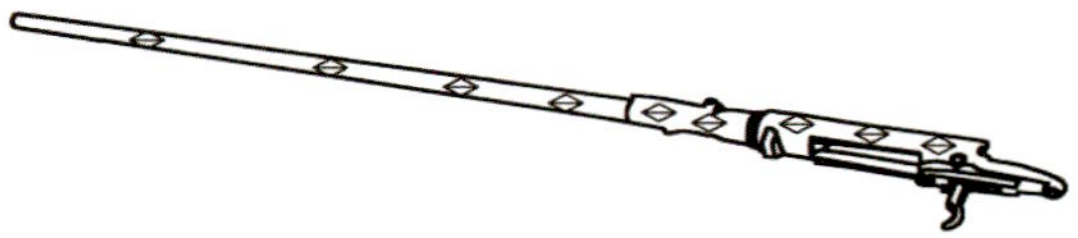	基本完整。全面腐蚀，整体呈深褐色，表面附着黄褐色疏松锈蚀	无	中度
35	07896	民国宗教用具		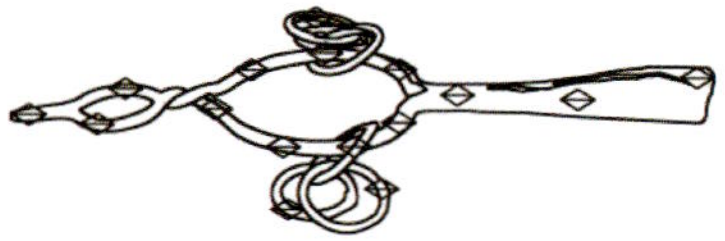	基本完整。整体呈深褐色，附着黄色疏松锈蚀，局部有大量锈坑分布	无	中度
36	07891	民国铁矛		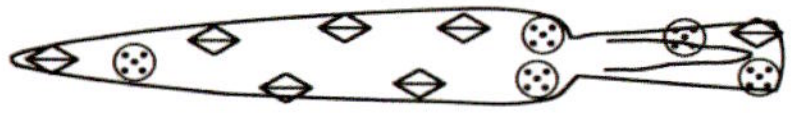	完整。全面腐蚀，整体呈深褐色，表面锈坑满布，点状，局部附着黄色酥松锈蚀	无	中度

第五章 科技分析

第一节 埋藏和保存环境

一、铁质文物的保存环境调查

鄂州市地处湖北省东部，背靠长江中游南岸，西与武汉江夏区、洪山区接壤，东南与黄石市的大冶市、铁山区、下陆区、黄石港区毗邻。地理坐标位于东经114°30′～115°05′，北纬30°01′～30°36′，辖区总面积1596 km²。鄂州地势东南高、西北低，中间低平；最高峰四峰山海拔485.8 m，最低点梁子湖海拔11.7 m。鄂州属于亚热带季风气候区，雨量充沛，年平均降水量在1270 mm左右，冬寒夏热，四季分明，平均气温17 ℃。

鄂州特殊的地理环境及气候条件对出土铁质文物形成多种不利影响。首先，由于鄂州年降雨量比较充足，墓葬水位经常交替升降，潮湿、氧气充足的环境对铁质文物的影响较为明显。其次，一般土壤的pH值在6.0～7.5之间，当土壤pH值小于7呈酸性时，即铁器周围介质是酸性电解质时，铁单质会发生析氢腐蚀，氧化成红色的Fe_2O_3（红锈主要成分），红锈体积可增大到原体积的4倍，酸性土壤不利于铁质文物的保存。取鄂州馆藏出土铁质文物的附着土壤进行检测分析，结果显示，铁质文物出土墓葬土壤为弱酸性土壤，不利于铁质文物的稳定保存。环境中的氯化物是导致铁质文物锈蚀的主要因素之一。由于锈蚀物的密度远小于铁质基体，当锈蚀物形成后，会沿着晶间腐蚀沟槽膨胀而出，使铁质文物变得疏松。此时，外界的Cl^-及溶解氧更容易沿着疏松晶间腐蚀进一步进入铁质文物基体，形成恶性循环。Cl^-的存在会大大加速铁器的腐蚀过程。最后，以铁盐为营养的铁细菌、氧化亚铁硫杆菌和硫酸盐还原菌等微生物在它们的生存环境中会产生大量的有机酸和有害气体，促进铁质文物腐蚀。

铁质文物的腐蚀与保存环境关系密切，出土后铁质文物的腐蚀类型主要以大气腐蚀为主，铁质文物在大气环境中极易发生电化学腐蚀，湿度、温度、尘埃颗粒、腐蚀性气体等都是造成铁质文物腐蚀的重要因素。

环境温度与相对湿度相互关联，在湿热条件下或雨季，气温越高，空气相对湿度越大，铁质腐蚀越迅速，铁器锈蚀越严重。大气中的二氧化硫和氮氧化合物等污染气体是强腐蚀性气体，会加快铁器的腐蚀进程。鄂州属于夏季炎热潮湿、冬季寒冷的气候，保存铁质文物的库房无法恒温恒湿，不利于铁器的长期保存，加之与其他材质的文物混杂存放，铁质文物的保存难度较大。

在铁质文物保存过程中，库房要求低温恒定，温度需要恒定保持在 20 ℃左右，同时也应加强空气检测，预防有害气体对铁器的危害；或对铁质文物进行封护，在其表面形成一层致密的保护膜，使其处于干燥、无水、无氯、无盐、无有害气体的最佳保存状态。

二、铁质文物的埋藏环境分析

导致铁质文物腐蚀的因素有很多，除了铁质文物本身的结构缺陷，所处环境也是导致其腐蚀的一个因素，包括氧化气氛、潮湿环境、埋藏环境中的可溶性盐、土壤的 pH 值等。铁器文物的腐蚀类型包括化学腐蚀、电化学腐蚀（铁的电化学腐蚀、铁的氯化腐蚀和铁的硫化腐蚀）和微生物腐蚀。环境中的氧气、氯离子、水分与铁器表面发生电化学反应而引起锈蚀，有的锈蚀能够使铁器文物溃烂、穿孔，从而发生酥解。

了解文物埋藏环境是研究文物腐蚀产物形成的重要环节。土壤是无机和有机胶质混合颗粒的集合体，是复杂的多相结构，由土粒、水、空气组成。土壤颗粒间大量毛细管微孔或孔隙中充满了空气和水，形成胶体体系，而胶体是一种很好的离子导体。溶解有盐类和其他物质的土壤水则是电解质溶液，土壤腐蚀与在电解液中的腐蚀一样，是一种电化学腐蚀。

为了了解这批铁器的埋藏环境，我们对 7 件铁器的外壁附着土进行了离子色谱分析，所使用的仪器为瑞士万通 940 双通道离子色谱仪。离子色谱分析结果见表 5-1 和表 5-2。分析结果表明，这些土壤样品含有的阳离子有 Na^+、K^+、Mg^{2+}、Ca^{2+} 和 NH_4^+；阴离子主要包括 Cl^-、NO_2^-、NO_3^- 和 SO_4^{2-}，个别土样中还检测到 Br^- 和 PO_4^{3-}。

表 5-1 的结果表明，土壤样品中阳离子主要有 Na^+、NH_4^+、K^+、Ca^{2+} 和 Mg^{2+}。Ca^{2+} 在整体上相比其他阳离子含量较高，有 5 个土样的 Ca^{2+} 含量超过 1×10^{-6}，00801 土样的 Ca^{2+} 达到 12×10^{-6} 以上，部分铁器表面白色沉积物的主要来源可能也是 Ca^{2+}。大部分样品的 NH_4^+ 含量超过 1×10^{-6}，尤其是 10896 土样，NH_4^+ 含量达到 7×10^{-6}，可能是因为土壤中的固氮菌使大气中的氮气转化为 NH_4^+，以及氨化细菌能够使土壤中的有机物分解

产物最终转变为 NH_4^+。00801 土样中的 K^+、Ca^{2+}、Mg^{2+} 含量均高于其他样本，并且由表 5-2 可看出 SO_4^{2-}、NO_3^- 的含量也高于其他样本，可能是因为此处埋藏较深，基本不受外界环境的影响。

表 5-2 的结果表明，大多土样都含有 Cl^-、NO_2^-、NO_3^- 和 SO_4^{2-} 等阴离子。个别土样中还检测到 Br^-、PO_4^{3-}。00801 土样的 SO_4^{2-} 含量高达 43.552×10^{-6}、NO_3^- 含量为 2.802×10^{-6}。其中，SO_4^{2-}、NO_3^- 和 Cl^- 等阴离子对铁器的腐蚀影响较大。

氯离子能够渗透金属的氧化膜和不溶性腐蚀产物层，加快铁的腐蚀：

$$Fe + 3Cl^- \xrightarrow{O_2+H_2O} FeCl_3 + 3e^-$$

在潮湿环境下，又会发生如下反应：

$$FeCl_3 + 3H_2O \longrightarrow Fe(OH)_3 + 3HCl$$

盐酸继续与铁发生反应：

$$Fe + 3Cl^- \xrightarrow{O_2} FeCl_3$$

生成新的氯化铁。氯化铁不断水解释放 Cl^-，Cl^- 向阳极迁移，就会生成更多的 Fe^{2+}，循环反复，加速铁器腐蚀。

在铁器所在的地下潮湿环境中若存在硫酸盐、硝酸盐，其腐蚀作用将更严重，形成硫酸亚铁、硫化铁、硝酸铁等腐蚀物。

$$Fe + H_2SO_4 \longrightarrow FeSO_4 + H_2\uparrow$$

$$Fe + 4HNO_3 \longrightarrow Fe(NO_3)_3 + NO\uparrow + 2H_2O$$

硫酸亚铁在氧气和水的作用下生成硫酸和羟基氧化铁，硫酸又腐蚀基体产生硫酸亚铁，不断地循环腐蚀，使锈层加厚，反应如下：

$$4FeSO_4 + O_2 + 6H_2O \longrightarrow 4FeOOH + 4H_2SO_4$$

$$2H_2SO_4 + O_2 + 2Fe \longrightarrow 2FeSO_4 + 2H_2O$$

在硫酸盐还原菌、硫氧化菌和好氧的铁杆菌等微生物存在的情况下，还会发生微生物腐蚀，腐蚀反应如下：

$$4Fe + SO_4^{2-} + 4H_2O \xrightarrow{硫酸盐还原菌} FeS + 3Fe(OH)_2 + 2OH^-$$

$$2S + 3O_2 + 2H_2O \xrightarrow{硫氧化菌} 2H_2SO_4$$

$$4Fe(OH)_2 + O_2 + 2H_2O \xrightarrow{铁杆菌} 4Fe(OH)_3$$

铁质文物在 Cl^- 的影响下最终会生成 $\beta\text{-FeOOH}$，在 SO_4^{2-} 的影响下最终会生成 $\alpha\text{-FeOOH}$ 和 $\gamma\text{-FeOOH}$。

表 5-1　土壤样品阳离子含量表

序号	样品编号	阳离子浓度 / ($\times 10^{-6}$)				
		Na^+	NH_4^+	K^+	Ca^{2+}	Mg^{2+}
1	10896土样	1.000	7.307	0.597	0.131	0.012
2	07915土样	0.512	1.725	0.401	0.310	0.073
3	70702土样	0.331	1.804	0.346	3.682	1.796
4	07907土样	0.316	0.829	0.150	3.069	0.332
5	07898土样	0.511	1.614	0.348	1.423	0.542
6	00801土样	2.756	3.646	0.949	12.965	2.209
7	07925土样	0.246	1.214	0.154	1.103	0.124

表 5-2　土壤样品阴离子含量表

序号	样品编号	阴离子浓度 / ($\times 10^{-6}$)					
		Cl^-	NO_2^-	Br^-	NO_3^-	PO_4^{3-}	SO_4^{2-}
1	10896土样	0.940	0.599	2.053	1.652	1.886	11.739
2	07915土样	0.371	0.256		0.864		2.077
3	70702土样	0.419					0.345
4	07907土样	0.325	0.264		0.765		3.205
5	07898土样	0.343	0.236		0.782		1.104
6	00801土样	0.470	0.236		2.802		43.552
7	07925土样	0.373	0.238		0.705		2.472

第二节　X射线探伤

X射线探伤是利用X射线在穿透物质的过程中具有一定的衰减规律，能使照相胶片发生感光作用或使某些化学元素和化合物产生荧光，来发现被检物体内部缺陷的一种探伤方法。由于具有无损检测的特性，能在不破坏文物本体的前提下对文物保存状况、修复前痕迹、相关历史信息、器物制作工艺特点等进行分析，因此X射线探伤在文物保护与研究工作中被广泛应用。利用X射线探伤对这批铁器进行分析，可以在无损伤条件下探测铁器的内部结构、腐蚀情况、加固修复痕迹等重要信息，以及被覆盖的铭文、纹饰等。本次对71件铁器进行了X射线探伤分析（见图5-1、图5-2），具体分析结果如下。

图5-1　X射线探伤分析现场照（一）

图5-2　X射线探伤分析现场照（二）

一、馆藏古代铁器探伤分析结果

图5-3为铁短剑（70702）的X射线探伤图。结果显示，剑身腐蚀不均，有大量点腐蚀分布，两侧刃部矿化严重。

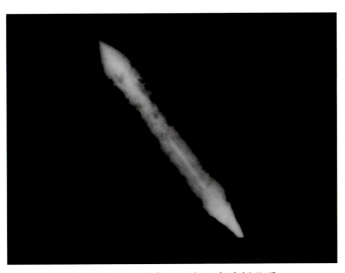

图5-3　铁短剑（70702）X射线探伤图

图5-4为铁刀（69849）的X射线探伤图。结果显示，刀身腐蚀不均，前端及残柄腐蚀严重，局部矿化。

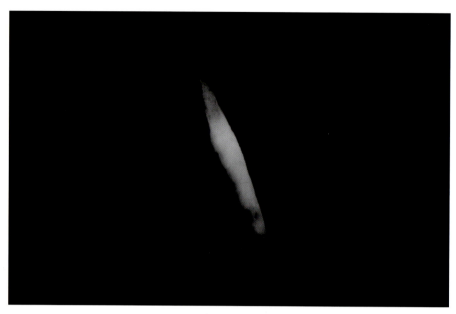

图5-4　铁刀（69849）X射线探伤图

图5-5为铁臿（69567）的X射线探伤图。结果显示，器身腐蚀不均，銎口有大量点腐蚀分布，刃矿化。

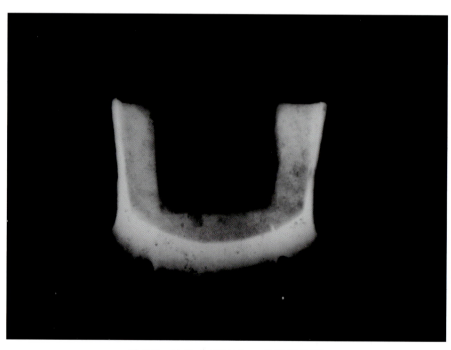

图5-5　铁臿（69567）X射线探伤图

图 5-6 为铁炉（10896）的 X 射线探伤图。结果显示，器物破损严重。

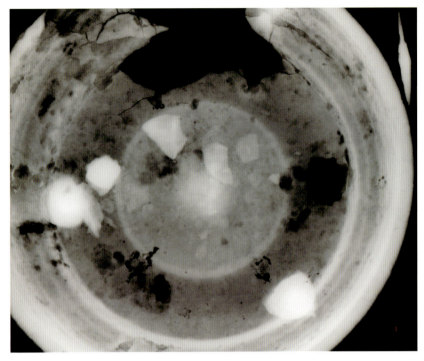

图 5-6　铁炉（10896）X 射线探伤图

图 5-7 为铁水钩（09215）的 X 射线探伤图。结果显示，器物保存完整。

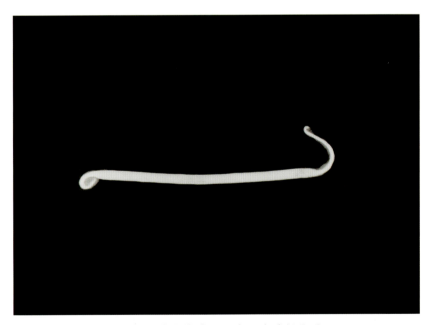

图 5-7　铁水钩（09215）X 射线探伤图

图 5-8 为环首铁刀（08579）的 X 射线探伤图。结果显示，刀身腐蚀不均匀，点腐蚀严重，已经基本矿化，部分刀茎和环首尚存铁芯，环首残缺。

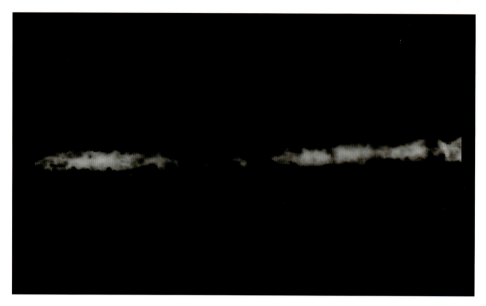

图 5-8　环首铁刀（08579）X 射线探伤图

图 5-9 为铁剑（08552）的 X 射线探伤图。结果显示，锋、两侧刃部斑驳暗影为腐蚀严重区域，茎部斑驳暗影处腐蚀不均。

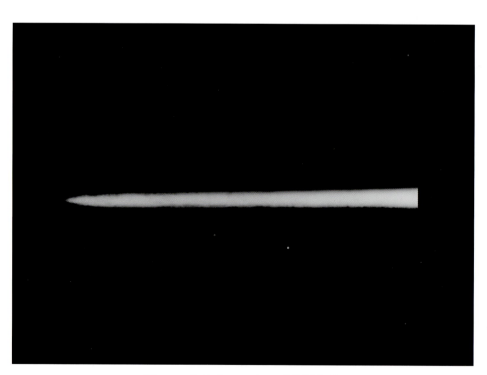

图 5-9　铁剑（08552）X 射线探伤图

图 5-10 为铁斧（08527）的 X 射线探伤图。结果显示，器物残缺，銎部腐蚀不均。

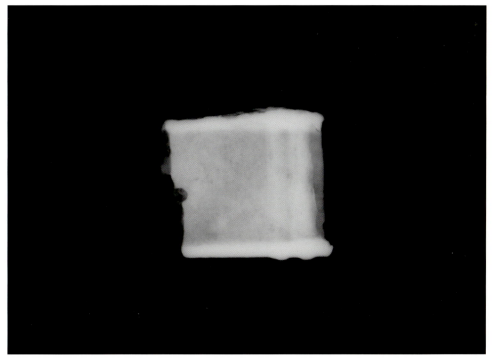

图 5-10　铁斧（08527）X 射线探伤图

图 5-11 为铁刀（08559）的 X 射线探伤图。结果显示，器物残缺，基本矿化，局部刀柄至环首尚存铁芯。

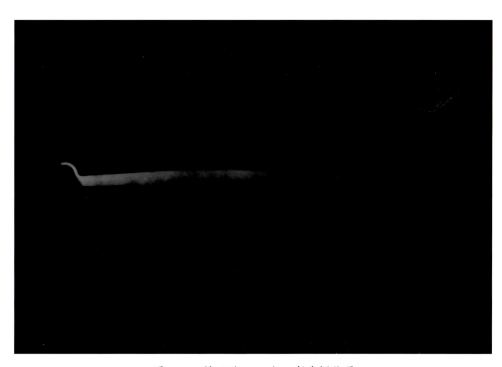

图 5-11　铁刀（08559）X 射线探伤图

图 5-12 铁刀（07931）的 X 射线探伤图。结果显示，器物残缺，腐蚀不均匀，刀柄有点腐蚀分布，尚存铁芯。

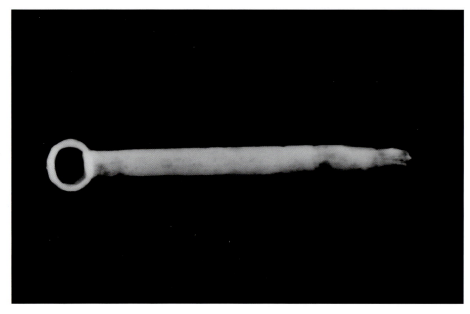

图 5-12　铁刀（07931）X 射线探伤图

图 5-13 为铁剪刀（07930）的 X 射线探伤图。结果显示，器物受到严重腐蚀，基本矿化，柄上有因腐蚀而产生的裂隙。

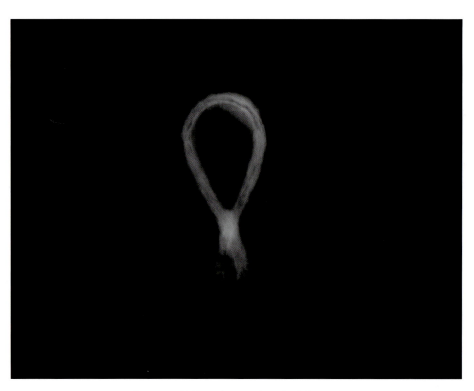

图 5-13　铁剪刀（07930）X 射线探伤图

图 5-14 为铁镜（07928）的 X 射线探伤图。结果显示，器物受到不均匀腐蚀，镜缘处有层状剥落现象，器身有多条裂隙，未见纹饰。

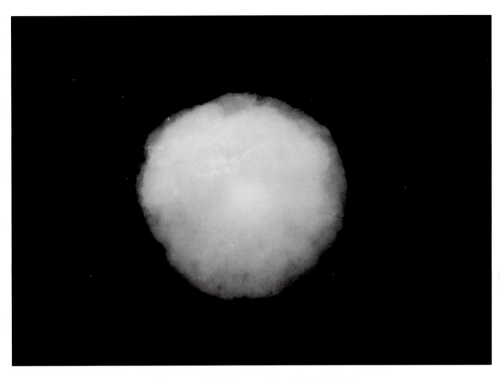

图 5-14　铁镜（07928）X 射线探伤图

图 5-15 为铁镜（07927）的 X 射线探伤图。结果显示，器物没有纹饰，受到严重腐蚀，基本被矿化，有多条裂隙从外向内延伸。

图 5-15　铁镜（07927）X 射线探伤图

图 5-16 为铁镜（07926）的 X 射线探伤图。结果显示，器物残缺，镜身腐蚀严重，基本矿化；镜钮保存较好，穿孔清晰可见；镜缘处有裂隙。

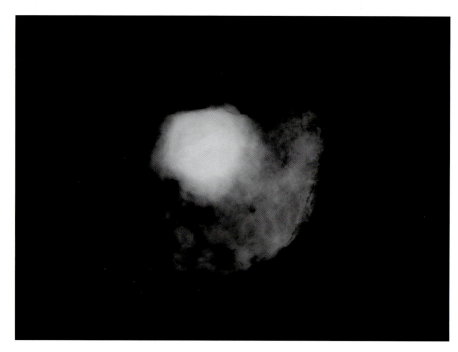

图 5-16　铁镜（07926）X 射线探伤图

图 5-17 和图 5-18 为铁斧（07925）正面及背面的 X 射线探伤图。结果显示，刃、銎口残缺；腐蚀不均，背面腐蚀严重，有大量点腐蚀分布，并有多条裂隙；正面腐蚀较均匀；背面可见数个边界清晰的孔洞，为铸造缩孔。

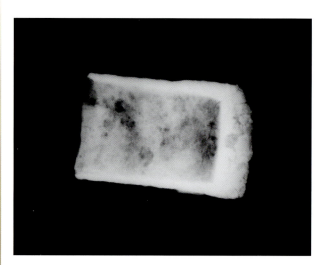 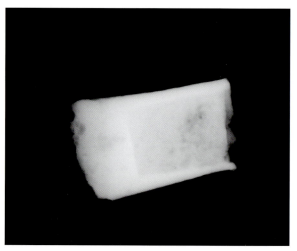

图 5-17　铁斧（07925）（正面）X 射线探伤图　　图 5-18　铁斧（07925）（背面）X 射线探伤图

图 5-19 为铁斧（07924）的 X 射线探伤图。结果显示，銎口残缺，腐蚀不均，銎部有点腐蚀分布。

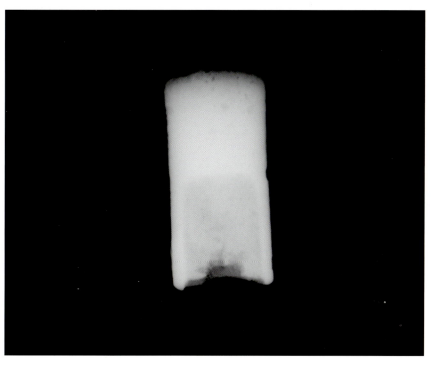

图 5-19　铁斧（07924）X 射线探伤图

图 5-20 为铁权（07914）的 X 射线探伤图。结果显示，器物完整，腐蚀均匀。

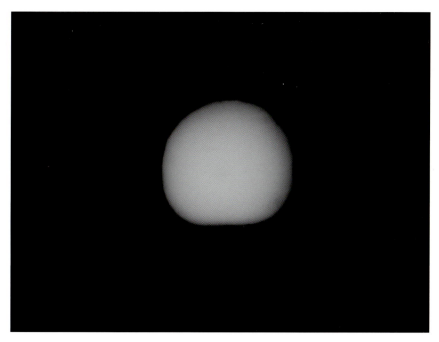

图 5-20　铁权（07914）X 射线探伤图

图 5-21 为铁砧（07913）的 X 射线探伤图。结果显示，器物完整，腐蚀均匀。

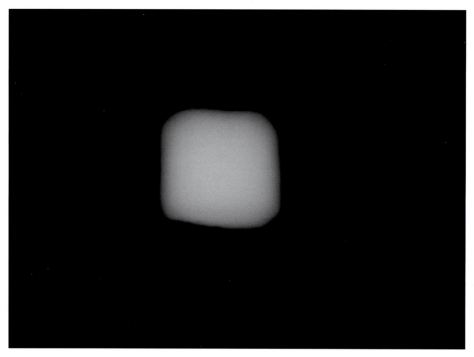

图 5-21　铁砧（07913）X 射线探伤图

图 5-22 为铁锤（07912）的 X 射线探伤图。结果显示，器物完整，中间有穿孔。

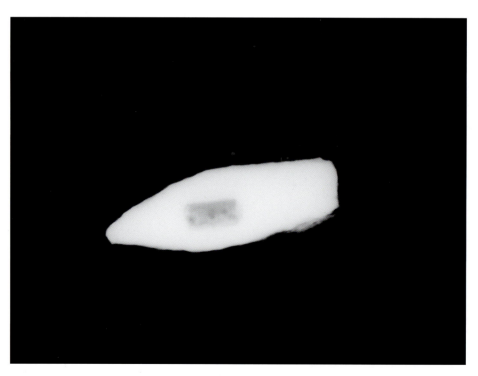

图 5-22　铁锤（07912）X 射线探伤图

图 5-23 为铁凿（07911）的 X 射线探伤图。结果显示，器物残缺，腐蚀严重，腐蚀不均，局部矿化开裂。

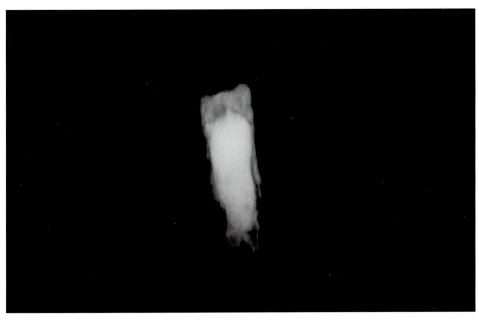

图 5-23　铁凿（07911）X 射线探伤图

图 5-24 是铁凿（07910）的 X 射线探伤图。结果显示，器物残缺，腐蚀严重，腐蚀不均，局部矿化开裂。

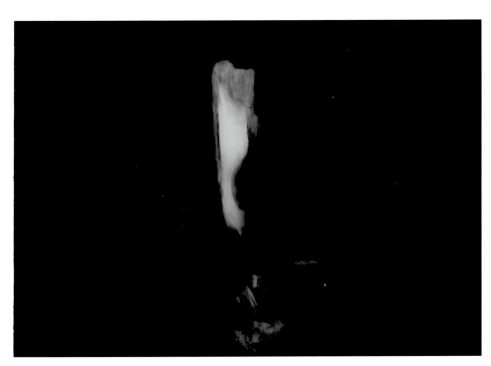

图 5-24　铁凿（07910）X 射线探伤图

图 5-25 是铁凿（07907）的 X 射线探伤图。结果显示，器物残缺，腐蚀不均，中间和凿头腐蚀严重，凿从中间断裂，有未完全剥落的裂块。

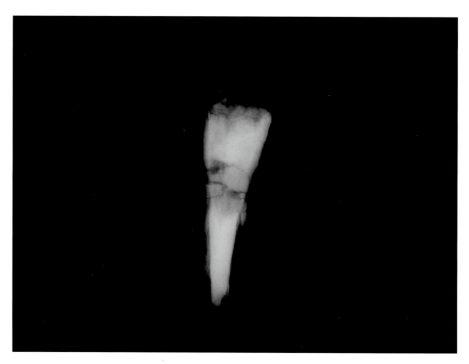

图 5-25　铁凿（07907）X 射线探伤图

图 5-26 是铁凿（07906）的 X 射线探伤图。结果显示，器物残缺，腐蚀不均，凿头和凿身中部点腐蚀严重，有大片层状剥落现象，并伴有矿化开裂。

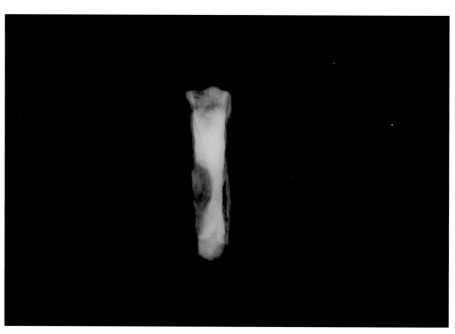

图 5-26　铁凿（07906）X 射线探伤图

图 5-27 是铁凿（07905）的 X 射线探伤图。结果显示，器物残缺，腐蚀不均，局部腐蚀严重，腐蚀部位有层状剥落现象，并伴有开裂。

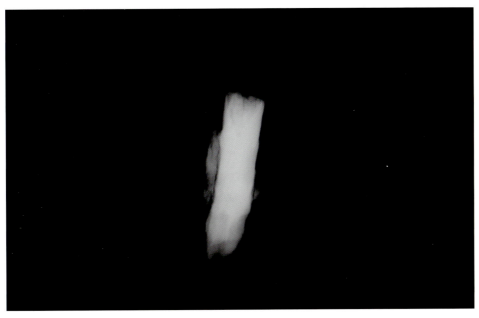

图 5-27　铁凿（07905）X 射线探伤图

图 5-28 是铁甾（07904）的 X 射线探伤图。结果显示，器物腐蚀不均，点腐蚀严重，基本矿化；甾中部有横断裂隙。

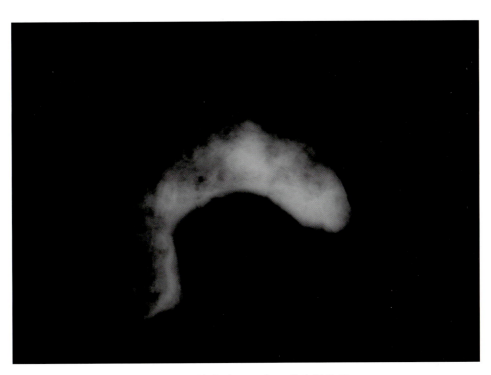

图 5-28　铁甾（07904）X 射线探伤图

图 5-29 是铁臿（07903）的 X 射线探伤图。结果显示，器物点腐蚀严重，基本矿化。

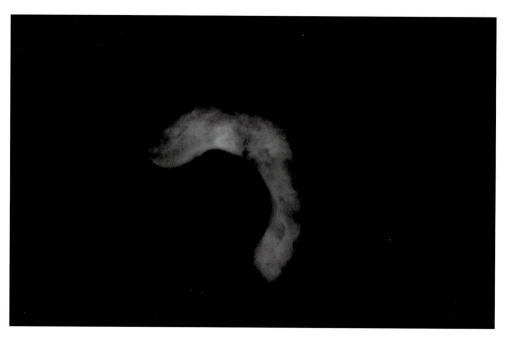

图 5-29　铁臿（07903）X 射线探伤图

图 5-30 是铁臿（07902）的 X 射线探伤图。结果显示，器物腐蚀严重，基本矿化。

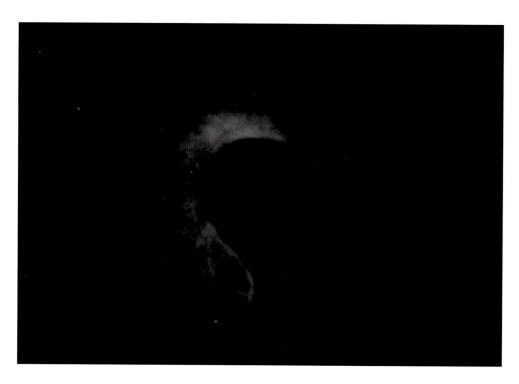

图 5-30　铁臿（07902）X 射线探伤图

图 5-31 是铁甾（07901）的 X 射线探伤图。结果显示，器物点腐蚀严重，基本矿化，伴有多条裂隙。

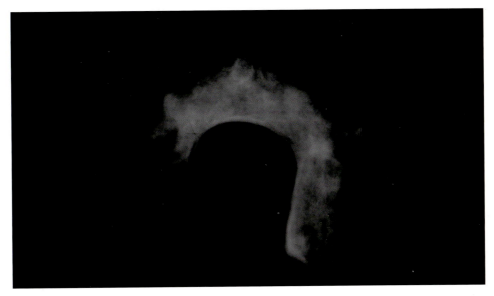

图 5-31　铁甾（07901）X 射线探伤图

图 5-32 和图 5-33 是铁鐎斗（07900）侧面及底部的 X 射线探伤图。结果显示，器物三足残断，腹壁残缺开裂；器壁腐蚀不均，腐蚀非常严重，基本矿化，裂隙遍布；有三块腹壁残块；底部基本矿化，中间尚存铁芯；可见大量边界清晰孔洞，为铸造缩孔；未见芯撑。

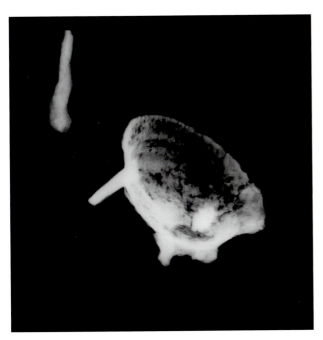

图 5-32　铁鐎斗（07900）（侧面）X 射线探伤图

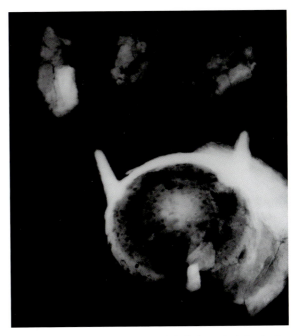

图 5-33　铁鐎斗（07900）（底部）X 射线探伤图

图5-34是铁戟（06100）的X射线探伤图。结果显示，器物比较完整。

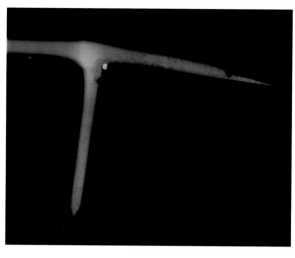
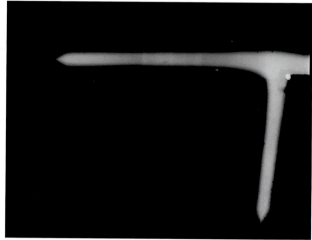

图 5-34　铁戟（06100）X射线探伤图

图5-35是铁叉（01184）的X射线探伤图。结果显示，器物较完整，叉腐蚀均匀，存有铁芯；柄点腐蚀严重，基本矿化，伴有裂隙。

图 5-35　铁叉（01184）X射线探伤图

图 5-36 是铁锤（01180）的 X 射线探伤图。结果显示，器物基本完整，腐蚀均匀。

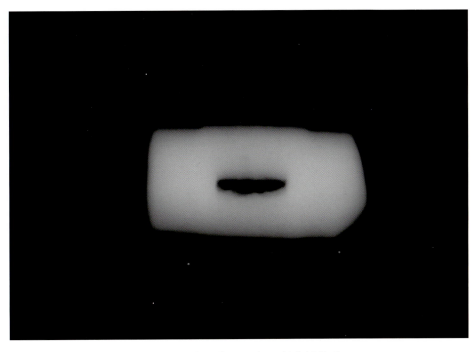

图 5-36　铁锤（01180）X 射线探伤图

图 5-37 是铁锤（01179）的 X 射线探伤图。结果显示，器物基本完整，腐蚀均匀。

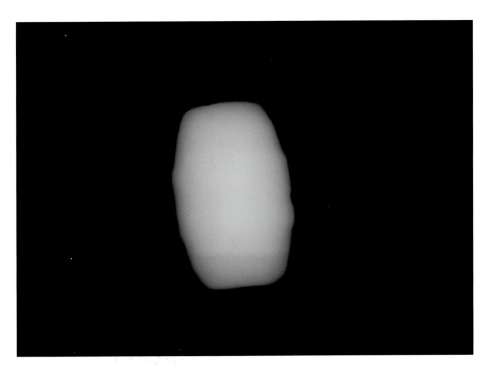

图 5-37　铁锤（01179）X 射线探伤图

图 5-38 是铁剑（01175）的 X 射线探伤图。结果显示，器物残缺，腐蚀不均匀，有大量点腐蚀分布，局部矿化。

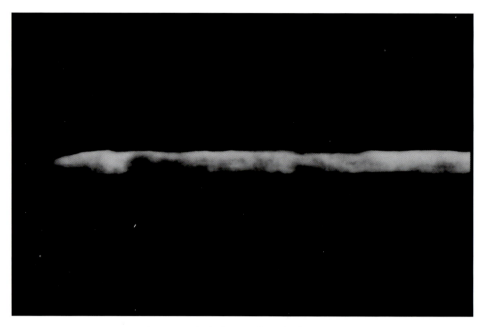

图 5-38　铁剑（01175）X 射线探伤图

图 5-39 是铁钩（01121）的 X 射线探伤图。结果显示，器物完整，腐蚀均匀。

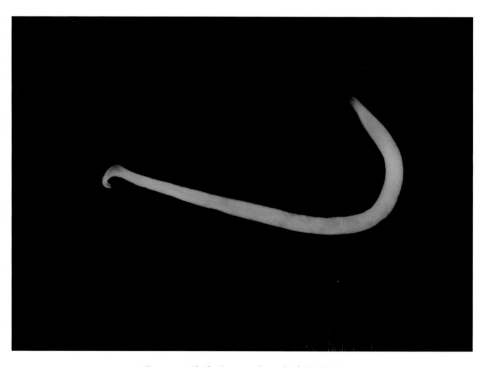

图 5-39　铁钩（01121）X 射线探伤图

图 5-40 是铁刀（00831）的 X 射线探伤图。结果显示，器物残缺，腐蚀不均，刀身腐蚀严重，点腐蚀大量分布，局部矿化。

图 5-40　铁刀（00831）X 射线探伤图

图 5-41 是铁刀（00830）的 X 射线探伤图。结果显示，器物腐蚀严重，腐蚀不均，点腐蚀大量分布，局部矿化。

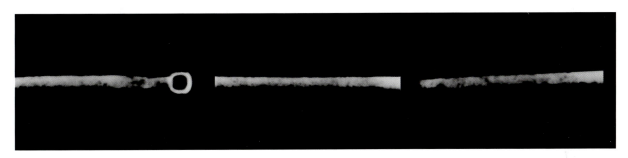

图 5-41　铁刀（00830）X 射线探伤图

图 5-42 是铁刀（00828）的 X 射线探伤图。结果显示，器物残缺，腐蚀不均，有点腐蚀分布。

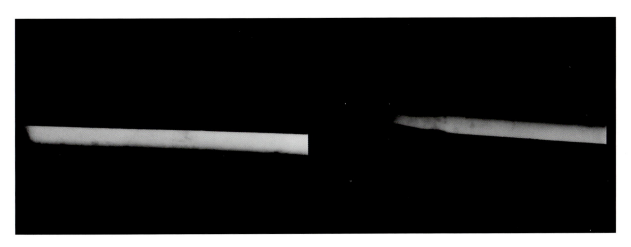

图 5-42　铁刀（00828）X 射线探伤图

图 5-43 是铁匜（00801）的 X 射线探伤图。结果显示，器物完整，腐蚀严重，有大量点腐蚀分布，部分边界清晰的孔洞应为铸造缩孔。

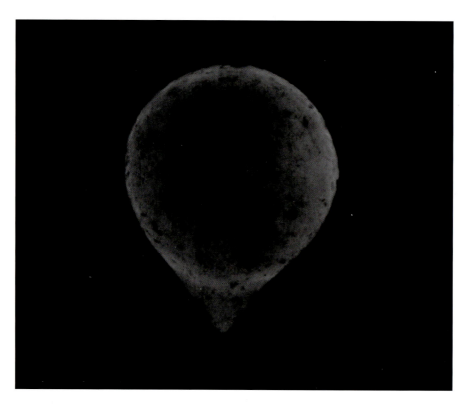

图 5-43　铁匜（00801）X 射线探伤图

图 5-44 是铁剑（00799）的 X 射线探伤图。结果显示，器物柄残断，腐蚀不均，刀身前段和刀柄腐蚀严重，有点腐蚀分布。

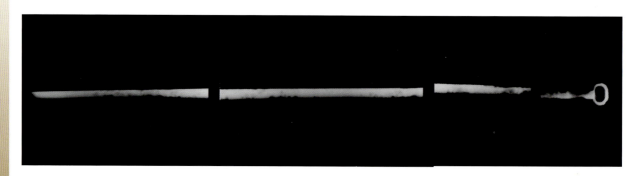

图 5-44　铁剑（00799）X 射线探伤图

图 5-45 是铁剑（00798）的 X 射线探伤图。结果显示，器物残缺，腐蚀不均，局部腐蚀严重，呈矿化状态。

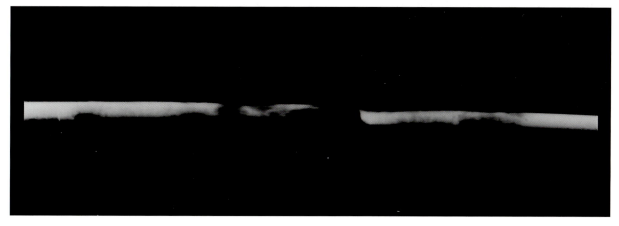

图 5-45　铁剑（00798）X 射线探伤图

图 5-46 是铁剑（00797）的 X 射线探伤图。结果显示，器物残缺，柄部腐蚀严重，有点腐蚀分布。

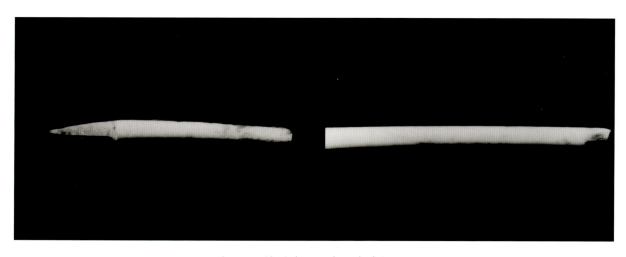

图 5-46　铁剑（00797）X 射线探伤图

图 5-47 是铁剑（00796）的 X 射线探伤图。结果显示，器物残缺，腐蚀不均，局部有片状剥落现象，有点腐蚀分布。

图 5-47　铁剑（00796）X 射线探伤图

图 5-48 是铁剑（00795）的 X 射线探伤图。结果显示，器物残缺，腐蚀不均，有点腐蚀分布，腊中部和剑茎矿化。

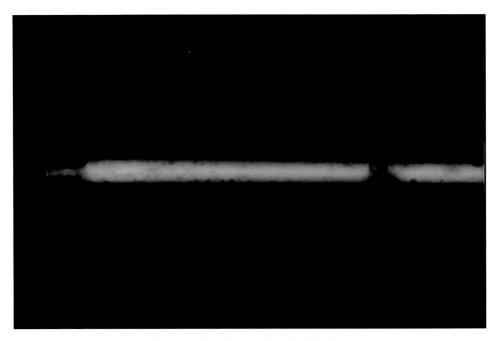

图 5-48　铁剑（00795）X 射线探伤图

图 5-49 是环首铁刀（06084）的 X 射线探伤图。结果显示，器物完整；腐蚀不均，刀身、柄部分布大量点腐蚀，局部矿化；部分保留有铁芯；环首外、内局部可见残存嵌丝纹饰。

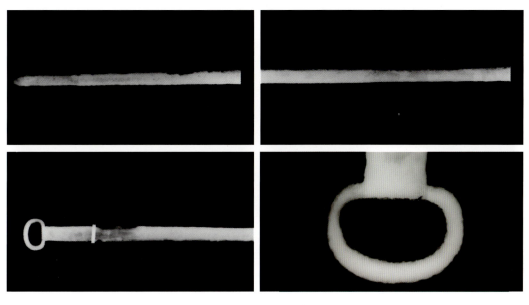

图 5-49　三国吴错金铭文环首铁刀（06084）X 射线探伤图

图 5-50 是铁刀（06085）的 X 射线探伤图。结果显示，器物完整，腐蚀不均，部分保留有铁芯，刀身中部基本矿化。

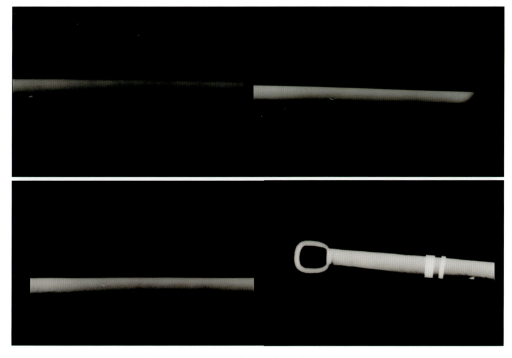

图 5-50　铁刀（06085）X 射线探伤图

图 5-51 是铁矛（06087）的 X 射线探伤图。结果显示，器物完整，腐蚀不均，锋尖、叶刃矿化，叶、骸局部有点腐蚀分布，锋、叶上有数个边界清晰的孔洞，为铸造缩孔，脊两侧血槽清晰可见，骸上有一条纵穿裂隙。

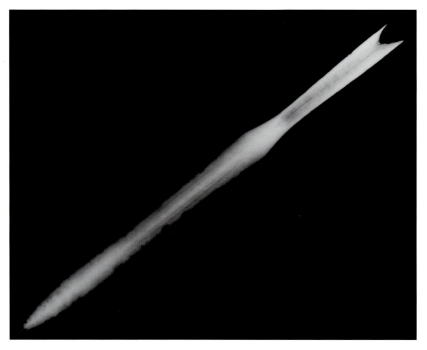

图 5-51　铁矛（06087）X 射线探伤图

图 5-52 是铁刀（01187）的 X 射线探伤图。结果显示，器物残缺，腐蚀不均，柄部有点腐蚀分布，鞘环金属性完好。

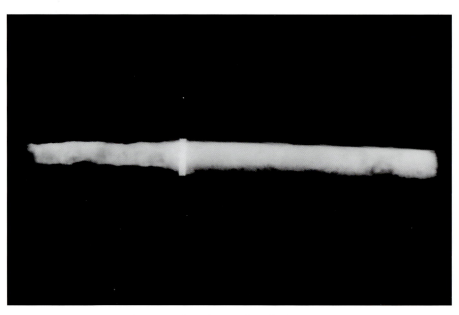

图 5-52　铁刀（01187）X 射线探伤图

图 5-53 是铁七星剑（00786）的 X 射线探伤图。结果显示，器物腐蚀均匀。

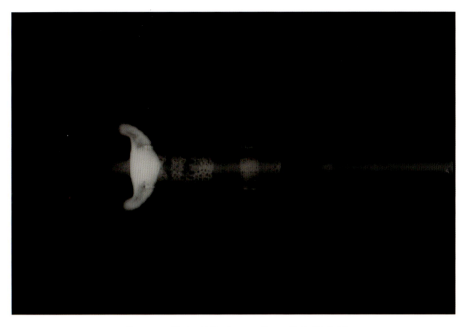

图 5-53　铁七星剑（00786）X 射线探伤图

二、馆藏近现代铁器探伤分析结果

图 5-54 为宗教用具（07896）的 X 射线探伤图。结果显示，器物完整，铁质较好，部分圆环有变形。

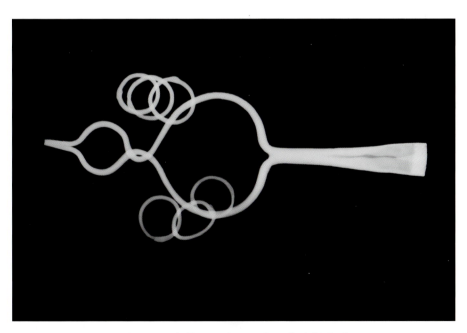

图 5-54　宗教用具（07896）X 射线探伤图

图 5-55 是铁匕首（07895）的 X 射线探伤图。结果显示，器物完整，腐蚀不均，前端基本矿化，柄部尚存部分铁芯。

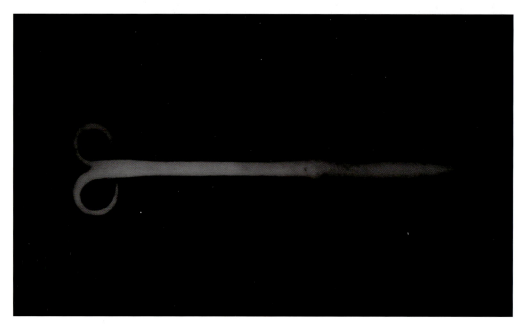

图 5-55　铁匕首（07895）X 射线探伤图

图 5-56 是铁匕首（07894）的 X 射线探伤图。结果显示，器物完整，腐蚀严重，腐蚀不均，刺部至柄前端完全矿化。

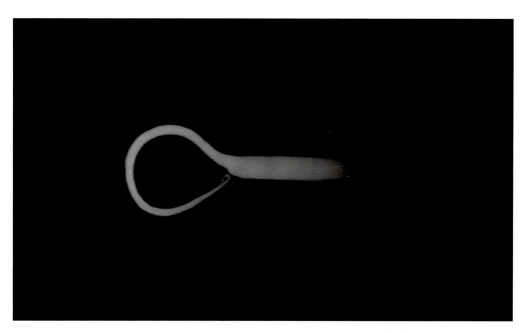

图 5-56　铁匕首（07894）X 射线探伤图

图 5-57 是铁匕首（07893）的 X 射线探伤图。结果显示，器物完整，腐蚀均匀，尚有铁芯。

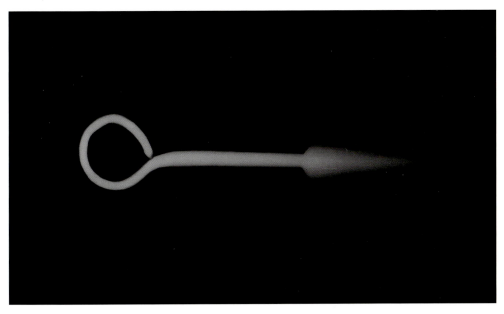

图 5-57　铁匕首（07893）X 射线探伤图

图 5-58 是铁匕首（07892）的 X 射线探伤图。结果显示，器物完整，腐蚀均匀，尚有铁芯，环首尾部可见绞打形成的螺旋纹。

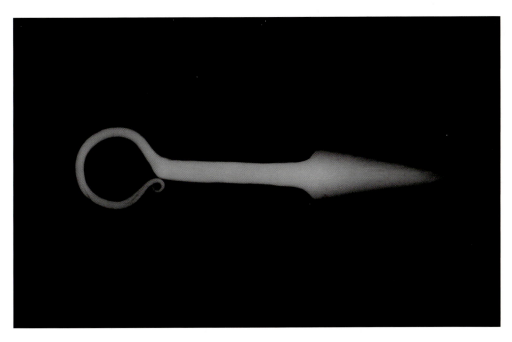

图 5-58　铁匕首（07892）X 射线探伤图

图 5-59 是铁矛（07891）的 X 射线探伤图。结果显示，器物完整，腐蚀均匀，骹口局部呈层叠状态，应为锻打所致。

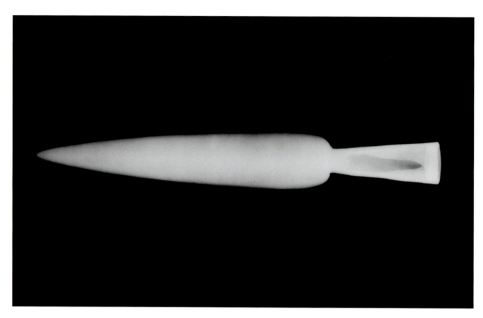

图 5-59　铁矛（07891）X 射线探伤图

图 5-60 是铁矛（07788）的 X 射线探伤图。结果显示，器物较完整，腐蚀不均，刃部矿化；骹口局部呈层叠状态，应为锻打所致。

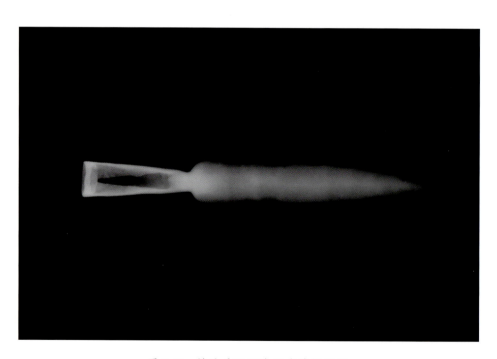

图 5-60　铁矛（07788）X 射线探伤图

图 5-61 是铁刀（01139）的 X 射线探伤图。结果显示，器物基本完整。

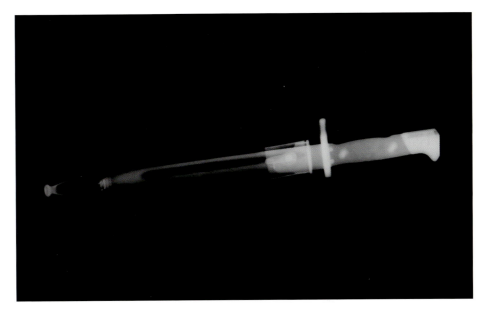

图 5-61　铁刀（01139）X 射线探伤图

图 5-62 是铁飞叉（01138）的 X 射线探伤图。结果显示，器物完整，一环片点腐蚀严重，并有开裂；骸口呈层叠状态，应为锻打所致。

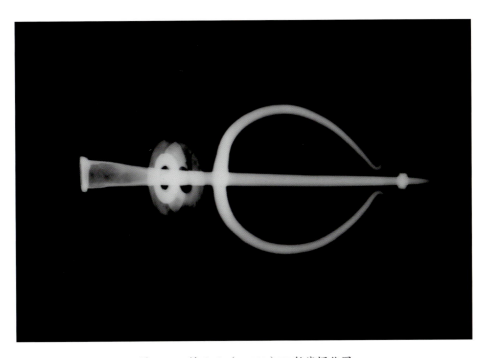

图 5-62　铁飞叉（01138）X 射线探伤图

图 5-63 是铁剑（01135）的 X 射线探伤图。结果显示，器物完整，腐蚀均匀。

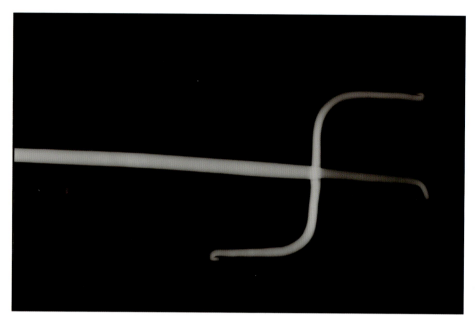

图 5-63　铁剑（01135）X 射线探伤图

图 5-64 是铁圣饼夹（01134）的 X 射线探伤图。结果显示，器物完整，腐蚀均匀。

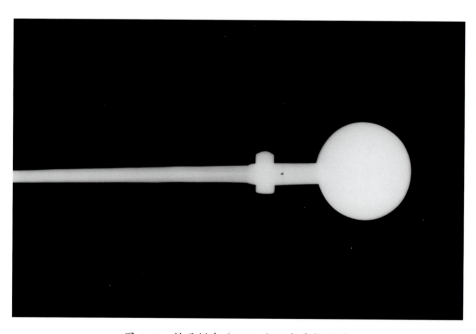

图 5-64　铁圣饼夹（01134）X 射线探伤图

图 5-65 是铁鞭（01133）的 X 射线探伤图。结果显示，器物完整，鞭节腐蚀均匀，部分圆环局部腐蚀严重，基本矿化，柄内两铆钉清晰可见。

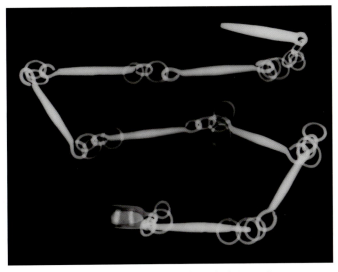

图 5-65　铁鞭（01133）X 射线探伤图

图 5-66 是长矛铁刀（01132）的 X 射线探伤图。结果显示，器物完整，刀身厚薄不均，腐蚀均匀，刀柄前端缠绕金属丝，柄上两孔内金属榫头清晰可见。

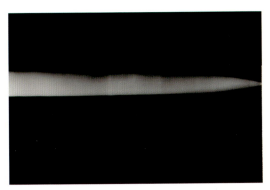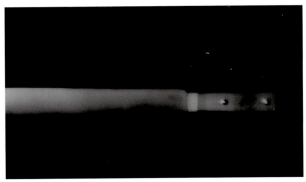

图 5-66　长矛铁刀（01132）X 射线探伤图

图 5-67 是长矛铁刀（01130）的 X 射线探伤图。结果显示，器物完整，腐蚀均匀，柄上清晰可见一孔洞。

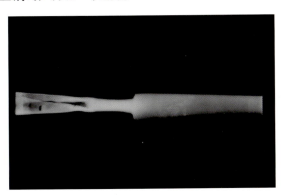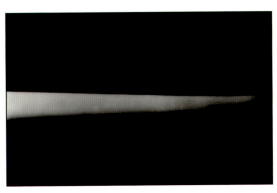

图 5-67　长矛铁刀（01130）X 射线探伤图

图 5-68 是铁大刀（01128）的 X 射线探伤图。结果显示，器物完整，腐蚀不均，刀刃局部矿化。

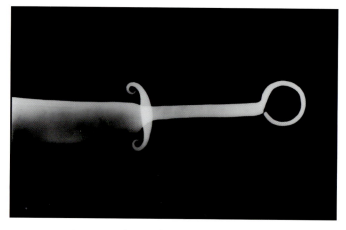

图 5-68　铁大刀（01128）X 射线探伤图

图 5-69 是铁大刀（01127）的 X 射线探伤图。结果显示，器物完整，腐蚀不均，刀刃局部矿化，柄部可清楚看见两枚铆钉嵌入铁柄内。

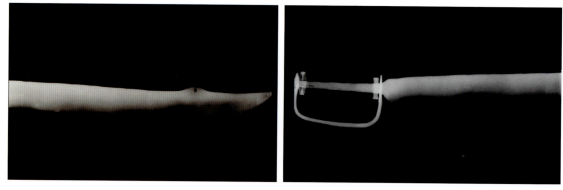

图 5-69　铁大刀（01127）X 射线探伤图

图 5-70 是铁大刀（01126）的 X 射线探伤图。结果显示，器物完整，腐蚀不均，刀身局部矿化，柄部可清楚看见铆钉嵌入铁柄内。

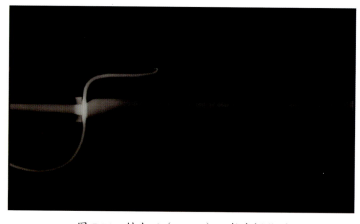

图 5-70　铁大刀（01126）X 射线探伤图

图 5-71 是铁刃木柄刀（00792）的 X 射线探伤图。结果显示，器物完整，腐蚀均匀。

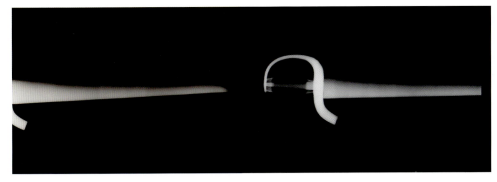

图 5-71　铁刃木柄刀（00792）X 射线探伤图

图 5-72 是铁刀（00790）的 X 射线探伤图。结果显示，器物残缺，腐蚀均匀。

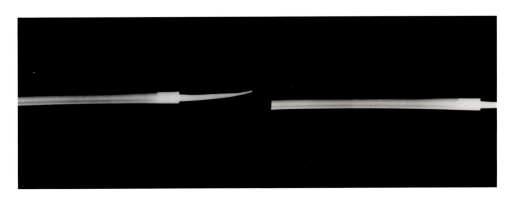

图 5-72　铁刀（00790）X 射线探伤图

图 5-73 是铁马刀（00787）的 X 射线探伤图。结果显示，器物完整，腐蚀均匀。

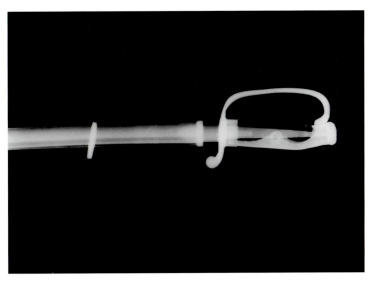

图 5-73　铁马刀（00787）X 射线探伤图

第三节 超景深显微观察

超景深光学显微系统是无损的表面观察分析工具，适用于所有材质物体的表面显微观察分析，具有操作简单、放大倍率高、图像清晰的优点。本项目利用日本基恩士（KEYENCE）VHX-5000超景深三维显微系统观察铁器样品的形貌。检测条件为：选用VH-Z20W超景深变焦物镜（20X～200X），光源模式及其强弱根据样品不同随时切换调整。

一、馆藏古代铁器超景深显微观察结果

1. 战国时代铁匜（00801）

如图5-74和图5-75所示，锈蚀整体以坚硬致密的红褐色或土黄色锈为主，器物表面多处存在裂隙，有片状脱落迹象（见图5-74），从表层锈蚀脱落处可以看见砖红色锈蚀层和黑色块状锈蚀（见图5-75），总体腐蚀较为严重且分布不均匀。

图5-74　战国时代铁匜（00801）超景深显微照（一）　　图5-75　战国时代铁匜（00801）超景深显微照（二）

2. 三国吴铁削刀（00793）

如图5-76至图5-79所示，锈蚀整体以坚硬致密的红褐色锈为主，夹杂砖红色、深灰色锈（见图5-77）、淡绿色锈（见图5-78）和黑色锈（见图5-79），表面有较多的点蚀坑（见图5-77、图5-78）、孔洞（见图5-78）和裂隙，总体腐蚀较为严重且分布不均匀。

图5-76　三国吴铁削刀（00793）原始照　　图5-77　三国吴铁削刀（00793）超景深显微照（一）

图 5-78　三国吴铁削刀（00793）超景深显微照（二）　　图 5-79　三国吴铁削刀（00793）超景深显微照（三）

3. 东汉铁剑（00794）

如图 5-80 至图 5-83 所示，锈蚀整体以坚硬致密的红褐色和深灰色锈为主，层状剥落现象明显（见图 5-81、图 5-82），表面有较多土锈（见图 5-82），存在大量黑色、红色瘤状物及点蚀坑（见图 5-83），总体腐蚀较为严重且分布不均匀。

图 5-80　东汉铁剑（00794）原始照

图 5-81　东汉铁剑（00794）超景深显微照（一）

图 5-82　东汉铁剑（00794）超景深显微照（二）

图 5-83　东汉铁剑（00794）超景深显微照（三）

4. 东汉铁剑（00795）

如图 5-84、图 5-85 所示，锈蚀整体以坚硬致密的红褐色和深灰色锈为主，夹杂砖红色锈蚀，存在大量瘤状物及点蚀坑，总体腐蚀较为严重且分布不均匀。

图 5-84　东汉铁剑（00795）原始照

图 5-85　东汉铁剑（00795）超景深显微照

5. 东汉铁剑（00796）

如图 5-86、图 5-87 所示，锈蚀整体以坚硬致密的砖红色锈为主，表面出现裂隙和少量点蚀坑，总体腐蚀较为严重且分布不均匀。

图 5-86　东汉铁剑（00796）原始照

图 5-87　东汉铁剑（00796）超景深显微照

6. 东汉铁剑（00797）

如图 5-88、图 5-89 所示，锈蚀整体以坚硬致密的红褐色锈为主，层状剥离现象严重，从表层剥落处可以看见深灰色、砖红色锈，存在大量瘤状物及点蚀坑，总体腐蚀较为严重且分布不均匀。

图 5-88　东汉铁剑（00797）原始照

图 5-89　东汉铁剑（00797）超景深显微照

7. 东汉铁剑（00798）

如图 5-90 至图 5-93 所示，锈蚀整体以坚硬致密的褐色锈为主，夹杂青绿色点状锈蚀（见图 5-92），存在大量点蚀坑和瘤状物（见图 5-93），表面有较为清晰的纺织品痕迹（见图 5-93），总体腐蚀较为严重且分布不均匀。

图 5-90　东汉铁剑（00798）原始照

图 5-91　东汉铁剑（00798）超景深显微照（一）

图 5-92　东汉铁剑（00798）超景深显微照（二）

图 5-93　东汉铁剑（00798）超景深显微照（三）

8. 东汉铁剑（00799）

如图 5-94 至图 5-97 所示，器表附着一层疏松黄褐色锈蚀，疏松锈蚀层有大量片状剥落现象；露出黑褐色腐蚀坑，腐蚀坑内布满密密麻麻的小点状腐蚀，腐蚀坑内聚积黄褐色疏松锈蚀，黄色锈层上有少量木质纤维残留。根据出现的部位，推测是剑鞘。器物总体腐蚀较为严重且分布不均匀。

图 5-94　东汉铁剑（00799）原始照

图 5-95　东汉铁剑（00799）超景深显微照（一）

图 5-96　东汉铁剑（00799）超景深显微照（二）

图 5-97　东汉铁剑（00799）超景深显微照（三）

9. 东汉铁剑（00800）

如图 5-98 至图 5-101 所示，锈蚀整体以坚硬致密的红褐色锈为主，夹杂淡绿色锈（见图 5-99）和砖红色锈（见图 5-101），表面存在大量点蚀坑（见图 5-99），层状剥离现象明显（见图 5-100），聚积大量褐色及红色瘤状物（见图 5-101），总体腐蚀较为严重且分布不均匀。

图 5-98　东汉铁剑（00800）原始照

图 5-99　东汉铁剑（00800）超景深显微照（一）

图 5-100　东汉铁剑（00800）超景深显微照（二）

图 5-101　东汉铁剑（00800）超景深显微照（三）

10. 东汉铁刀（00828）

如图 5-102、图 5-103 所示，锈蚀整体以坚硬致密的红褐色锈为主，夹杂深灰色、褐色锈，层状剥离现象明显，表面存在一些孔洞，总体腐蚀较为严重且分布不均匀。

图 5-102　东汉铁刀（00828）原始照

图 5-103　东汉铁刀（00828）超景深显微照

11. 东汉铁刀（00830）

如图 5-104、图 5-105 所示，锈蚀整体以坚硬致密的红褐色和深灰色锈为主，夹杂有砖红色粉状锈，存在大量的褐色和深红色硬结物、瘤状物，表面偶有裂隙，总体腐蚀较为严重且分布不均匀。

图 5-104　东汉铁刀（00830）原始照

图 5-105　东汉铁刀（00830）超景深显微照

12. 东汉铁刀（00831）

如图 5-106 和图 5-107 所示，器物整体以黑褐色为主，局部矿化，器表局部残存的黄褐色锈层较疏松，锈层大量剥落，在器表形成深浅不一的黑褐色锈蚀坑，部分黄色锈蚀上存在瘤状物，总体腐蚀较为严重且分布不均匀。

图 5-106　东汉铁刀（00831）超景深显微照（一）　　图 5-107　东汉铁刀（00831）超景深显微照（二）

13. 三国吴铁刀（01118）

如图 5-108 和图 5-109 所示，锈蚀整体以坚硬致密的灰褐色锈为主，夹杂砖红色和少量白色粉末状锈（见图 5-108），表面出现裂隙、点蚀坑和瘤状物（见图 5-109），总体腐蚀较为严重且分布不均匀。

图 5-108　三国吴铁刀（01118）超景深显微照（一）　　图 5-109　三国吴铁刀（01118）超景深显微照（二）

14. 三国吴铁钩（01120）

如图 5-110 和图 5-111 所示，锈蚀整体以坚硬致密的红褐色锈为主，夹杂砖红色和深灰色锈，表面有较多点蚀坑和瘤状物，总体腐蚀较为严重且分布不均匀。

图 5-110　三国吴铁钩（01120）原始照　　图 5-111　三国吴铁钩（01120）超景深显微照

15. 三国吴铁钩（01121）

如图5-112和图5-113所示，锈蚀整体以坚硬致密的灰褐色锈为主，夹杂砖红色锈，表面有点蚀坑和少量硬结物，总体腐蚀较为严重且分布不均匀。

图5-112　三国吴铁钩（01121）原始照　　　图5-113　三国吴铁钩（01121）超景深显微照

16. 三国吴铁刀（01122）

如图5-114和图5-115所示，锈蚀整体以坚硬致密的红褐色锈为主，不同颜色锈蚀层状剥离现象明显，红褐色锈蚀下层有砖红色锈蚀和少量黑色锈蚀，表面有较多点蚀坑，总体腐蚀较为严重且分布不均匀。

图5-114　三国吴铁刀（01122）原始照　　　图5-115　三国吴铁刀（01122）超景深显微照

17. 三国吴铁削刀（01125）

如图5-116和图5-117所示，锈蚀整体以坚硬致密的红褐色锈为主，夹杂灰白色锈，层状剥离现象明显，存在点蚀坑和少量裂隙，总体腐蚀较为严重且分布不均匀。

图 5-116 三国吴铁削刀（01125）原始照

图 5-117 三国吴铁削刀（01125）超景深显微照

18. 汉铁剑（01142）

如图 5-118 至图 5-121 所示，锈蚀整体以坚硬致密的深灰色或红褐色锈为主，夹杂有淡绿色（见图 5-119）和砖红色（见图 5-120）粉末状锈，表面出现裂隙和较多的点蚀坑（见图 5-120），有纺织品等硬结物痕迹（见图 5-121），器物整体酥松发脆且有掉渣现象（见图 5-118），总体腐蚀较为严重且分布不均匀。

图 5-118 汉铁剑（01142）原始照

图 5-119 汉铁剑（01142）超景深显微照（一）

图 5-120 汉铁剑（01142）超景深显微照（二）

图 5-121 汉铁剑（01142）超景深显微照（三）

19. 清铁剑（01175）

如图 5-122、图 5-123 所示，锈蚀整体以坚硬致密的红褐色锈为主，夹杂砖红色锈蚀，表面有黑色瘤状物和裂隙，片状锈蚀脱落迹象明显，总体腐蚀较为严重且分布不均匀。

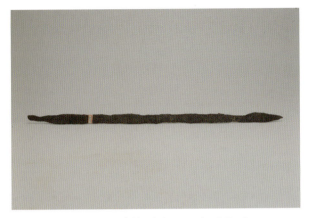 

图 5-122　清铁剑（01175）原始照　　　　图 5-123　清铁剑（01175）超景深显微照

20. 清铁锤（01179）

如图 5-124 和图 5-125 所示，表面覆盖有一层疏松的砖红色锈，其下为质地较硬的褐色锈，偶尔有裂隙及点蚀坑，总体腐蚀较为严重且分布不均匀。

图 5-124　清铁锤（01179）原始照　　　　图 5-125　清铁锤（01179）超景深显微照

21. 清铁锤（01180）

如图 5-126 至图 5-129 所示，锈蚀整体以坚硬致密的红褐色锈为主，夹杂砖红色和灰白色（见图 5-128）锈蚀，表面有少量裂隙及一些点蚀坑（见图 5-127、图 5-129），片状脱落现象较明显，片状夹层处可观察到大量深褐色、红色瘤状物（见图 5-129），总体腐蚀较为严重且分布不均匀。

图 5-126　清铁锤（01180）原始照

图 5-127　清铁锤（01180）超景深显微照（一）

图 5-128　清铁锤（01180）超景深显微照（二）

图 5-129　清铁锤（01180）超景深显微照（三）

22. 清铁挖锄（01181）

如图 5-130、图 5-131 所示，锈蚀整体以坚硬致密的红褐色锈为主，夹杂砖红色锈蚀和褐色硬结物，出现大量点蚀坑，总体腐蚀较为严重且分布不均匀。

图 5-130　清铁挖锄（01181）原始照

图 5-131　清铁挖锄（01181）超景深显微照

23. 清铁锤（01182）

如图 5-132、图 5-133 所示，锈蚀整体以坚硬致密的红褐色锈为主，夹杂砖红色和灰白色锈蚀，表面有层状分离迹象，且附着少量的硬结物，偶有点蚀坑，总体腐蚀较为严重且分布不均匀。

图 5-132　清铁锤（01182）原始照　　图 5-133　清铁锤（01182）超景深显微照

24. 清铁钟（01183）

如图 5-134 至图 5-137 所示，锈蚀整体以坚硬致密的灰褐色锈为主，表面存在大量点蚀坑（见图 5-136）和硬结物（见图 5-135），表层有较多土锈，点蚀坑内观察到聚积的红褐色瘤状物（见图 5-137），总体腐蚀较为严重且分布不均匀。

图 5-134　清铁钟（01183）原始照　　图 5-135　清铁钟（01183）超景深显微照（一）

图 5-136　清铁钟（01183）超景深显微照（二）　　图 5-137　清铁钟（01183）超景深显微照（三）

25. 清铁叉（01184）

如图5-138、图5-139所示，锈蚀整体为坚硬致密的红褐色锈，夹杂砖红色点状锈蚀，出现裂隙且有片状脱落迹象，存在大量点蚀坑和硬结物，总体腐蚀较为严重且分布不均匀。

图5-138　清铁叉（01184）原始照

图5-139　清铁叉（01184）超景深显微照

26. 清铁斧（01185）

如图5-140、图5-141所示，锈蚀整体以坚硬致密的红褐色锈为主，层状锈蚀脱落现象明显，点蚀坑内和裂隙处有较多瘤状物，总体腐蚀较为严重且分布不均匀。

图5-140　清铁斧（01185）原始照

图5-141　清铁斧（01185）超景深显微照

27. 清铁锁（01186）

如图5-142和图5-143所示，锈蚀整体以坚硬致密的灰褐色锈层为主，夹杂砖红色锈蚀，有少量点蚀坑和硬结物，存在裂隙，总体腐蚀较为严重且分布不均匀。

图5-142　清铁锁（01186）原始照

图5-143　清铁锁（01186）超景深显微照

28. 清铁秤砣（01188）

如图 5-144 和图 5-145 所示，锈蚀整体以坚硬致密的红褐色锈为主，不同颜色的锈蚀分层明显，夹杂砖红色粉末状锈，表面存在裂隙和大量点蚀坑、瘤状物，总体腐蚀较为严重且分布不均匀。

图 5-144　清铁秤砣（01188）原始照

图 5-145　清铁秤砣（01188）超景深显微照

29. 战国时代铁釜（07353）

如图 5-146 至图 5-149 所示，锈蚀整体以坚硬致密的深灰色锈为主，夹杂砖红色（见图 5-147）和白色（见图 5-148）锈蚀，表面有硬结物和大量点蚀坑（见图 5-147），存在裂隙与层状剥离现象（见图 5-149），总体腐蚀较为严重且分布不均匀。

图 5-146　战国时代铁釜（07353）原始照

图 5-147　战国时代铁釜（07353）超景深显微照（一）

图 5-148　战国时代铁釜（07353）超景深显微照（二）

图 5-149　战国时代铁釜（07353）超景深显微照（三）

30. 战国时代铁甾（07354）

如图 5-150 和图 5-151 所示，锈蚀整体以坚硬致密的深灰色锈为主，夹杂大量的黄褐色和黑色锈蚀，表面存在硬结物和点蚀坑，存在裂隙与层状剥离现象，总体腐蚀较为严重。

图 5-150　战国时代铁甾（07354）超景深显微照（一）　　图 5-151　战国时代铁甾（07354）超景深显微照（二）

31. 三国吴铁鐎斗（07898）

如图 5-152 至图 5-154 所示，器物表面覆盖有一层黄褐色厚泥土，泥土上残存石蜡，蜡壳下是一层黄色硬结物，表层局部黄色锈蚀层呈结晶状。断口矿化，基体局部开裂分层，器身及断口有多条裂隙。如图 5-155 所示，器表锈层为深褐色，上面布满细密固化小水泡。器物总体腐蚀较为严重且分布不均匀。

图 5-152　三国吴铁鐎斗（07898）原始照　　图 5-153　三国吴铁鐎斗（07898）超景深显微照（一）

图 5-154　三国吴铁鐎斗（07898）超景深显微照（二）　　图 5-155　三国吴铁鐎斗（07898）超景深显微照（三）

32. 三国吴残铁镰斗（07899）

如图5-156和图5-157所示，锈蚀整体以坚硬致密的红褐色锈为主，夹杂黑色和砖红色锈蚀，表面有大量黑色瘤状物及点蚀坑，存在裂隙，总体腐蚀较为严重且分布不均匀。

图5-156　三国吴残铁镰斗（07899）原始照

图5-157　三国吴残铁镰斗（07899）超景深显微照

33. 三国吴残铁镰斗（07900）

如图5-158至图5-161所示，锈蚀整体以坚硬致密的红褐色锈为主，夹杂砖红色（见图5-159）和白色（见图5-160）锈蚀，不同颜色锈蚀分层现象较为明显，表面有少量裂隙和瘤状物（见图5-159、图5-160），存在粉色油状物（见图5-161），总体腐蚀较为严重且分布不均匀。

图5-158　三国吴残铁镰斗（07900）原始照

图5-159　三国吴残铁镰斗（07900）超景深显微照（一）

图5-160　三国吴残铁镰斗（07900）超景深显微照（二）

图5-161　三国吴残铁镰斗（07900）超景深显微照（三）

34. 三国吴铁臿（07901）

如图 5-162 和图 5-163 所示，锈蚀整体以坚硬致密的灰褐色锈为主，表层下可以观察到砖红色粉末状锈，表面有少量点蚀坑和硬结物，总体腐蚀较为严重且分布不均匀。

图 5-162　三国吴铁臿（07901）原始照

图 5-163　三国吴铁臿（07901）超景深显微照

35. 三国吴铁臿（07902）

如图 5-164 和图 5-165 所示，锈蚀整体以坚硬致密的灰褐色锈为主，层状剥落现象明显，表层下可观察到砖红色锈蚀，表面有一些点蚀坑和少量裂隙，总体腐蚀较为严重且分布不均匀。

图 5-164　三国吴铁臿（07902）原始照

图 5-165　三国吴铁臿（07902）超景深显微照

36. 三国吴铁臿（07903）

如图 5-166 和图 5-167 所示，锈蚀整体以坚硬致密的红褐色锈为主，存在层状剥离现象，可以观察到表层下为砖红色锈，表面出现较多点蚀坑和裂隙，总体腐蚀较为严重且分布不均匀。

图 5-166　三国吴铁臿（07903）原始照

图 5-167　三国吴铁臿（07903）超景深显微照

37. 三国吴铁甾（07904）

如图 5-168 和图 5-169 所示，锈蚀整体以坚硬致密的红褐色锈为主，层状剥离现象明显，可以观察到表层下为砖红色锈，表面出现大量黑色点蚀坑、孔洞和一些裂隙，总体腐蚀较为严重且分布不均匀。

图 5-168　三国吴铁甾（07904）原始照　　图 5-169　三国吴铁甾（07904）超景深显微照

38. 三国吴残铁凿（07905）

如图 5-170 至图 5-173 所示，锈蚀整体以坚硬致密的红褐色锈为主，不同颜色锈蚀分层现象明显（见图 5-172），表面有大量裂隙（见图 5-171）和点蚀坑（见图 5-173），器物整体酥松发脆，腐蚀较为严重且分布不均匀。

图 5-170　三国吴残铁凿（07905）原始照　　图 5-171　三国吴残铁凿（07905）超景深显微照（一）

图 5-172　三国吴残铁凿（07905）超景深显微照（二）　　图 5-173　三国吴残铁凿（07905）超景深显微照（三）

39. 三国吴铁凿（07906）

如图 5-174 至图 5-177 所示，锈蚀整体以坚硬致密的红褐色锈为主，夹杂砖红色（见图 5-175）和黄绿色（见图 5-176）锈蚀，表面有大量孔洞、点蚀坑（见图 5-175），存在一些裂隙（见图 5-177），器物酥松发脆，有掉渣现象（见图 5-174），总体腐蚀较为严重且分布不均匀。

图 5-174　三国吴铁凿（07906）原始照

图 5-175　三国吴铁凿（07906）超景深显微照（一）

图 5-176　三国吴铁凿（07906）超景深显微照（二）

图 5-177　三国吴铁凿（07906）超景深显微照（三）

40. 三国吴铁凿（07907）

如图 5-178 至 5-181 所示，锈蚀整体以坚硬致密的灰色和红褐色锈为主，表层下为砖红色锈（见图 5-179），夹杂青灰色锈蚀（见图 5-181），表面有裂隙与点蚀坑（见图 5-180），总体腐蚀较为严重且分布不均匀。

图 5-178　三国吴铁凿（07907）原始照

图 5-179　三国吴铁凿（07907）超景深显微照（一）

图 5-180　三国吴铁凿（07907）超景深显微照（二）

图 5-181　三国吴铁凿（07907）超景深显微照（三）

41. 三国吴铁凿（07908）

如图 5-182 至图 5-185 所示，锈蚀整体以坚硬致密的红褐色或深灰色锈为主，夹杂黑色和砖红色锈蚀，不同颜色锈蚀分层现象明显（见图 5-183、图 5-185），出现大量裂隙（见图 5-183、图 5-184）。

图 5-182　三国吴铁凿（07908）原始照

图 5-183　三国吴铁凿（07908）超景深显微照（一）

图 5-184　三国吴铁凿（07908）超景深显微照（二）

图 5-185　三国吴铁凿（07908）超景深显微照（三）

42. 三国吴铁凿（07909）

如图 5-186 至图 5-189 所示，锈蚀整体以坚硬致密的红褐色或深灰色锈为主，夹杂砖红色（见图 5-187）和灰白色（见图 5-188）锈蚀，表面有裂隙（见图 5-189）与点蚀坑，存在孔洞和瘤状物（见图 5-189），总体腐蚀较为严重且分布不均匀。

图 5-186　三国吴铁凿（07909）原始照

图 5-187　三国吴铁凿（07909）超景深显微照（一）

图 5-188　三国吴铁凿（07909）超景深显微照（一）

图 5-189　三国吴铁凿（07909）超景深显微照（二）

43. 三国吴铁凿（07910）

如图 5-190 和图 5-191 所示，锈蚀整体以坚硬致密的红褐色锈为主，夹杂砖红色和深褐色锈蚀，表面出现较多裂隙，器物酥松发脆，总体腐蚀较为严重且分布不均匀。

图 5-190　三国吴铁凿（07910）原始照

图 5-191　三国吴铁凿（07910）超景深显微照

44. 三国吴铁凿（07911）

如图 5-192 和图 5-193 所示，锈蚀整体以坚硬致密的红褐色锈为主，夹杂砖红色和深褐色锈蚀，表面出现大量裂隙和点蚀坑，器物整体酥松发脆，有掉渣现象（见图 5-192），总体腐蚀较为严重且分布不均匀。

图 5-192　三国吴铁凿（07911）原始照

图 5-193　三国吴铁凿（07911）超景深显微照

45. 三国吴铁锤（07912）

如图 5-194 和图 5-195 所示，锈蚀整体以坚硬致密的灰褐色锈为主，夹杂红色及土黄色锈蚀，表面有裂隙、点蚀坑和少量瘤状物，层状剥落、掉渣现象明显（见图 5-194），总体腐蚀较为严重且分布不均匀。

图 5-194 三国吴铁锤（07912）原始照

图 5-195 三国吴铁锤（07912）超景深显微照

46. 三国吴铁砧（07913）

如图 5-196 至图 5-199 所示，锈蚀整体以坚硬致密的红褐色锈为主，夹杂转红色及土黄色锈蚀（见图 5-198），表面有大量点蚀坑（见图 5-197）和裂隙（见图 5-198），表层存在少量瘤状物、油层状物（见图 5-199），总体腐蚀较为严重且分布不均匀。

图 5-196 三国吴铁砧（07913）原始照

图 5-197 三国吴铁砧（07913）超景深显微照（一）

图 5-198 三国吴铁砧（07913）超景深显微照（二）

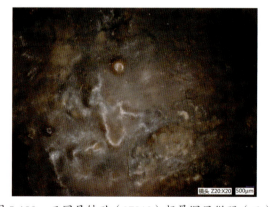

图 5-199 三国吴铁砧（07913）超景深显微照（三）

47. 三国吴铁权（07914）

如图 5-200 和图 5-201 所示，锈蚀整体以坚硬致密的红褐色锈为主，有层状剥离迹象，可以观察到表层下面是砖红色锈蚀，表面有黑色硬结物和一些裂隙，总体腐蚀较为严重且分布不均匀。

图 5-200　三国吴铁权（07914）原始照　　　图 5-201　三国吴铁权（07914）超景深显微照

48. 三国吴残铁箕形器（07915）

如图 5-203 所示，锈蚀整体以坚硬致密的红褐色锈为主，夹杂砖红色锈蚀，表面出现大量裂隙、点蚀坑和瘤状物，器物酥松发脆，存在掉渣现象（见图 5-202），总体腐蚀较为严重且分布不均匀。

图 5-202　三国吴残铁箕形器（07915）原始照　　　图 5-203　三国吴残铁箕形器（07915）超景深显微照

49. 三国吴铁斧（07924）

如图 5-204 和图 5-205 所示，锈蚀整体以坚硬致密的红褐色锈为主，夹杂砖红色锈，表面出现裂隙、点蚀坑及瘤状物，总体腐蚀较为严重且分布不均匀。

图 5-204　三国吴铁斧（07924）原始照　　　图 5-205　三国吴铁铁斧（07924）超景深显微照

50. 三国吴铁斧（07925）

如图 5-206 和图 5-207 所示，锈蚀整体以坚硬致密的红褐色锈为主，夹杂砖红色和灰白色锈蚀，表面出现裂隙与点蚀坑，存在瘤状物，总体腐蚀较为严重且分布不均匀。

图 5-206　三国吴铁斧（07925）原始照　　　图 5-207　三国吴铁斧（07925）超景深显微照

51. 三国吴铁镜（07926）

如图 5-208 至图 5-211 所示，锈蚀整体以坚硬致密的砖红色锈为主，夹杂褐色锈蚀和白色点状锈蚀（见图 5-209），有少量淡绿色锈蚀（见图 5-210），表面出现大量裂隙和点蚀坑（见图 5-211），总体腐蚀较为严重且分布不均匀。

图 5-208　三国吴铁镜（07926）原始照　　　图 5-209　三国吴铁镜（07926）超景深显微照（一）

 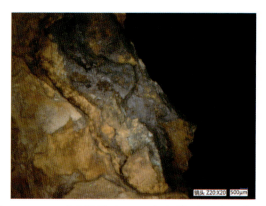

图 5-210　三国吴铁镜（07926）超景深显微照（二）　　　图 5-211　三国吴铁镜（07926）超景深显微照（三）

152. 东晋铁镜（07927）

如图 5-212 和图 5-213 所示，锈蚀整体以坚硬致密的砖红色锈为主，表面出现大量点蚀坑及孔洞，总体腐蚀较为严重且分布不均匀。

图 5-212　东晋铁镜（07927）原始照　　　图 5-213　东晋铁镜（07927）超景深显微照

53. 东晋铁镜（07928）

如图 5-214 和图 5-215 所示，锈蚀整体以坚硬致密的黄褐色锈为主，不同颜色锈蚀分层明显，表层下有深褐色锈蚀，出现点蚀坑和裂隙，总体腐蚀较为严重且分布不均匀。

图 5-214　东晋铁镜（07928）原始照　　　图 5-215　东晋铁镜（07928）超景深显微照

54. 南朝铁镜（07929）

如图 5-216 和图 5-217 所示，锈蚀整体以坚硬致密的灰褐色锈为主，夹杂砖红色和深灰色锈蚀，表面有较多的裂隙和点蚀坑，总体腐蚀较为严重且分布不均匀。

图 5-216　南朝铁镜（07929）原始照　　　图 5-217　南朝铁镜（07929）超景深显微照

55. 东晋铁剪刀（07930）

如图 5-218 和图 5-219 所示，锈蚀整体以坚硬致密的红褐色锈为主，夹杂灰色、黑色锈蚀，表面出现点蚀坑，总体腐蚀较为严重且分布不均匀。

图 5-218　东晋铁剪刀（07930）原始照　　　图 5-219　东晋铁剪刀（07930）超景深显微照

56. 西晋铁刀（07931）

如图 5-220 和图 5-221 所示，锈蚀整体以坚硬致密的红褐色锈为主，夹杂灰色锈蚀，表面出现裂隙和点蚀坑，层状剥落现象明显，总体腐蚀较为严重且分布不均匀。

图 5-220　西晋铁刀（07931）原始照　　　图 5-221　西晋铁刀（07931）超景深显微照

57. 东汉铁斧（08527）

如图 5-222 和图 5-223 所示，锈蚀整体以坚硬致密的红褐色锈为主，夹杂深褐色、土黄色锈蚀，表面出现裂隙、点蚀坑和瘤状物，总体腐蚀较为严重且分布不均匀。

图 5-222　东汉铁斧（08527）原始照　　　图 5-223　东汉铁斧（08527）超景深显微照

58. 汉铁凿（08549）

如图 5-224 和图 5-225 所示，锈蚀整体以坚硬致密的红褐色和灰白色锈为主，夹杂黑色锈蚀，表面有点蚀坑、裂隙和瘤状物，片状剥落现象明显，总体腐蚀较为严重且分布不均匀。

图 5-224　汉铁凿（08549）原始照

图 5-225　汉铁凿（08549）超景深显微照

59. 汉铁剑（08552）

如图 5-226 至图 5-229 所示，锈蚀整体以坚硬致密的红褐色锈为主，夹杂红色、灰白色、土黄色锈蚀（见图 5-227），表面有较多的土锈和砖红色、白色硬结物（见图 5-228），出现点蚀坑、裂隙（见图 5-227），有深红色油状硬结物痕迹（见图 5-229），总体腐蚀较为严重且分布不均匀。

图 5-226　汉铁剑（08552）原始照

图 5-227　汉铁剑（08552）超景深显微照（一）

图 5-228　汉铁剑（08552）超景深显微照（二）

图 5-229　汉铁剑（08552）超景深显微照（三）

60. 汉铁刀（08559）

如图 5-230 至图 5-233 所示，锈蚀整体以坚硬致密的红褐色锈为主，夹杂砖红色和白色锈蚀（见图 5-231），点蚀坑和裂隙处存在瘤状物（见图 5-232），表面有一些土锈和孔洞（见图 5-233），总体腐蚀较为严重且分布不均匀。

图 5-230　汉铁刀（08559）原始照

图 5-231　汉铁刀（08559）超景深显微照（一）

图 5-232　汉铁刀（08559）超景深显微照（二）

图 5-233　汉铁刀（08559）超景深显微照（三）

61. 汉环首铁刀（08579）

如图 5-234 至图 5-237 所示，锈蚀整体以坚硬致密的红褐色或深灰色锈为主，夹杂灰白色锈蚀（见图 5-236）和土黄色（见图 5-237）锈蚀，表面有较多的点蚀坑和瘤状物（见图 5-235、图 5-236），存在层状剥离现象（见图 5-237），总体腐蚀较为严重且分布不均匀。

图 5-234　汉环首铁刀（08579）原始照

图 5-235　汉环首铁刀（08579）超景深显微照（一）

图 5-236　汉环首铁刀（08579）超景深显微照（二）　　图 5-237　汉环首铁刀（08579）超景深显微照（三）

62. 汉环首铁刀（08580）

如图 5-238 至图 5-241 所示，锈蚀整体以坚硬致密的灰褐色锈为主，夹杂砖红色锈蚀（见图 5-239、图 5-241），表面及点蚀坑内有较多土锈且与器物表面紧密结合（见图 5-240），存在大量黑色和深红色瘤状物及孔洞（见图 5-241），有掉渣现象（见图 5-238），总体腐蚀较为严重且分布不均匀。

图 5-238　汉环首铁刀（08580）原始照　　图 5-239　汉环首铁刀（08580）超景深显微照（一）

图 5-240　汉环首铁刀（08580）超景深显微照（二）　　图 5-241　汉环首铁刀（08580）超景深显微照（三）

63. 汉环首铁刀（08583）

如图5-242至图5-245所示，锈蚀整体以坚硬致密的灰褐色锈为主，夹杂少量白色锈蚀（见图5-243），表面有大量土锈及点蚀坑（见图5-244），存在裂隙和瘤状物（见图5-245），总体腐蚀较为严重且分布不均匀。

图5-242　汉环首铁刀（08583）原始照

图5-243　汉环首铁刀（08583）超景深显微照（一）

图5-244　汉环首铁刀（08583）超景深显微照（二）

图5-245　汉环首铁刀（08583）超景深显微照（三）

64. 汉环首铁削刀（08587）

如图5-246至图5-249所示，锈蚀整体以坚硬致密的灰褐色锈为主，夹杂灰白色锈蚀（见图5-247、图5-248），表面有较多土锈、裂隙（见图5-248），存在点蚀坑且坑内有砖红色粉末状锈（见图5-249），总体腐蚀较为严重且分布不均匀。

图5-246　汉环首铁削刀（08587）原始照

图5-247　汉环首铁削刀（08587）超景深显微照（一）

图 5-248　汉环首铁削刀（08587）超景深显微照（二）　　图 5-249　汉环首铁削刀（08587）超景深显微照（三）

65. 东晋铁箭镞（09103）

如图 5-250 和图 5-251 所示，锈蚀整体以坚硬致密的灰褐色锈为主，夹杂砖红色、黑色斑块状锈蚀，出现红褐色硬结物和瘤状物，存在大量点蚀坑，总体腐蚀较为严重且分布不均匀。

图 5-250　东晋铁箭镞（09103）原始照　　图 5-251　东晋铁箭镞（09103）超景深显微照

66. 三国吴铁水钩（09215）

如图 5-252 和图 5-253 所示，锈蚀整体以坚硬致密的灰褐色锈为主，夹杂砖红色和灰白色锈，表面出现点蚀坑、裂隙及瘤状物，总体腐蚀较为严重且分布不均匀。

图 5-252　三国吴铁水钩（09215）原始照　　图 5-253　三国吴铁水钩（09215）超景深显微照

67. 三国吴铁炉（10896）

如图 5-254 和图 5-255 所示，器物表面覆盖有一层黄褐色厚泥土，局部透出黄褐色较疏松锈蚀层，多处层状剥落露出黑褐色锈坑，局部矿化开裂，黄褐色疏松锈层上有白色点状分布的沉积物，表层坑洼处聚积凝固的褐色液体，剥落处有瘤状物分布。五铢钱表面附着一层黄褐色硬结物。器物总体腐蚀较为严重且分布不均匀。

图 5-254　三国吴铁炉（10896）原始照

图 5-255　三国吴铁炉（10896）超景深显微照

68. 三国吴铁甬（69567）

如图 5-256 至图 5-259 所示，锈蚀整体以坚硬致密的灰色锈为主，夹杂砖红色（见图 5-257）锈蚀和黑色（见图 5-258）锈蚀，表面出现孔洞及硬结物（见图 5-259），总体腐蚀较为严重且分布不均匀。

图 5-256　三国吴铁甬（69567）原始照

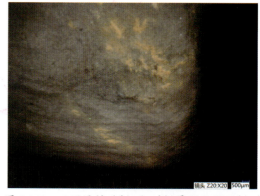
图 5-257　三国吴铁甬（69567）超景深显微照（一）

图 5-258　三国吴铁甬（69567）超景深显微照（二）

图 5-259　三国吴铁甬（69567）超景深显微照（三）

69. 汉铁矛（68121）

如图 5-260 和图 5-261 所示，锈蚀整体以坚硬致密的红褐色锈为主，夹杂许多黑色锈蚀，表面有一些灰白色和黄褐色硬结物，存在层状锈蚀剥落现象，有许多裂隙和孔洞，点蚀坑数量多，总体锈蚀情况较为严重。

图 5-260 汉铁矛（68121）超景深显微照（一）

图 5-261 汉铁矛（68121）超景深显微照（二）

70. 三国吴铁刀（69849）

如图 5-262 和图 5-263 所示，锈蚀整体以坚硬致密的灰褐色锈为主，夹杂深褐色锈蚀，表面有裂隙和孔洞，总体腐蚀较为严重且分布不均匀。

图 5-262 三国吴铁刀（69849）原始照

图 5-263 三国吴铁刀（69849）超景深显微照

71. 三国吴铁短剑（70702）

如图 5-264 和图 5-265 所示，锈蚀整体以坚硬致密的红褐色锈为主，不同颜色锈蚀分层现象明显，表层下为深褐色锈蚀，存在大量点蚀坑和瘤状物，总体腐蚀较为严重且分布不均匀。

图 5-264 三国吴铁短剑（70702）原始照

图 5-265 三国吴铁短剑（70702）超景深显微照

72. 清铁钩（72034）

如图 5-266 和图 5-267 所示，锈蚀整体以坚硬致密的灰色锈为主，夹杂砖红色、灰白色锈蚀，表面有较多点蚀坑、瘤状物和裂隙，总体腐蚀较为严重且分布不均匀。

图 5-266 清铁钩（72034）原始照

图 5-267 清铁钩（72034）超景深显微照

73. 三国吴错金铭文环首铁刀（06084）

图 5-268 至图 5-282 是三国吴错金铭文环首铁刀（06084）的超景深显微观察照片。其中图 5-269 至图 5-272 为从环首至环扣前的观察结果，可以看出，锈蚀整体以坚硬致密的深灰色或砖红色锈为主，环首处有明显的纺织品痕迹（见图 5-269）；表面凹陷处有较多的砖红色锈蚀（见图 5-270）；表面、点蚀坑内、裂隙处存在红褐色或深褐色瘤状物（见图 5-271）；环首上錾刻金色花纹，但有脱落迹象，不甚完整，从仅存的部分可以看出花纹总体较为流畅、自然（见图 5-272）。

图 5-268 三国吴错金铭文环首铁刀（06084）原始照

图 5-273 至图 5-278 属于自环扣至刀尖刃部的观察结果，可以清晰地看出，环扣形态完好，表面平整且有金属光泽（见图 5-273）；环扣后刀身锈蚀整体以坚硬致密的深灰色锈蚀为主，夹杂红色、砖红色锈蚀与白色星点状锈蚀（见图 5-274 至图 5-276），有褐色硬结物与土锈混合覆于最表层，存在少量裂隙（见图 5-274），表面有少量深红色及黄褐色瘤状物分布（见图 5-277），刃部存在纺织品痕迹（见图 5-278），相较环首，刀身腐蚀情况更为严重。

图 5-269　纺织品痕迹超景深显微照（一）

图 5-270　砖红色锈蚀超景深显微照

图 5-271　瘤状物超景深显微照（一）

图 5-272　鎏金纹饰超景深显微照

图 5-273　环扣超景深显微照

图 5-274　锈蚀超景深显微照（一）

图 5-275　锈蚀超景深显微照（二）

图 5-276　锈蚀超景深显微照（三）

图 5-277　瘤状物超景深显微照（二）

图 5-278　纺织品痕迹超景深显微照（二）

图 5-279 至图 5-282 拍摄于刀背，可以看出锈蚀整体以坚硬致密的深灰色锈为主，层状剥落现象严重，表层下为红褐色锈（见图 5-280、图 5-281），有清晰的铸金铭文，此处只展示了其中部分内容。

图 5-279　铭文超景深显微照（一）

图 5-280　铭文超景深显微照（二）

图 5-281　铭文超景深显微照（三）

图 5-282　铭文超景深显微照（四）

74. 三国吴环首铁刀（06085）

图 5-283 至图 5-295 是三国吴环首铁刀（06085）的超景深显微观察照片。其中图 5-284 至图 5-289 为环扣前的观察结果，可以看出，锈蚀整体以坚硬致密的深灰色锈为主，表面有较多土锈，夹杂白色（见图 5-284）、黑色斑块状锈蚀（见图 5-285）及砖红色粉末状锈（见图 5-286、图 5-289），层状剥落现象严重（见图 5-286 至图 5-288），表面有孔洞（见图 5-285）、裂隙（见图 5-287、图 5-288）与纺织品痕迹（见图 5-289），存在黑色硬结物（见图 5-284），点蚀坑内、裂隙处有较多红色、深褐色及黑色瘤状物（见图 5-286、图 5-288）。

图 5-283　三国吴环首铁刀（06085）原始照

图 5-284　白色锈蚀超景深显微照（一）

图 5-285　黑色锈蚀超景深显微照

图 5-286　锈蚀超景深显微照

图 5-287　裂隙处锈蚀超景深显微照（一）

图 5-288　裂隙处锈蚀超景深显微照（二）

图 5-289　纺织品痕迹超景深显微照（一）

图 5-290 至图 5-295 拍摄于环扣和刀身，可以看出，锈蚀整体以坚硬致密的深灰色锈为主，夹杂白色锈（见图 5-291）及砖红色锈蚀（见图 5-292），环扣处和刀身均有漆鼓现象（见图 5-290、图 5-293），刀身表面有裂隙（见图 5-293），存在黑色颗粒状硬结物（见图 5-291、图 5-293）与砖红色块状硬结物（见图 5-294），同样存在纺织品硬结物锈蚀（见图 5-295）。

图 5-290　漆鼓处超景深显微照（一）

图 5-291　白色锈蚀超景深显微照（二）

图 5-292　砖红色锈蚀超景深显微照

图 5-293　漆鼓处超景深显微照（二）

图 5-294　硬结物超景深显微照

图 5-295　纺织品痕迹超景深显微照（二）

75. 三国吴铁矛（06087）

图 5-296 至图 5-302 是三国吴铁矛（06087）超景深显微观察照片，可以看出，锈蚀整体以坚硬致密的深灰色锈为主，夹杂砖红色、红色（见图 5-298）、黑色（见图 5-297、图 5-299）和极少的绿色锈蚀（见图 5-301），表面凹陷处有土锈（见图 5-297），边缘有片状脱落迹象（见图 5-299），存在层状剥落现象（见图 5-300），局部表面附着均匀的颗粒状锈蚀（见图 5-301），黑色硬结物与土锈混合覆于最表层之上（见图 5-302），裂隙处存在的红褐色或黑色瘤状物同样促进了器物的进一步腐蚀。

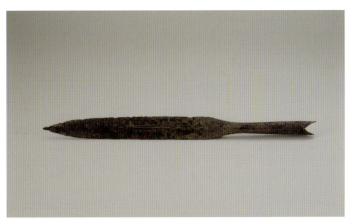
图 5-296　三国吴铁矛（06087）原始照

图 5-297　红色锈蚀超景深显微照（一）

图 5-298　红色锈蚀超景深显微照（二）

图 5-299　片状脱落处超景深显微照

图 5-300　层状剥离处超景深显微照

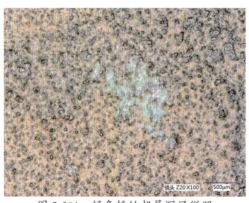
图 5-301　绿色锈蚀超景深显微照

图 5-302　硬结物超景深显微照

76. 三国吴铁戟（06100）

图 5-303 至图 5-306 是三国吴铁戟（06100）的超景深显微观察照片，可以看出，锈蚀整体以坚硬致密的深灰色锈为主，夹杂少许砖红色（见图 5-303）、黑色锈蚀（见图 5-304），存在裂隙、层状剥落现象，使器物局部呈现酥松发脆状态（见图 5-305）。表面有纺织品痕迹（见图 5-306），腐蚀总体分布不均匀。

图 5-303　红色锈蚀超景深显微照

图 5-304　黑色锈蚀超景深显微照

图 5-305　层状剥落超景深显微照

图 5-306　纺织品痕迹超景深显微照

77. 东汉铁刀（00827）

图 5-307 至图 5-310 是东汉铁刀（00827）的超景深显微观察照片，可以看出，锈蚀整体以坚硬致密的黄褐色锈为主，夹杂有红褐色锈蚀，存在大量的黑色和深褐色硬结物、瘤状物，偶有裂隙，表面可见清晰的木制品和纺织品硬结物，总体腐蚀较为严重且分布不均匀。

图 5-307　东汉铁刀（00827）超景深显微照（一）

图 5-308　东汉铁刀（00827）超景深显微照（二）

图 5-309　东汉铁刀（00827）超景深显微照（三）

图 5-310　东汉铁刀（00827）超景深显微照（四）

78. 东汉铁刀（00829）

图 5-311 至图 5-314 是东汉铁刀（00829）的超景深显微观察照片，可以看出，锈蚀整体以坚硬致密的黄褐色和褐灰色锈为主，表面存在大量的黑色和深褐色硬结物、瘤状物，存在一些裂隙和孔洞，表面可见清晰的木制品和纺织品硬结物痕迹，总体腐蚀较为严重且分布不均。

图 5-311　东汉铁刀（00829）超景深显微照（一）

图 5-312　东汉铁刀（00829）超景深显微照（二）

图 5-313　东汉铁刀（00829）超景深显微照（三）

图 5-314　东汉铁刀（00829）超景深显微照（四）

79. 汉铁剑（01124）

图 5-315 和图 5-316 是汉铁剑（01124）的超景深显微观察照片，可以看出，锈蚀整体以坚硬致密的灰褐色锈为主，表面有大量的黑色和黄褐色块状锈蚀，存在点蚀坑和少量瘤状物，总体腐蚀较为严重且分布不均。

图 5-315　汉铁剑（01124）超景深显微照（一）　　图 5-316　汉铁剑（01124）超景深显微照（二）

80. 汉铁矛（08550）

图 5-317 和图 5-318 是汉铁矛（08550）的超景深显微观察照片，可以看出，锈蚀整体以坚硬致密的灰黑色锈为主，夹杂大量黄褐色锈蚀，表面有较多的灰白色和黑色硬结物，存在多处孔洞，总体腐蚀较为严重。

图 5-317　汉铁矛（08550）超景深显微照（一）　　图 5-318　汉铁矛（08550）超景深显微照（二）

81. 汉铁戟（08577）

图 5-319 和图 5-320 是汉铁戟（08577）的超景深显微观察照片，可以看出，锈蚀整体以坚硬致密的灰黑色锈为主，夹杂黄褐色和砖红色锈蚀，有灰白色和红褐色硬结物，还有少量黄褐色瘤状物，表面存在许多裂隙和点蚀坑，总体腐蚀较为严重且分布不均。

图 5-319　汉铁戟（08577）超景深显微照（一）　　图 5-320　汉铁戟（08577）超景深显微照（二）

82. 汉铁戟（08578）

图 5-321 至图 5-324 是汉铁戟（08578）的超景深显微观察照片，可以看出，锈蚀整体以坚硬致密的灰黑色锈为主，夹杂黄褐色锈蚀，表面有一些灰白色和红褐色硬结物，存在少量点蚀坑和瘤状物，偶见裂隙和孔洞，总体腐蚀较为严重。

图 5-321　汉铁戟（08578）超景深显微照（一）　　图 5-322　汉铁戟（08578）超景深显微照（二）

 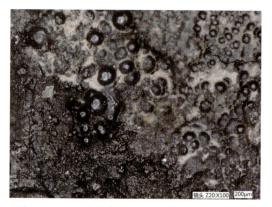

图 5-323　汉铁戟（08578）超景深显微照（三）　　图 5-324　汉铁戟（08578）超景深显微照（四）

83. 汉环首铁削刀（08584）

图 5-325 和图 5-326 是汉环首铁削刀（08584）的超景深显微观察照片，可以看出，锈蚀整体以坚硬致密的灰黑色锈为主，表面有大量的黄褐色和红褐色硬结物，有许多点蚀坑和瘤状物，存在许多孔洞，总体腐蚀较为严重。

图5-325 汉环首铁削刀（08584）超景深显微照（一）

图5-326 汉环首铁削刀（08584）超景深显微照（二）

84. 汉铁矛（08585）

图5-327至图5-330是汉铁矛（08585）的超景深显微观察照片，可以看出，锈蚀整体以坚硬致密的灰黑色和红褐色锈为主，表面有大量灰白色和深褐色硬结物，存在许多点蚀坑和瘤状物，裂隙和孔洞数量多，有层状剥落现象，总体腐蚀较为严重。

图5-327 汉铁矛（08585）超景深显微照（一）

图5-328 汉铁矛（08585）超景深显微照（二）

图5-329 汉铁矛（08585）超景深显微照（三）

图5-330 汉铁矛（08585）超景深显微照（四）

85. 汉铁剑（08586）

图 5-331 和图 5-332 是汉铁剑（08586）的超景深显微观察照片，可以看出，锈蚀整体以坚硬致密的灰白色和黄褐色锈为主，有黑色和红褐色硬结物，表面存在大量裂隙和孔洞，偶见层状剥落现象，有许多点蚀坑和瘤状物，总体腐蚀情况较为严重。

图 5-331　汉铁剑（08586）超景深显微照（一）

图 5-332　汉铁剑（08586）超景深显微照（二）

86. 汉铁矛（08588）

图 5-333 和图 5-334 是汉铁矛（08588）的超景深显微观察照片，可以看出，锈蚀整体以坚硬致密的灰白色和黄褐色锈为主，夹杂黑色和红褐色锈蚀，表面有大量的裂隙和孔洞，点蚀坑数量多，总体腐蚀较为严重且分布不均。

图 5-333　汉铁矛（08588）超景深显微照（一）

图 5-334　汉铁矛（08588）超景深显微照（二）

87. 汉环首铁削刀（08589）

图 5-335 和图 5-336 是汉环首铁削刀（08589）的超景深显微观察照片，可以看出，锈蚀整体以坚硬致密的灰白色锈为主，夹杂有黑色和黄褐色锈蚀，表面有大量的黄褐色和黄褐色硬结物，有许多裂隙和孔洞，点蚀坑数量多，总体腐蚀较为严重且分布不均。

图 5-335　汉环首铁削刀（08589）超景深显微照（一）

图 5-336　汉环首铁削刀（08589）超景深显微照（二）

88. 汉铁矛（68120）

图 5-337 至图 5-340 是汉铁矛（68120）的超景深显微观察照片，可以看出，锈蚀整体以坚硬致密的红褐色和黑灰色锈为主，夹杂大量黄褐色锈蚀，表面有大量硬结物，存在层状锈蚀剥落现象，有许多裂隙和孔洞，矛柄处漆皮起翘开裂，有许多点蚀坑，整体锈蚀情况严重。

图 5-337　汉铁矛（68120）超景深显微照（一）

图 5-338　汉铁矛（68120）超景深显微照（二）

图 5-339　汉铁矛（68120）超景深显微照（三）

图 5-340　汉铁矛（68120）超景深显微照（四）

89. 清铁七星剑（00786）

如图5-341至图5-344所示，锈蚀整体以坚硬致密的灰褐色锈为主，夹杂青绿色粉状锈（见图5-342、图5-343），铸刻花纹处有土锈且与器物表面紧密结合，存在孔洞（见图5-341），表面有黄褐色油状物，推测应是后期保护处理过程中形成（见图5-344），总体腐蚀较为严重且分布不均匀。

图5-341　清铁七星剑（00786）原始照

图5-342　清铁七星剑（00786）超景深显微照（一）

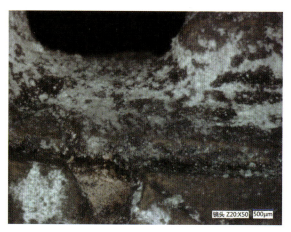

图5-343　清铁七星剑（00786）超景深显微照（二）

图5-344　清铁七星剑（00786）超景深显微照（三）

二、馆藏近现代铁器超景深显微观察结果

1. 民国铁马刀（00787）

如图5-345至图5-348所示，刀鞘缠布上有一层军绿色涂层，涂层较光滑，有光泽（见图5-345）。涂层下露出纺织物，纺织物局部纤维断裂（见图5-347）。缠布下的刀鞘以坚硬致密的深褐色为主，表面有大量点状锈坑（见图5-348）。刀柄呈致密褐色，其上附着较薄绿色锈蚀（见图5-346），刀柄头呈褐色，其上附着一层黑褐色油污，柄头边缘的褐色氧化层上有土黄色疏松锈蚀（见图5-347），刀刃褐色锈层上有白色硬结物（见图5-348）。

图 5-345　民国铁马刀（00787）超景深显微照（一）　　图 5-346　民国铁马刀（00787）超景深显微照（二）

图 5-347　民国铁马刀（00787）超景深显微照（三）　　图 5-348　民国铁马刀（00787）超景深显微照（四）

2. 民国铁马刀（00788）

如图 5-349 至图 5-352 所示，锈蚀整体以坚硬致密的红褐色锈为主，夹杂淡绿色（见图 5-350）、白色（见图 5-351）及砖红色（见图 5-352）锈蚀，表面有点蚀坑且可以看见一些绿色瘤状物锈蚀（见图 5-350），总体腐蚀较为严重且分布不均匀。

图 5-349　民国铁马刀（00788）原始照　　图 5-350　民国铁马刀（00788）超景深显微照（一）

图 5-351　民国铁马刀（00788）超景深显微照（二）

图 5-352　民国铁马刀（00788）超景深显微照（三）

3. 民国铁片刀（00789）

如图 5-353 至图 5-356 所示，锈蚀整体以坚硬致密的红褐色锈为主，表面有点蚀坑与少量裂隙（见图 5-354），结合图 5-353，可以看出靠近刀尖的部位，器物存在变形情况（见图 5-355），表层有红色、褐色瘤状物（见图 5-356），总体腐蚀较为严重且分布不均匀。

图 5-353　民国铁片刀（00789）原始照

图 5-354　民国铁片刀（00789）超景深显微照（一）

图 5-355　民国铁片刀（00789）超景深显微照（二）

图 5-356　民国铁片刀（00789）超景深显微照（三）

4. 民国铁刀（00790）

如图 5-357 和图 5-358 所示，锈蚀整体以坚硬致密的深褐色和土黄色锈为主，夹杂砖红色锈蚀，表面有一些点蚀坑和硬结物，总体腐蚀较为严重且分布不均匀。

图 5-357　民国铁刀（00790）原始照

图 5-358　民国铁刀（00790）超景深显微照

5. 民国铁梭镖（00791）

如图 5-359 和图 5-360 所示，锈蚀整体以坚硬致密的红褐色锈为主，夹杂白色、砖红色块状锈蚀及少量的褐色瘤状物、硬结物，总体腐蚀较为严重且分布不均匀。

图 5-359　民国铁梭镖（00791）原始照

图 5-360　民国铁梭镖（00791）超景深显微照

6. 民国铁刃木柄刀（00792）

如图 5-361 至图 5-364 所示，锈蚀整体以坚硬致密的红褐色锈为主，夹杂砖红色块状（见图 5-362）及雪花形青绿色粉末状（见图 5-363）锈蚀，可以看见有土锈及大量黑色、褐色瘤状物覆于表层（见图 5-364），总体腐蚀较为严重且分布不均匀。

图 5-361　民国铁刃木柄刀（00792）原始照

图 5-362　民国铁刃木柄刀（00792）超景深显微照（一）

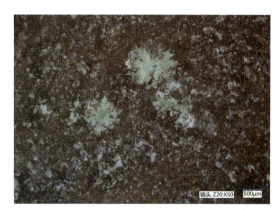
图 5-363　民国铁刃木柄刀（00792）超景深显微照（二）

图 5-364　民国铁刃木柄刀（00792）超景深显微照（三）

7. 民国铁大刀（01126）

如图 5-365 和图 5-366 所示，锈蚀整体以坚硬致密的灰褐色锈为主，夹杂白色、砖红色粉状锈蚀，有大量点蚀坑及孔洞，总体腐蚀较为严重且分布不均匀。

图 5-365　民国铁大刀（01126）原始照

图 5-366　民国铁大刀（01126）超景深显微照

8. 民国铁大刀（01127）

如图 5-367 和图 5-368 所示，锈蚀整体以坚硬致密的灰褐色锈为主，表层有大量黑色和灰白色块状锈蚀，存在点蚀坑和少量瘤状物，锈蚀总体分布不均匀。

图 5-367　民国铁大刀（01127）原始照

图 5-368　民国铁大刀（01127）超景深显微照

9. 民国铁大刀（01128）

如图 5-369 至图 5-372 所示，锈蚀整体以坚硬致密的灰褐色锈为主，夹杂砖红色粉末状锈（见图5-371），存在大量点蚀坑及一些黑色硬结物（见图5-370），局部出现大量瘤状物（见图5-372），总体腐蚀较为严重且分布不均匀。

图5-369　民国铁大刀（01128）原始照

图5-370　民国铁大刀（01128）超景深显微照（一）

图5-371　民国铁大刀（01128）超景深显微照（二）

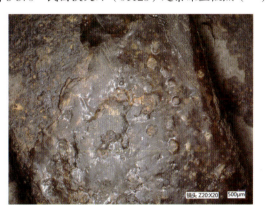

图5-372　民国铁大刀（01128）超景深显微照（三）

10. 民国铁大刀（01129）

如图5-373和图5-374所示，锈蚀整体以坚硬致密的灰褐色锈为主，表层有灰白色锈蚀块，出现少量点蚀坑，总体腐蚀较为严重且分布不均匀。

图5-373　民国铁大刀（01129）原始照

图5-374　民国铁大刀（01129）超景深显微照

11. 民国长矛铁刀（01130）

如图5-375至图5-378所示，锈蚀整体以坚硬致密的灰褐色锈为主，夹杂淡绿色（见图5-376）和砖红色（见图5-377）锈蚀，表面有较多点蚀坑、灰色瘤状物，有黑色油状物覆于表层（见图 5-378），可能为后期保护处理过程中封护材料的残余物，总体腐蚀较为严重且分布不均匀。

图 5-375　民国长矛铁刀（01130）原始照

图 5-376　民国长矛铁刀（01130）超景深显微照（一）

图 5-377　民国长矛铁刀（01130）超景深显微照（二）

图 5-378　民国长矛铁刀（01130）超景深显微照（三）

12. 民国长矛铁刀（01131）

如图 5-379 至图 5-382 所示，锈蚀整体以坚硬致密的深灰色锈为主，夹杂白色、砖红色（见图 5-380）和红色（见图 5-381）锈蚀，表面有大量点蚀坑、裂隙，存在油状物（见图 5-382），总体腐蚀较为严重且分布不均匀。

图 5-379　民国长矛铁刀（01131）原始照

图 5-380　民国长矛铁刀（01131）超景深显微照（一）

图 5-381　民国长矛铁刀（01131）超景深显微照（二）

图 5-382　民国长矛铁刀（01131）超景深显微照（三）

13. 民国长矛铁刀（01132）

如图 5-383 和图 5-384 所示，锈蚀整体以坚硬致密的红褐色锈为主，有少量砖红色粉末状锈和一些黑色硬结物，存在裂隙，总体腐蚀较为严重且分布不均匀。

图 5-383　民国长矛铁刀（01132）原始照

图 5-384　民国长矛铁刀（01132）超景深显微照

14. 民国铁鞭（01133）

如图 5-385 和图 5-386 所示，锈蚀整体以坚硬致密的红褐色锈为主，表层有砖红色粉末锈蚀，存在大量点蚀坑，总体腐蚀较为严重且分布不均匀。

图 5-385　民国铁鞭（01133）原始照

图 5-386　民国铁鞭（01133）超景深显微照

15. 民国铁圣饼夹（01134）

如图 5-387 和图 5-388 所示，锈蚀整体以坚硬致密的红褐色锈为主，夹杂砖红色和少量灰白色锈蚀，表面有一些点蚀坑，总体腐蚀较为严重且分布不均匀。

图 5-387　民国铁圣饼夹（01134）原始照　　图 5-388　民国铁圣饼夹（01134）超景深显微照

16. 民国双手铁剑（01135）

如图 5-389 至图 5-392 所示，锈蚀整体以坚硬致密的灰褐色锈为主，表面有灰白色锈块（见图 5-391）和砖红色（见图 5-390）粉末锈，存在少量点蚀坑（见图 5-391）和大量褐色、深红色及黑色瘤状物（见图 5-392），总体腐蚀较为严重且分布不均匀。

图 5-389　民国双手铁剑（01135）原始照　　图 5-390　民国双手铁剑（01135）超景深显微照（一）

图 5-391　民国双手铁剑（01135）超景深显微照（二）　　图 5-392　民国双手铁剑（01135）超景深显微照（三）

17. 民国铁剑（01136）

如图 5-393 和图 5-394 所示，锈蚀整体以坚硬致密的红褐色锈为主，夹杂砖红色粉末状锈和少量瘤状物，可以看见有零星白色点状锈蚀，出现点蚀坑和裂隙，总体腐蚀较为严重且分布不均匀。

图 5-393　民国铁剑（01136）原始照　　　　　图 5-394　民国铁剑（01136）超景深显微照

18. 民国铁刺刀（01137）

如图 5-395 和图 5-396 所示，锈蚀整体以坚硬致密的红褐色锈为主，夹杂砖红色和白色粉末状锈，有点蚀坑和裂隙，总体腐蚀较为严重且分布不均匀。

图 5-395　民国铁刺刀（01137）原始照　　　　图 5-396　民国铁刺刀（01137）超景深显微照

19. 民国铁飞叉（01138）

如图 5-397 至图 5-400 所示，锈蚀整体以坚硬致密的红褐色锈为主，夹杂砖红色和白色锈蚀（见图 5-398），存在裂隙、瘤状物与点蚀坑（见图 5-398），表面可见清晰的朱红色纺织品等硬结物（见图 5-400），总体腐蚀较为严重且分布不均匀。

图 5-397　民国铁飞叉（01138）原始照　　　　图 5-398　民国铁飞叉（01138）超景深显微照（一）

图 5-399　民国铁飞叉（01138）超景深显微照（二）

图 5-400　民国铁飞叉（01138）超景深显微照（三）

20. 民国铁刀（01139）

如图 5-401 至图 5-404 所示，锈蚀整体以坚硬致密的灰褐色锈为主，夹杂有少量白色（见图 5-402）和砖红色（见图 5-403）锈蚀，点蚀坑内和裂隙处有较多土锈及深红色、褐色瘤状物（见图 5-404），总体腐蚀较为严重且分布不均匀。

图 5-401　民国铁刀（01139）原始照

图 5-402　民国铁刀（01139）超景深显微照（一）

图 5-403　民国铁刀（01139）超景深显微照（二）

图 5-404　民国铁刀（01139）超景深显微照（三）

21. 民国铁刺刀（01140）

如图 5-405 至图 5-408 所示，锈蚀整体以坚硬致密的灰褐色和深灰色锈为主，夹杂砖红色、土黄色点状（见图 5-406）和淡绿色（见图 5-407）锈蚀，表面有灰白色金属光泽锈层和黑色椭圆状锈斑（见图5-408），总体腐蚀较为严重且分布不均匀。

图5-405　民国铁刺刀（01140）原始照

图5-406　民国铁刺刀（01140）超景深显微照（一）

图5-407　民国铁刺刀（01140）超景深显微照（二）

图5-408　民国铁刺刀（01140）超景深显微照（三）

22. 民国铁刺刀（01141）

如图5-409至图5-412所示，锈蚀整体以坚硬致密的灰褐色锈为主，夹杂砖红色（见图5-410）及淡绿色（见图5-411）粉末状锈，表面存在一些点蚀坑，图5-412显示了器物表面似有文字且凸出表层，总体腐蚀较为严重且分布不均匀。

图5-409　民国铁刺刀（01141）原始照

图5-410　民国铁刺刀（01141）超景深显微照（一）

图 5-411　民国铁刺刀（01141）超景深显微照（二）　　图 5-412　民国铁刺刀（01141）超景深显微照（三）

23. 民国铁枪管（01143）

如图 5-413 和图 5-414 所示，锈蚀整体以坚硬致密的褐色锈为主，夹杂青绿色、白色、砖红色锈蚀，偶有硬结物，总体腐蚀较为严重且分布不均匀。

图 5-413　民国铁枪管（01143）原始照　　图 5-414　民国铁枪管（01143）超景深显微照

24. 民国铁饼模（01169）

如图 5-415 至图 5-418 所示，锈蚀整体以坚硬致密的灰褐色锈为主，夹杂有淡绿色（见图 5-416）粉末状锈、黑色（见图 5-417）和砖红色（见图 5-418）锈蚀，表面有少量点蚀坑，锈蚀总体分布不均匀。

 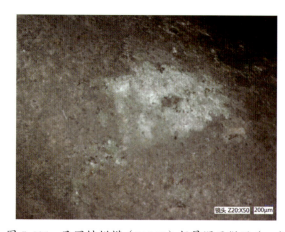

图 5-415　民国铁饼模（01169）原始照　　图 5-416　民国铁饼模（01169）超景深显微照（一）

图 5-417　民国铁饼模（01169）超景深显微照（二）

图 5-418　民国铁饼模（01169）超景深显微照（三）

25. 民国铁手枪（01171）

如图 5-419 至图 5-422 所示，锈蚀整体以坚硬致密的红褐色锈为主，夹杂砖红色（见图 5-420）和淡绿色（见图 5-421）粉末状锈，表面有一些点蚀坑及裂隙（见图 5-420），局部存在少量油状物（见图 5-422），总体腐蚀较为严重且分布不均匀。

图 5-419　民国铁手枪（01171）原始照

图 5-420　民国铁手枪（01171）超景深显微照（一）

图 5-421　民国铁手枪（01171）超景深显微照（二）

图 5-422　民国铁手枪（01171）超景深显微照（三）

26. 民国宗教用具（01173）

如图 5-423 至图 5-426 所示，锈蚀整体以坚硬致密的红褐色锈为主，夹杂砖红色（见图 5-424）和白色（见图 5-425）锈蚀，表面有大量点蚀坑和瘤状物（见图 5-424），存在红色纺织品痕迹（见图 5-426），总体腐蚀较为严重且分布不均匀。

图 5-423　民国宗教用具（01173）原始照

图 5-424　民国宗教用具（01173）超景深显微照（一）

图 5-425　民国宗教用具（01173）超景深显微照（二）

图 5-426　民国宗教用具（01173）超景深显微照（三）

27. 民国铁刀（01187）

如图 5-427 至图 5-430 所示，锈蚀整体以坚硬致密的红褐色锈为主，夹杂有砖红色锈蚀和少量白色锈蚀（见图 5-428），存在大量点蚀坑和裂隙，裂隙处有极少的淡绿色锈蚀（见图 5-429），点蚀坑内及裂隙处有深褐色瘤状物（见图 5-430），总体腐蚀较为严重且分布不均匀。

图 5-427　民国铁刀（01187）原始照

图 5-428　民国铁刀（01187）超景深显微照（一）

图 5-429　民国铁刀（01187）超景深显微照（二）　　图 5-430　民国铁刀（01187）超景深显微照（三）

28. 民国铁矛（07888）

如图 5-431 和图 5-432 所示，锈蚀整体以坚硬致密的深灰色锈为主，夹杂灰色和白色锈蚀，表面有点蚀坑和瘤状物，总体腐蚀较为严重且分布不均匀。

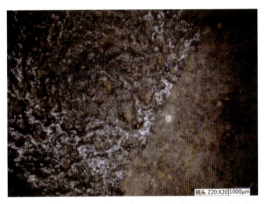

图 5-431　民国铁矛（07888）原始照　　图 5-432　民国铁矛（07888）超景深显微照

29. 民国铁矛（07889）

如图 5-433 至图 5-436 所示，锈蚀整体以坚硬致密的灰褐色锈为主，夹杂砖红色锈蚀（见图 5-434），表面有较多的土锈和少量点蚀坑（见图 5-435），存在油状物（见图 5-436），总体腐蚀较为严重且分布不均匀。

图 5-433　民国铁矛（07889）原始照　　图 5-434　民国铁矛（07889）超景深显微照（一）

图 5-435　民国铁矛（07889）超景深显微照（二）

图 5-436　民国铁矛（07889）超景深显微照（三）

30. 民国铁矛（07890）

如图 5-437 至图 5-440 所示，锈蚀整体以坚硬致密的灰褐色锈为主，夹杂绿色（见图 5-438）、砖红色和灰白色锈蚀且存在土锈（见图 5-439），表面有大量点蚀坑和瘤状物（见图 5-439），存在油状物（见图 5-440），总体腐蚀较为严重且分布不均匀。

图 5-437　民国铁矛（07890）原始照

图 5-438　民国铁矛（07890）超景深显微照（一）

图 5-439　民国铁矛（07890）超景深显微照（二）

图 5-440　民国铁矛（07890）超景深显微照（三）

31. 民国铁矛（07891）

如图 5-441 至图 5-444 所示，锈蚀整体以坚硬致密的红褐色锈为主，夹杂砖红色及土黄色锈蚀（见图 5-443），表面有大量点蚀坑和瘤状物（见图 5-442），存在油状物（见图 5-444），总体腐蚀较为严重且分布不均匀。

图 5-441　民国铁矛（07891）原始照

图 5-442　民国铁矛（07891）超景深显微照（一）

图 5-443　民国铁矛（07891）超景深显微照（二）

图 5-444　民国铁矛（07891）超景深显微照（三）

32. 民国铁匕首（07892）

如图 5-445 至图 5-448 所示，锈蚀整体以坚硬致密的红褐色锈为主，夹杂白色（见图 5-446）和砖红色（见图 5-447）点状锈蚀，存在裂隙（见图 5-447），表面有大量点蚀坑（见图 5-448），总体腐蚀较为严重且分布不均匀。

图 5-445　民国铁匕首（07892）原始照

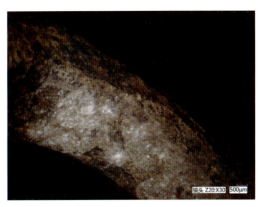
图 5-446　民国铁匕首（07892）超景深显微照（一）

图 5-447　民国铁匕首（07892）超景深显微照（二）　　图 5-448　民国铁匕首（07892）超景深显微照（三）

33. 民国铁匕首（07893）

如图 5-449 和图 5-450 所示，锈蚀整体以坚硬致密的红褐色锈为主，夹杂砖红色和黑色锈蚀，表面有点蚀坑，总体腐蚀较为严重且分布不均匀。

图 5-449　民国铁匕首（07893）原始照　　图 5-450　民国铁匕首（07893）超景深显微照

34. 民国铁匕首（07894）

如图 5-451 和图 5-452 所示，锈蚀整体以坚硬致密的灰褐色锈蚀为主，夹杂砖红色点状锈蚀，表面有点蚀坑，腐蚀分布不均匀。

图 5-451　民国铁匕首（07894）原始照　　图 5-452　民国铁匕首（07894）超景深显微照

35. 民国铁匕首（07895）

如图 5-453 和图 5-454 所示，锈蚀整体以坚硬致密的红褐色锈为主，夹杂砖红色锈蚀，表面有大量点蚀坑和一些瘤状物，总体腐蚀较为严重且分布不均匀。

图 5-453　民国铁匕首（07895）原始照　　　图 5-454　民国铁匕首（07895）超景深显微照

36. 民国宗教用具（07896）

如图 5-455 至图 5-458 所示，锈蚀整体以坚硬致密的红褐色锈为主，夹杂砖红色锈蚀（见图 5-456），片状脱落现象明显（见图 5-456、图 5-457），表面有较多疏松土锈（见图 5-456）和朱红色纺织品痕迹（见图 5-458），存在大量点蚀坑、瘤状物，总体腐蚀较为严重且分布不均匀。

图 5-455　民国宗教用具（07896）原始照　　　图 5-456　民国宗教用具（07896）超景深显微照（一）

 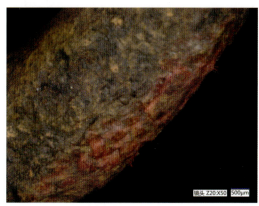

图 5-457　民国宗教用具（07896）超景深显微照（二）　　　图 5-458　民国宗教用具（07896）超景深显微照（三）

综上结果表明，大多数铁器表面布满褐色、黄褐色、砖红色及深灰色锈蚀物，质地坚硬致密，器物表面出现密集度不同的点蚀坑和锈块，有些存在少量硬结物、裂隙和孔洞。少数铁器的锈层剥离现象比较严重，器物边缘出现变形，点蚀坑内及裂隙处存在密集的深红色、褐色、黑色瘤状物，或在凹陷处有土锈，表面偶尔可以看见纺织品痕迹。有些严重腐蚀的器物纹饰已经被锈蚀掩盖，甚至个别器物出现整体掉粉、掉渣、酥化情况，极为脆弱。

第四节　拉曼光谱分析

拉曼光谱是一种散射光谱，拉曼光谱分析法可以通过分析入射光频率不同的散射光谱得到分子振动、转动方面的信息并应用于分子结构研究，是分析金属腐蚀产物的理想选择，具有检测区域小、干扰小、信号强、获取数据及时、解谱相对容易的特点。本节利用 inVia Reflex 激光显微共聚焦拉曼光谱仪（RENISHAW，英国）对该批铁器样品的腐蚀产物结构进行分析。测试条件为：波数范围，$100 \sim 2000 \text{ cm}^{-1}$；物镜，50L×；光斑尺寸，1 μm；激光波长，532 nm，功率、时间及累计次数随样品不同随时调整。

1. 东汉铁剑（00797）

东汉铁剑（00797）锈蚀物的拉曼检测区域及检测结果如图 5-459 至图 5-461 所示。结果表明，其主要腐蚀产物为针铁矿（α-FeO（OH））和四方纤铁矿（β-FeO（OH））。

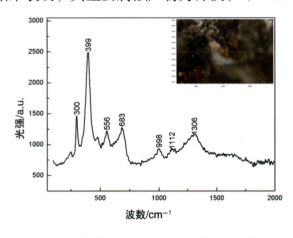
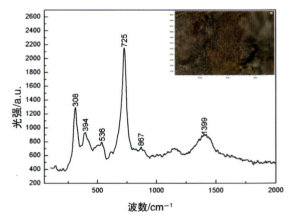

图 5-459　东汉铁剑（00797）拉曼谱图（针铁矿）　　图 5-460　东汉铁剑（00797）拉曼谱图（四方纤铁矿）

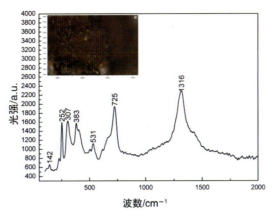

图 5-461　东汉铁剑（00797）拉曼谱图（四方纤铁矿、纤铁矿）

2. 三国吴铁鐎斗（07898）

三国吴铁鐎斗（07898）锈蚀物的拉曼检测区域及检测结果如图 5-462 和图 5-463 所示。结果表明，其主要腐蚀产物为纤铁矿（γ-FeO(OH)）和四方纤铁矿（β-FeO(OH)）。

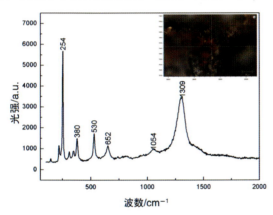
图 5-462　三国吴铁鐎斗（07898）拉曼谱图（纤铁矿）

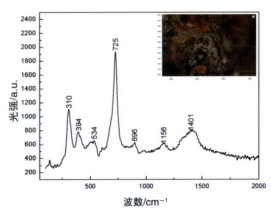
图 5-463　三国吴铁鐎斗（07898）拉曼谱图（四方纤铁矿）

3. 三国吴残铁鐎斗（07899）

三国吴残铁鐎斗（07899）锈蚀物的拉曼检测区域及检测结果如图 5-464 和图 5-465 所示。结果表明，其主要腐蚀产物为纤铁矿（γ-FeO(OH)）和针铁矿（α-FeO(OH)）。

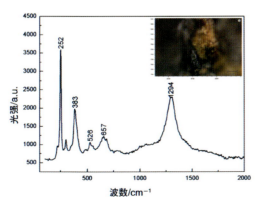
图 5-464　三国吴残铁鐎斗（07899）拉曼谱图（纤铁矿）

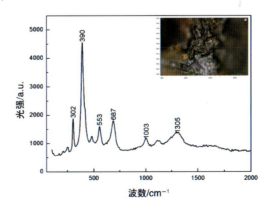
图 5-465　三国吴残铁鐎斗（07899）拉曼谱图（针铁矿）

4. 三国吴残铁鐎斗（07900）

三国吴残铁鐎斗（07900）锈蚀物的拉曼检测区域及检测结果如图5-466和图5-467所示。结果表明，其主要腐蚀产物为针铁矿（α-FeO(OH)）。

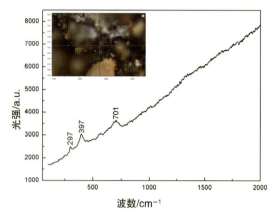 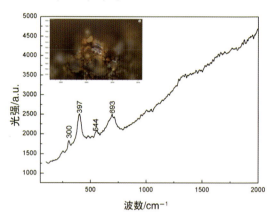

图5-466　三国吴残铁鐎斗（07900）拉曼谱图（针铁矿）（一）　　图5-467　三国吴残铁鐎斗（07900）拉曼谱图（针铁矿）（二）

5. 三国吴铁凿（07909）

三国吴铁凿（07909）锈蚀物的拉曼检测区域及检测结果如图5-468至图5-471所示。结果表明，其主要腐蚀产物为纤铁矿（γ-FeO(OH)）、针铁矿（α-FeO(OH)）、铜蓝（CuS）和四方纤铁矿（β-FeO(OH)）。

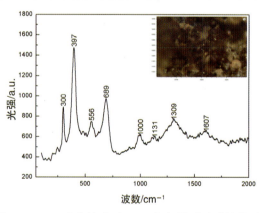 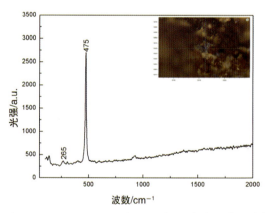

图5-468　三国吴铁凿（07909）拉曼谱图（针铁矿）　　图5-469　三国吴铁凿（07909）拉曼谱图（铜蓝）

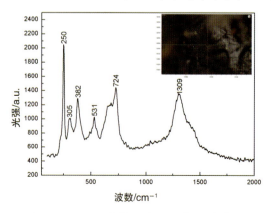 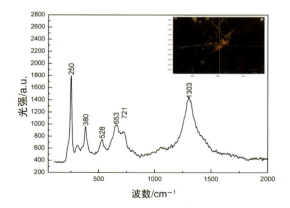

图5-470　三国吴铁凿（07909）拉曼谱图（四方纤铁矿、纤铁矿）　　图5-471　三国吴铁凿（07909）拉曼谱图（纤铁矿、四方纤铁矿）

6. 三国吴残铁箕形器（07915）

三国吴残铁箕形器（07915）锈蚀物的拉曼检测区域及检测结果如图 5-472 和图 5-473 所示。结果表明，其主要腐蚀产物为针铁矿（α-FeO（OH））。

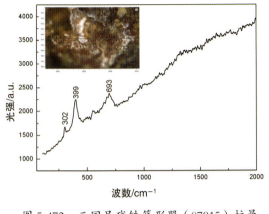 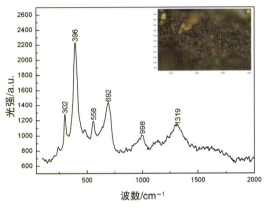

图 5-472　三国吴残铁箕形器（07915）拉曼谱图（针铁矿）（一）　　图 5-473　三国吴残铁箕形器（07915）拉曼谱图（针铁矿）（二）

7. 西晋铁刀（07931）

西晋铁刀（07931）锈蚀物的拉曼检测区域及检测结果如图 5-474 至图 5-476 所示。结果表明，其主要腐蚀产物为纤铁矿（γ-FeO（OH））和四方纤铁矿（β-FeO（OH））。

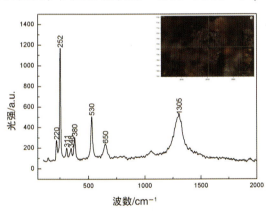 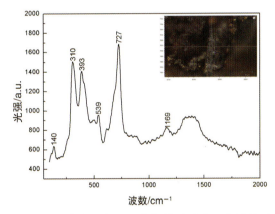

图 5-474　西晋铁刀（07931）拉曼谱图（纤铁矿）　　图 5-475　西晋铁刀（07931）拉曼谱图（四方纤铁矿）

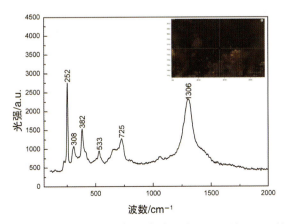

图 5-476　西晋铁刀（07931）拉曼谱图（四方纤铁矿、纤铁矿）

8. 战国时代铁匜（00801）

战国时代铁匜（00801）锈蚀物的拉曼检测区域及检测结果如图5-477和图5-478所示。结果表明，其主要腐蚀产物为针铁矿（$\alpha\text{-FeO(OH)}$）。

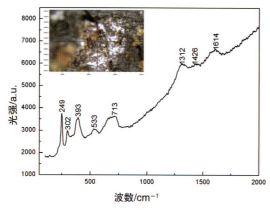 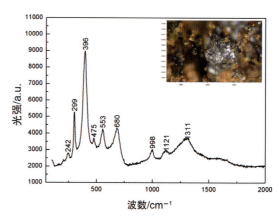

图5-477　战国时代铁匜（00801）背面拉曼谱图（针铁矿）　　图5-478　战国时代铁匜（00801）正面拉曼谱图（针铁矿）

9. 东汉铁剑（00795）

东汉铁剑（00795）锈蚀物的拉曼检测区域及检测结果如图5-479和图5-480所示。结果表明，其主要腐蚀产物为针铁矿（$\alpha\text{-FeO(OH)}$）和纤铁矿（$\gamma\text{-FeO(OH)}$）。

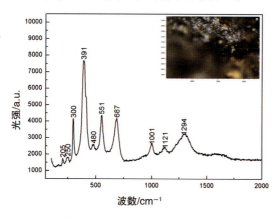 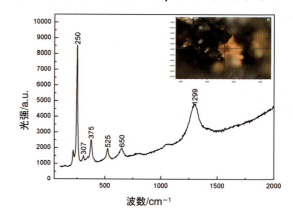

图5-479　东汉铁剑（00795）拉曼谱图（针铁矿）　　图5-480　东汉铁剑（00795）拉曼谱图（纤铁矿）

10. 东汉铁剑（00798）

东汉铁剑（00798）锈蚀物的拉曼检测区域及检测结果如图5-481至图5-483所示。结果表明，其主要腐蚀产物为赤铁矿（Fe_2O_3）、纤铁矿（$\gamma\text{-FeO(OH)}$）和四方纤铁矿（$\beta\text{-FeO(OH)}$）。

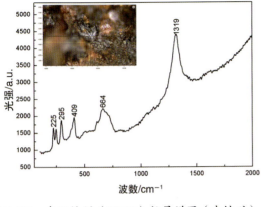
图 5-481　东汉铁剑（00798）拉曼谱图（赤铁矿）

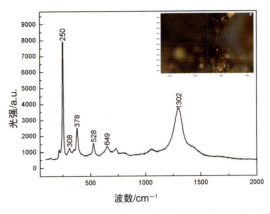
图 5-482　东汉铁剑（00798）拉曼谱图（纤铁矿）

图 5-483　东汉铁剑（00798）拉曼谱图（四方纤铁矿）

11. 东汉铁剑（00800）

东汉铁剑（00800）锈蚀物的拉曼检测区域及检测结果如图 5-484 至图 5-486 所示。结果表明，其主要腐蚀产物为针铁矿（α-FeO(OH)）和四方纤铁矿（β-FeO(OH)）。

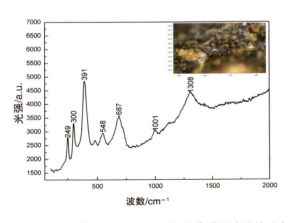
图 5-484　东汉铁剑（00800）锈块拉曼谱图（针铁矿）

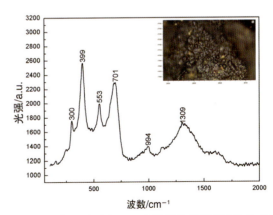
图 5-485　东汉铁剑（00800）锈样拉曼谱图（针铁矿）

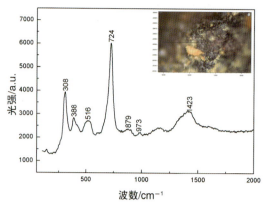

图 5-486　东汉铁剑（00800）锈块拉曼谱图（四方纤铁矿）

12. 战国时代铁釜（07353）

战国时代铁釜（07353）锈蚀物的拉曼检测区域及检测结果如图 5-487 至图 5-489 所示。结果表明，其主要腐蚀产物为赤铁矿（Fe_2O_3）、纤铁矿（γ-FeO（OH））和四方纤铁矿（β-FeO（OH））。

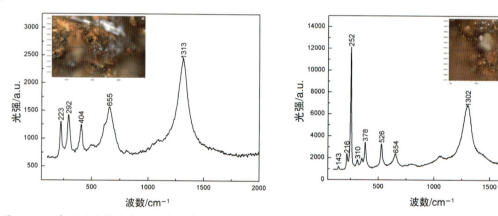

图 5-487　战国时代铁釜（07353）拉曼谱图（赤铁矿）　图 5-488　战国时代铁釜（07353）拉曼谱图（纤铁矿）

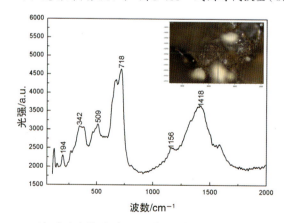

图 5-489　战国时代铁釜（07353）拉曼谱图（四方纤铁矿）

13. 三国吴铁鐎斗（07898）

三国吴铁鐎斗（07898）锈蚀物的拉曼检测区域及检测结果如图 5-490 和图 5-491 所示。结果表明，其主要腐蚀产物为纤铁矿（γ-FeO（OH））和四方纤铁矿（β-FeO（OH））。

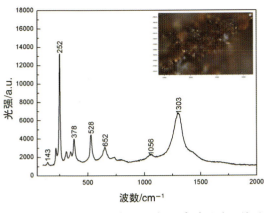
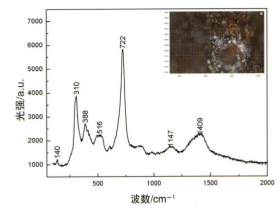

图 5-490　三国吴铁鐎斗（07898）拉曼谱图（纤铁矿）　图 5-491　三国吴铁鐎斗（07898）拉曼谱图（四方纤铁矿）

14. 三国吴残铁凿（07905）

三国吴残铁凿（07905）锈蚀物的拉曼检测区域及检测结果如图 5-492 和图 5-493 所示。结果表明，其主要腐蚀产物为针铁矿（α-FeO(OH)）。

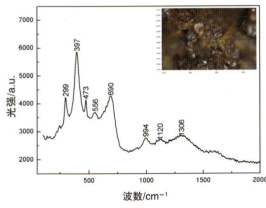

图 5-492　三国吴残铁凿（07905）拉曼谱图（针铁矿）（一）　　图 5-493　三国吴残铁凿（07905）拉曼谱图（针铁矿）（二）

15. 三国吴铁凿（07908）

三国吴铁凿（07908）锈蚀物的拉曼检测区域及检测结果如图 5-494 至图 5-496 所示。结果表明，其主要腐蚀产物为针铁矿（α-FeO(OH)）、纤铁矿（γ-FeO(OH)）和四方纤铁矿（β-FeO(OH)）。

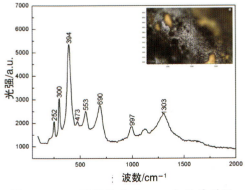
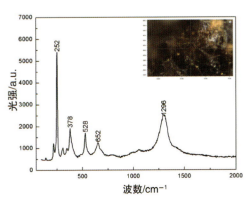

图 5-494　三国吴铁凿（07908）拉曼谱图（针铁矿）　　图 5-495　三国吴铁凿（07908）拉曼谱图（纤铁矿）

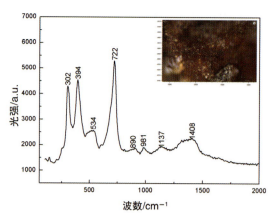

图 5-496　三国吴铁凿（07908）拉曼谱图（四方纤铁矿）

16. 三国吴铁锤（07912）

三国吴铁锤（07912）锈蚀物的拉曼检测区域及检测结果如图 5-497 至图 5-499 所示。结果表明，其主要腐蚀产物为针铁矿（α-FeO(OH)）、纤铁矿（γ-FeO(OH)）和四方纤铁矿（β-FeO(OH)）。

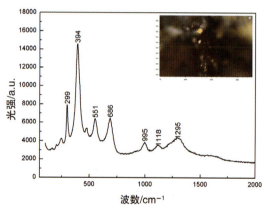 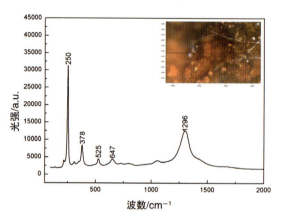

图 5-497　三国吴铁锤（07912）拉曼谱图（针铁矿）　图 5-498　三国吴铁锤（07912）拉曼谱图（纤铁矿）

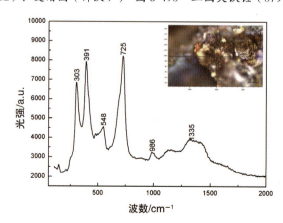

图 5-499　三国吴铁锤（07912）拉曼谱图（四方纤铁矿）

17. 三国吴铁斧（07924）

三国吴铁斧（07924）锈蚀物的拉曼检测区域及检测结果如图 5-500 至图 5-502 所示。结果表明，其主要腐蚀产物为针铁矿（α-FeO(OH)）、纤铁矿（γ-FeO(OH)）和四方纤铁矿（β-FeO(OH)）。

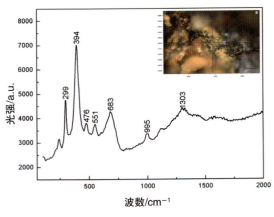

图 5-500　三国吴铁斧（07924）拉曼谱图（针铁矿）　　图 5-501　三国吴铁斧（07924）拉曼谱图（纤铁矿）

图 5-502　三国吴铁斧（07924）拉曼谱图（四方纤铁矿）

18. 三国吴铁斧（07925）

三国吴铁斧（07925）锈蚀物的拉曼检测区域及检测结果如图 5-503 所示。结果表明，其主要腐蚀产物为赤铁矿（Fe_2O_3）。

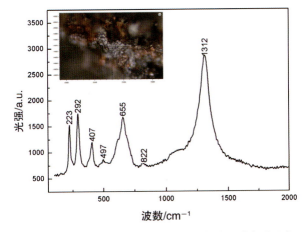

图 5-503　三国吴铁斧（07925）拉曼谱图（赤铁矿）

19. 南朝铁镜（07929）

南朝铁镜（07929）锈蚀物的拉曼检测区域及检测结果如图 5-504 所示。结果表明，其主要腐蚀产物为针铁矿（$\alpha\text{-FeO(OH)}$）。

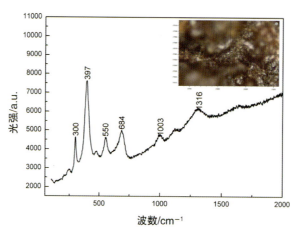

图 5-504　南朝铁镜（07929）拉曼谱图（针铁矿）

20. 西晋铁刀（07931）

西晋铁刀（07931）锈蚀物的拉曼检测区域及检测结果如图 5-505 至图 5-508 所示。结果表明，其主要腐蚀产物为赤铁矿（Fe_2O_3）、针铁矿（$\alpha\text{-FeO(OH)}$）、纤铁矿（$\gamma\text{-FeO(OH)}$）和四方纤铁矿（$\beta\text{-FeO(OH)}$）。

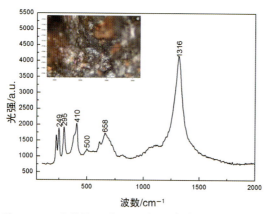

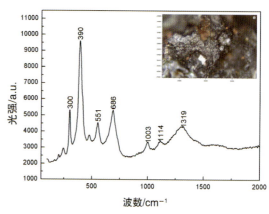

图 5-505　西晋铁刀（07931）拉曼谱图（赤铁矿）　　图 5-506　西晋铁刀（07931）拉曼谱图（针铁矿）

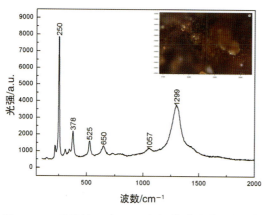

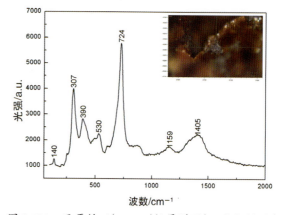

图 5-507　西晋铁刀（07931）拉曼谱图（纤铁矿）　　图 5-508　西晋铁刀（07931）拉曼谱图（四方纤铁矿）

21. 东汉铁斧（08527）

东汉铁斧（08527）锈蚀物的拉曼检测区域及检测结果如图5-509至图5-512所示。结果表明，其主要腐蚀产物为水锰矿（MnO(OH)）、纤铁矿（γ-FeO(OH)）、四方纤铁矿（β-FeO(OH)）、石英（SiO_2）和石膏（$CaSO_4 \cdot 2H_2O$）。

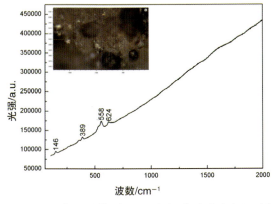

图5-509　东汉铁斧（08527）拉曼谱图（水锰矿）

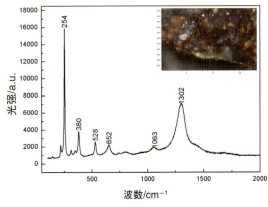

图5-510　东汉铁斧（08527）拉曼谱图（纤铁矿）

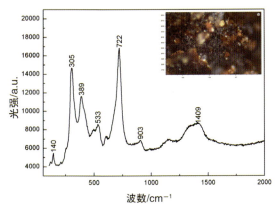

图5-511　东汉铁斧（08527）拉曼谱图（四方纤铁矿）

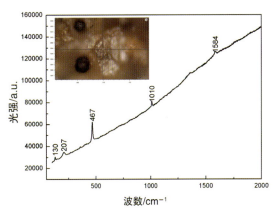

图5-512　东汉铁斧（08527）拉曼谱图（石英、石膏）

22. 三国吴铁短剑（70702）

三国吴铁短剑（70702）锈蚀物的拉曼检测区域及检测结果如图5-513和图5-514所示。结果表明，其主要腐蚀产物为赤铁矿（Fe_2O_3）和针铁矿（α-FeO(OH)）。

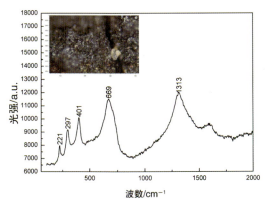

图5-513　三国吴铁短剑（70702）拉曼谱图（针铁矿）

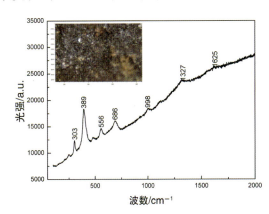

图5-514　三国吴铁短剑（70702）拉曼谱图（赤铁矿）

23. 东汉铁剑（00794）

东汉铁剑（00794）锈蚀物的拉曼检测区域及检测结果如图 5-515 至图 5-518 所示。结果表明，其主要腐蚀产物为磁铁矿（Fe_3O_4）、针铁矿（α-FeO(OH)）、纤铁矿（γ-FeO(OH)）和四方纤铁矿（β-FeO(OH)）。

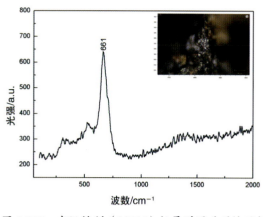
图 5-515　东汉铁剑（00794）拉曼谱图（磁铁矿）

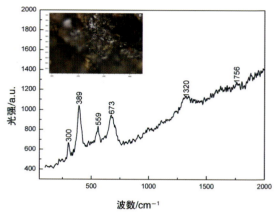
图 5-516　东汉铁剑（00794）拉曼谱图（针铁矿）

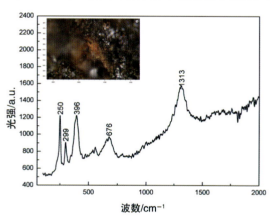
图 5-517　东汉铁剑（00794）拉曼谱图
（针铁矿、纤铁矿）

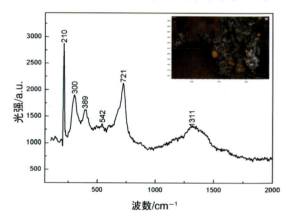
图 5-518　东汉铁剑（00794）拉曼谱图
（四方纤铁矿）

24. 三国吴铁矛（06087）

三国吴铁矛（06087）锈蚀物的拉曼检测区域及检测结果如图 5-519 至图 5-522 所示。结果表明，其主要腐蚀产物为赤铁矿（Fe_2O_3）、针铁矿（α-FeO(OH)）、赤铜矿（Cu_2O）和方解石（$CaCO_3$）。

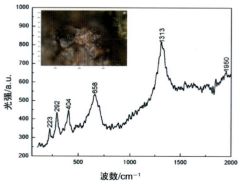
图 5-519　三国吴铁矛（06087）拉曼谱图
（赤铁矿）

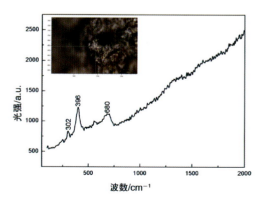
图 5-520　三国吴铁矛（06087）拉曼谱图
（针铁矿）（一）

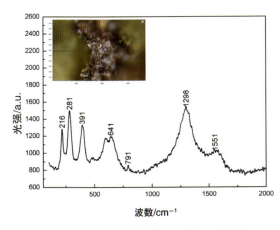

图 5-521　三国吴铁矛（06087）拉曼谱图（针铁矿）（二）

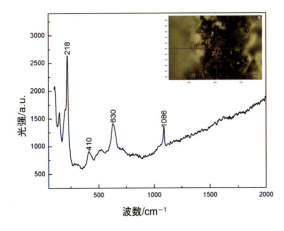

图 5-522　三国吴铁矛（06087）拉曼谱图（赤铜矿、方解石）

小结：对 24 件铁器样品进行了锈蚀物相结构分析，结果如表 5-3 所示。

表 5-3　样品锈蚀表征结果

序号	样品名称	锈蚀表征结果
1	东汉铁剑（00797）	针铁矿、四方纤铁矿
2	三国吴铁镰斗（07898）	纤铁矿、四方纤铁矿
3	三国吴残铁镰斗（07899）	针铁矿、纤铁矿
4	三国吴残铁镰斗（07900）	针铁矿
5	三国吴铁凿（07909）	针铁矿、纤铁矿、四方纤铁矿、铜蓝
6	三国吴残铁箕形器（07915）	针铁矿
7	西晋铁刀（07931）	纤铁矿、四方纤铁矿
8	战国时代铁匜（00801）（背面）	针铁矿
8	战国时代铁匜（00801）（正面）	针铁矿
9	东汉铁剑（00795）	针铁矿、纤铁矿
10	东汉铁剑（00798）	赤铁矿、纤铁矿、四方纤铁矿
11	东汉铁剑（00800）（锈块）	针铁矿、四方纤铁矿
11	东汉铁剑（00800）（锈样）	针铁矿
12	战国时代铁釜（07353）	赤铁矿、纤铁矿、四方纤铁矿
13	三国吴铁镰斗（07898）	纤铁矿、四方纤铁矿
14	三国吴残铁凿（07905）	针铁矿
15	三国吴铁凿（07908）	针铁矿、纤铁矿、四方纤铁矿
16	三国吴铁锤（07912）	针铁矿、纤铁矿、四方纤铁矿
17	三国吴铁斧（07924）	针铁矿、纤铁矿、四方纤铁矿
18	三国吴铁斧（07925）	赤铁矿
19	南朝铁镜（07929）	针铁矿
20	西晋铁刀（07931）	赤铁矿、针铁矿、纤铁矿、四方纤铁矿
21	东汉铁斧（08527）	纤铁矿、四方纤铁矿、水锰矿、石膏、石英
22	三国吴铁短剑（70702）	赤铁矿、针铁矿
23	东汉铁剑（00794）	四方纤铁矿、磁铁矿、针铁矿、纤铁矿
24	三国吴铁矛（06087）	赤铁矿、针铁矿、赤铜矿、方解石

（1）该批铁器样品本体锈蚀的成分主要是针铁矿、纤铁矿和四方纤铁矿，三者均为羟基氧化铁的同分异构体，但稳定性差别较大。其中针铁矿最为稳定，可在表面形成致密保护膜，属于无害锈。纤铁矿不能形成致密膜层，附着力弱，在一定条件下会向针铁矿和磁铁矿转变，但因其自身材质疏松，具有吸湿性，会使水分析渗入内层，导致进一步电化学腐蚀，腐蚀产物仍是疏松的纤铁矿，所以表现出一个不间断的腐蚀过程。

（2）四方纤铁矿正交（斜方）晶系结晶成 β 相的羟基氧化铁（β-FeO（OH）），β-FeO（OH）晶体具有隧道结构，隧道中通常含有 Cl^-，晶体表面也会吸附 Cl^-，它是铁质文物腐蚀损坏过程中的关键腐蚀产物，既是高浓度 Cl^- 作用的结果，又是造成文物进一步腐蚀劣化的原因，通常在铁质文物出土后由 $FeCl_2$、$Fe_2(OH)_3Cl$ 等产物氧化水解生成。表面吸附的 Cl^- 是导致铁质文物进一步腐蚀的主要原因，虽然隧道结构中的 Cl^- 相对稳定，难以释放，但发生锈蚀转变后，隧道结构中的 Cl^- 会释放，从而加剧腐蚀，在铁质文物长期保存过程中仍然存在一定隐患。

（3）个别样品检测出水锰矿、石膏、石英等成分，其中石膏、石英是来自土壤的矿物成分。

第五节　金相分析

金相检验是一种不对被检金属进行破坏而对其微观组织的形貌、构成及分布进行分析的理化无损检验技术，通过分析金属部件微观组织的形貌、构成及分布，可以判断金属部件的制造质量以及组织变化情况。本项目利用德国卡尔蔡司研究级倒置式金相显微镜 AxioVert.A1 对样品进行金相分析。样品制作过程为：使用型号为 ZXQ-1 的自动金相镶嵌机对铁器样品进行镶嵌，并在 MP-2 金相试样磨抛机上依次使用 200 目、400 目、600 目、800 目以及 1000 目砂纸进行逐级磨光，再喷涂高效金刚石喷雾抛光剂，在绒布上对镶嵌铁器样品进行抛光，抛光后进行侵蚀与金相显微组织观察。为了更加准确地进行金相组织观察，采用抛光与侵蚀（用 4% 硝酸酒精溶液作侵蚀液）交替进行的操作方法。结果见表 5-4。

表 5-4　鄂州市博物馆馆藏铁器的金相组织与制作工艺

藏品编号	器物名称	年代	取样部位	金相组织	制作工艺	图号
00794	铁剑	东汉	剑身	马氏体组织	锻打	图 5-523
00795	铁剑	东汉	剑身	珠光体组织	锻打	图 5-524
00796	铁剑	东汉	剑身	铁素体 + 珠光体组织，组织均匀细小	锻打	图 5-525

续表

藏品编号	器物名称	年代	取样部位	金相组织	制作工艺	图号
00797	铁剑	东汉	剑身	铁素体+少量珠光体组织+球状或球团状石墨，夹杂物沿加工方向变形排列	锻打	图5-526
00798	铁剑	东汉	剑身	铁素体+珠光体组织，组织均匀细小	锻打	图5-527
00799	铁剑	东汉	剑身	铁素体+珠光体组织，组织均匀细小，局部有马氏体组织	锻打	图5-528
01122	铁刀	三国吴	刀身	铁素体+珠光体组织，组织均匀细小	锻打	图5-529
01125	铁削刀	三国吴	刀身	铁素体+珠光体组织，组织均匀细小	锻打	图5-530
01142	铁剑	汉	剑身	马氏体组织	锻打	图5-531
07931	铁刀	西晋	刀身	铁素体+渗碳体组织	锻打	图5-532

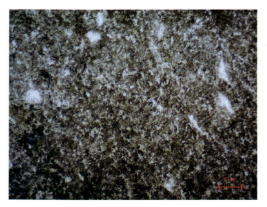

图5-523　东汉铁剑（00794）金相组织

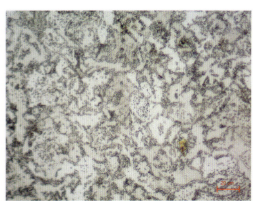

图5-524　东汉铁剑（00795）金相组织

图5-525　东汉铁剑（00796）金相组织

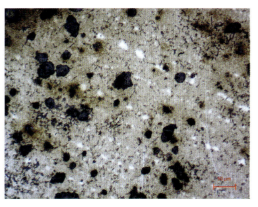

图5-526　东汉铁剑（00797）金相组织

图5-527　东汉铁剑（00798）金相组织

图5-528　东汉铁剑（00799）金相组织

图 5-529　三国吴铁刀（01122）金相组织

图 5-530　三国吴铁削刀（01125）金相组织

图 5-531　汉铁剑（01142）金相组织

图 5-532　西晋铁刀（07931）金相组织

小结：分析结果显示，10 件铁器，包括铁剑、铁削刀与铁刀，基体组织分别有索氏体型珠光体及少量球粒状珠光体，回火马氏体，小岛状、小颗粒白色铁素体，以及球粒状碳化物，多数铁剑、铁刀在制作过程中使用回火、退火工艺。

第六节　XRF 检测

X 射线荧光分析法（XRF）是一种测量样品产生的 X 射线的荧光强度，然后与标准样品的 X 射线强度进行对比的比较方法。它的工作原理是：当 X 射线管产生的初级射线照射受检样品的表面时，样品元素原子核内层电子由于吸收初级射线的辐射能量而发生跃迁，外层电子自发填补到内层电子轨道中，而多余的能量以 X 射线（二次射线）的形式放出，探测系统会收集这些射线信号绘制出荧光谱线。每种元素都有属于自己的独特谱线，根据探测系统接收到的二次射线谱线特征，可以进行定性分析，而射线的强度大小可以进行定量分析。本项目利用便携式 XRF 分析仪对这批铁器进行分析，获取其化学组成信息，并对结果进行统计分析。

战国时期的铁器有 3 件，分别是铁甬（07354）、铁釜（07353）和铁匜（00801）。其 XRF 分析结果统计图如图 5-533 所示，结果表明，三件铁器均含有铁、铜、锰元素，以铁为主要元素，含量超 96%。铁甬（07354）的刃表面黄褐色处含铁、锰、铜和铅等元素。

铁釜（07353）的腹部表面黑色处和灰白色处所含元素均为铁、锰、铜，且元素含量也接近。铁匜（00801）的表面灰褐色处含有少量铁元素及锰、铜、铅元素；剥落红褐色处只含铁、锰元素。铁匜表面含铁量仅15.4%，可能是因为测试位置锈蚀严重。

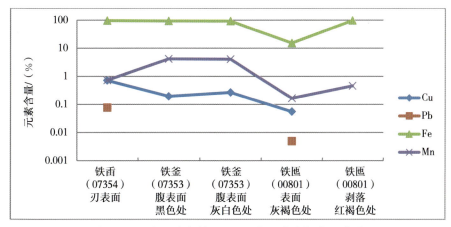

图 5-533　战国时期铁器 XRF 检测结果折线统计图

汉代的铁器种类较为丰富，有铁凿、铁矛、铁剑、铁戟和铁刀等，共计 18 件，其 XRF 检测结果统计图如图 5-534 所示。结果表明，这些测试位置均以铁为主要元素，另外还含有少量的铜、锡、铅、银、锰和镍元素。其中铁矛（08550）、铁矛（08585）和铁剑（01142）比较特殊。

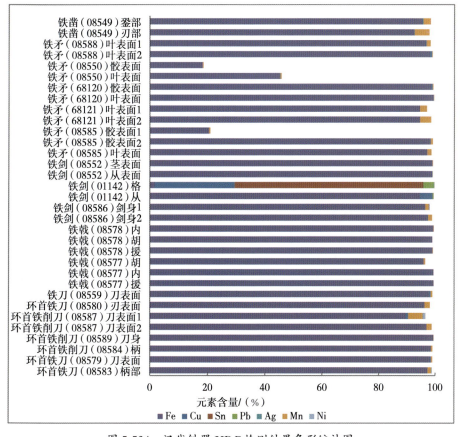

图 5-534　汉代铁器 XRF 检测结果条形统计图

汉代铁刀共有 7 件，其 XRF 检测结果统计图如图 5-535 所示。这些测试位置都含有铁元素和锰元素，铁是主要元素，占比约 97%。环首铁刀（08583）柄部黑褐色处含有铁元素和少量铜、镍、锰元素。环首铁刀（08579）刀表面黑褐色处含有铁元素和少量铜、锰元素。环首铁削刀（08584）柄部褐色处含有铁元素和少量铜、锰元素。环首铁削刀（08589）刀身褐色处含有铁元素和少量铜、锰元素。环首铁削刀（08587）刀表面红褐色处只含铁元素和锰元素；灰白色处含有铁元素和少量铜、镍、锰元素，可能来源于周边环境。环首铁刀（08580）刀表面灰褐色处只检测到铁元素和锰元素。铁刀（08559）表面黑褐色处检测到铁元素和少量铜、锰元素。

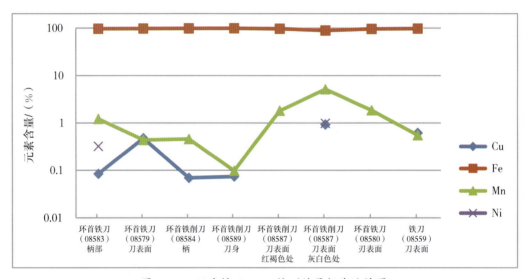

图 5-535　汉代铁刀 XRF 检测结果折线统计图

汉代铁剑共有 3 件，其 XRF 检测结果统计图如图 5-536 所示。除铁剑（01142）格为铜锡合金以外，其余器件均以铁为主要元素，且铁的平均含量为 97%。铁剑（08586）剑身褐色处含有铁元素和少量铜、锰元素；剑身土黄色处含有铁元素和少量镍、锰元素。铁剑（01142）格绿色处比较特殊，含有铜、锡、铅、铁、银元素，属于铜锡合金，可能是因为格在护手位置，没有攻击的要求，且对剑还有装饰作用，故没有以铁为主要原料；从红褐色处与格处采用的是不同的原料，以铁元素为主，还含有少量铜元素和铅元素。铁剑（08552）从表面灰色位置和茎表面黑褐色位置所含元素均为铁、锰、铜，且元素含量也接近。

汉代铁矛共有 5 件，其 XRF 分析结果统计图如图 5-537 所示。这些铁矛都含有铁元素和锰元素。少数检测位置铁含量稍低，可能是因为锈蚀严重。铁矛（08585）叶表面灰褐色处含有铁元素及少量铜、锰元素；骸表面红褐色处含有铁元素及少量铜、铅、锰元素；骸表面白色处只包含铁和锰两种元素，且铁元素仅含 20.6%，可能是因为在矛头和柄的连接处，产生了较强的电化学腐蚀导致锈蚀严重。

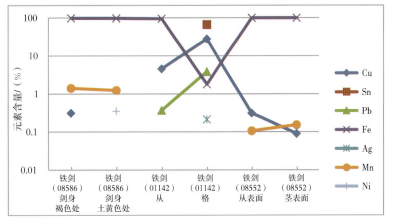

图 5-536　汉代铁剑 XRF 检测结果折线统计图

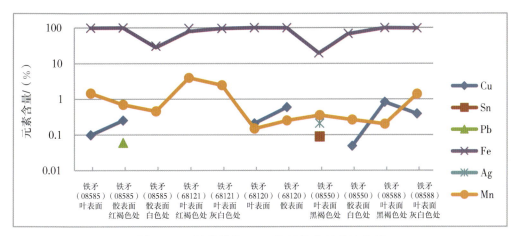

图 5-537　汉代铁矛 XRF 检测结果折线统计图

铁矛（68121）叶表面红褐色处和灰白色处所含元素均为铁、锰元素，元素含量也大致接近。铁矛（68120）叶表面黑褐色处和骹表面红色处检测到的元素均为铁、锰、铜元素，元素含量也大致接近。铁矛（08550）骹表面白色处含有铜、铁、锰元素，铁元素占比为仅 45.2%；叶表面黑褐色处含有锡、铁、银、锰元素，铁元素占比为仅 18.3%；两处的铁含量都比较低，可能是因为铁矛（08550）锈蚀严重，仅保存有少量铁芯。铁矛（08588）叶表面黑褐色处和灰白色处两处所含元素均为铁、锰、铜元素。

东汉的铁器种类有铁剑、铁斧、铁刀，共 13 件，其 XRF 检测结果统计图如图 5-538 所示。东汉铁器都以铁为主要元素，平均含量为 98%，另外还包含有少量的铜、铅、锰元素。可能是因为东汉时期冶铁业有所发展，铁器中所含杂质较少。其中铁剑（00799）从部和铁刀（00827）刀身所含的铁元素略微偏少，含量分别为 92.4% 和 94.8%。含有铅元素的铁器有铁刀（00829）、铁刀（00827）、铁剑（00796）、铁剑（00794）、铁剑（00799）、铁剑（00797）。含有锰元素的铁器有铁斧（08527）、铁剑（00799）。

东汉铁剑共有 7 件，其 XRF 检测结果统计图如图 5-539 所示。铁剑（00796）从部黄

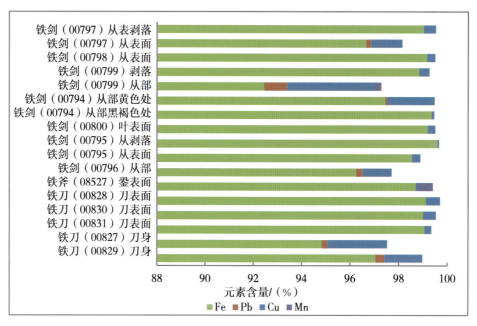

图 5-538　东汉铁器 XRF 检测结果条形统计图

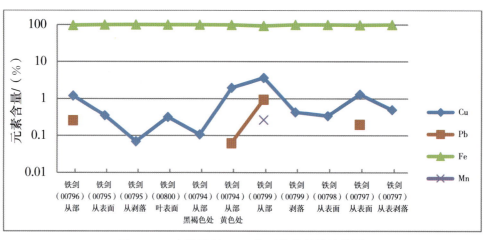

图 5-539　东汉铁剑 XRF 检测结果折线统计图

色处含有铁、铜、铅元素。铁剑（00795）从部表面红褐色处和从部剥落黑褐色处所含元素均为铁、铜元素。铁剑（00800）叶表面黑褐色处包含铜元素和铁元素。铁剑（00794）从部黑褐色处包含铜元素和铁元素；黄色处包含铁元素和少量铜、铅元素。铁剑（00799）从部黄色处包含铜、铅、铁、锰元素；剥落黑褐色处包含铜元素和铁元素。铁剑（00798）从表面黑褐色处包含铜元素和铁元素。铁剑（00797）从表面红色处包含铁、铜、铅元素；从表面剥落黑褐色处包含铁、铜元素。

东汉铁刀共有 5 件，其 XRF 检测结果统计图如图 5-540 所示。结果表明：这 5 件东汉铁刀都含有铁元素和铜元素，且元素含量相近，以铁为主要元素，平均含量为 98%。铁刀（00829）和铁刀（00827）刀身黄褐色处除铁、铜元素外还含有铅元素。其余 3 件铁刀均是对刀表面黑褐色处进行检测。

三国时期的铁器种类较为丰富，有铁凿、铁钩、铁矛、铁刀等，共26件，其XRF检测结果统计图如图5-541所示。结果表明：三国铁器均以铁为主要元素，另外还含有少量的铜、锡、铅、银、锰、镍元素。其中铁舌（07902）、环首铁刀（06085）、错金铭文环首铁刀（06084）比较特殊。

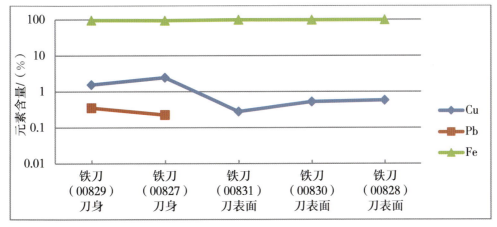

图5-540 东汉铁刀XRF检测结果折线统计图

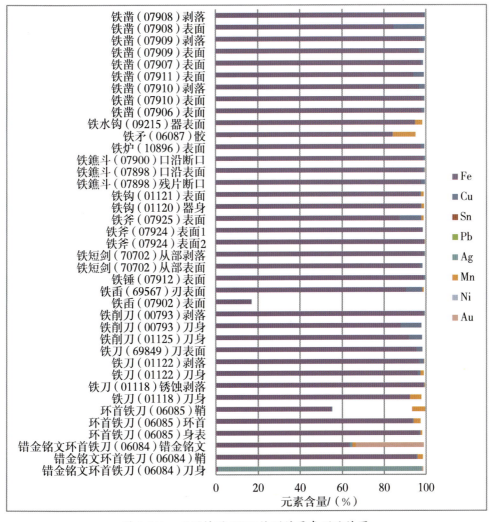

图5-541 三国铁器XRF检测结果条形统计图

三国时期的铁凿有 7 件，其 XRF 检测结果统计图如图 5-542 所示。结果表明：这些铁凿主要含铜、铁元素。铁凿（07908）比较特殊，表面含铁量为 84.5%，含铜量为 14.7%，可能与埋藏环境有关。其余铁凿铁元素含量接近。

三国时期的铁刀有 7 件，其 XRF 检测结果统计图如图 5-543 所示。结果表明：错金铭文环首铁刀（06084）、环首铁刀（06085）鞘比较特殊。

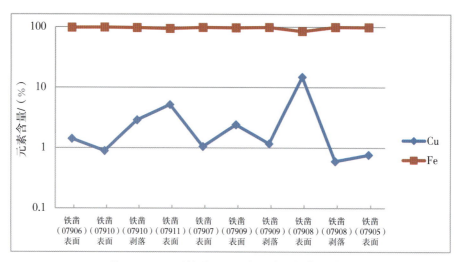

图 5-542　三国铁凿 XRF 检测结果折线统计图

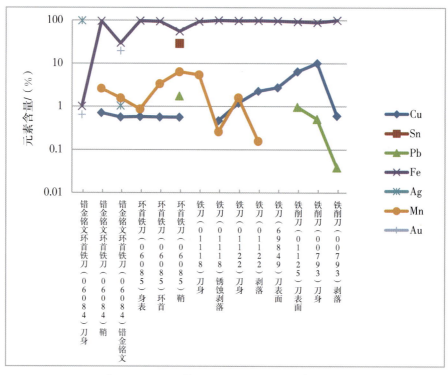

图 5-543　三国铁刀 XRF 检测结果折线统计图

错金铭文环首铁刀（06084）刀身黑色处以银为主要元素，含量为 97%，另外还含有少量铁、金元素，可能是由于该环首刀是错金银的；鞘黑色处以铁为主要元素，包含少量铜、锰元素；错金铭文黑色处以铁、金为主要元素，含量分别为63.2%、32.6%，另外还包含少量铜、银、锰元素，加入金元素既能增强金属的延展性，又能起装饰作用。

环首铁刀（06085）器身表面褐色处和环首褐色处均以铁为主要元素，含量约为95%，另外还含有少量的铜元素和锰元素；鞘黑褐色处以铁、锡为主要元素，含量分别为54.7%、36.2%，另外还含有少量铜、铅、锰元素，刀鞘有保护刀体的作用，更容易被腐蚀，因此在铁器表面再镀上一层锡，可以使其更耐腐蚀，延长刀鞘的使用寿命。铁刀（01118）刀身黑褐色处含铁元素和少量锰元素；剥落黑褐色处含铁元素和少量铜、锰元素。铁刀（01122）刀身黑色位置和剥落黑色位置都含有铁元素和少量铜、锰元素。铁刀（69849）刀表面黄色处都含有铁元素和少量铜元素。铁削刀（01125）刀表面黄色处含铁元素和少量铜、铅元素。铁削刀（00793）刀身黑色处和剥落黑色处都含有铁元素和少量铜、铅元素，刀身处的铅元素含量高于剥落处，铁元素含量低于剥落处。

清代的铁器种类较为丰富，有铁叉、铁秤砣、铁锤、铁斧、铁钩、铁剑、铁锁、铁挖锄、铁钟，共12件，其XRF检测结果统计图如图5-544所示。大多数铁器以铁为主要元素，平均含量为98.6%，另外还含有少量的铜、锡、铅、锑、锰、镍元素。其中铁七星剑（00786）和铁钩（72034）比较特殊。

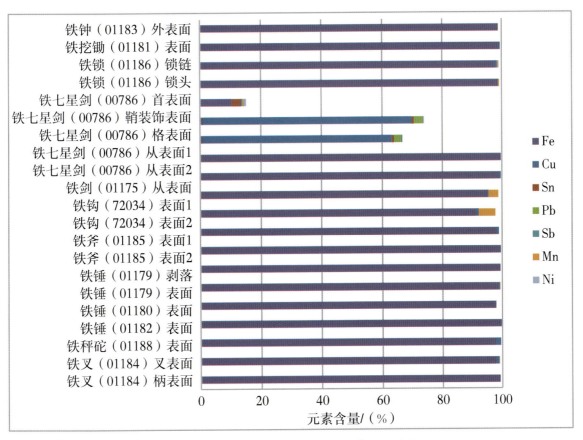

图5-544　清代铁器XRF检测结果条形统计图

清代铁锤共有3件，均对器物表面进行了检测，其XRF检测结果统计图如图5-545所示。结果表明，这些铁锤平均含铁量高达99%，铜、锰元素含量都极低，可能是因为清代冶铁工艺具有较高的水平，所含杂质较少。铁锤保存较好，腐蚀状况较轻。

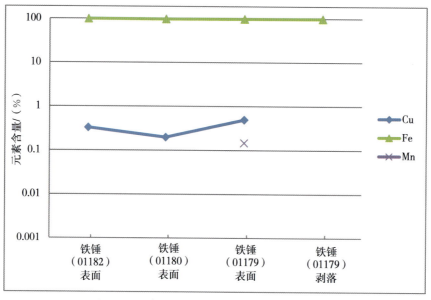

图5-545　清代铁锤XRF检测结果折线统计图

民国铁器种类丰富，有铁杯、铁手枪、铁矛、铁飞叉、铁刀等12种器物，共36件，其XRF检测结果统计图如图5-546所示。结果表明，大多数器物以铁为主要元素，铁的平均含量为98%，另外还含有少量铜、锡、铅、银、锑、锰、镍元素。

民国匕首共4件，其XRF检测结果统计图如图5-547所示。这些铁器平均含铁量为98.4%，另外还含有少量铜、锰元素，且各种元素的含量相近。

民国铁矛共4件，其XRF检测结果统计图如图5-548所示。这些铁矛保存情况较好，都含有铁、铜、锰元素，其中铁矛（07889）和铁矛（07891）还含有镍元素。铁元素含量最高，平均含量为98.5%。4件铁矛的铁、铜、锰元素的含量相近。

民国铁刀共17件，其XRF检测结果统计图如图5-549所示。结果表明：铁刀的元素分布比较复杂，可能是因为当时时局动荡，对武器的制作比较随意。大部分铁刀以铁为主要元素，平均含铁量约为98%；少部分以铜为主要元素，平均含铜量为65.6%；极少数以镍为主要元素。

铁刃木柄刀（00792）格表面黑色处以铜为主要元素，含量为57.6%，其次为铅元素，含量为3.2%，再次是铁元素，含量为1%，另外还含有微量的锡、锑、镍元素。可能是为了利用铜对铁刀进行装饰。刀表面灰褐色处的原料与格表面处完全不同，以铁为主要元素，含量为99.2%，另外还含有微量铜元素。

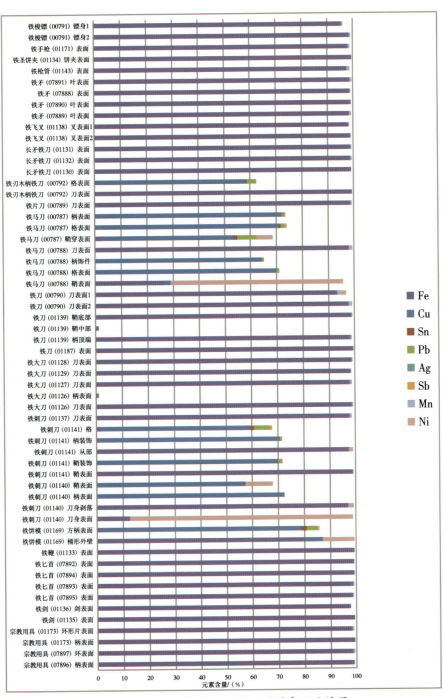

图 5-546　民国铁器 XRF 检测结果条形统计图

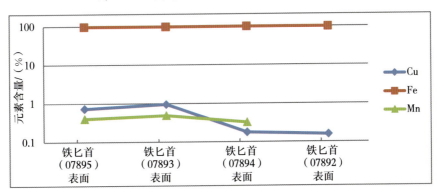

图 5-547　民国铁匕首 XRF 检测结果折线统计图

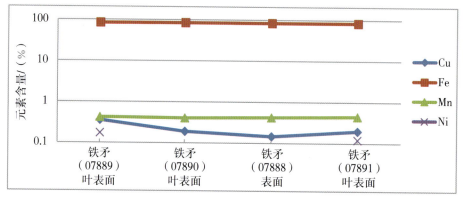

图 5-548　民国铁矛 XRF 检测结果折线统计图

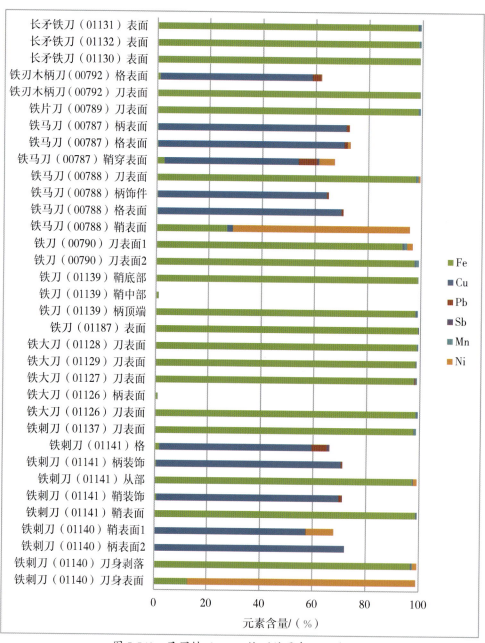

图 5-549　民国铁刀 XRF 检测结果条形统计图

铁马刀（00787）柄表面褐色处以铜为主要元素，铜含量为71.3%，另外还含有少量锡、铅、铁、镍元素。格表面黑色处以铜为主要元素，铜含量为70.6%，另外还含有少量锡、铅、铁、锑、镍元素。鞘穿表面黑色处以铜为主要元素，铜含量为50.8%，另外还含有少量锡、铅、铁、锑、锰、镍元素。三处检测点的主要元素都是铜，且柄和格两处的元素含量大致相同，鞘穿表面铜元素偏少可能是因为鞘长期暴露在外，腐蚀更为严重。

铁马刀（00788）刀表面红褐、银色处以铁为主要元素，另外还含有少量铜、锰、镍元素。柄饰件褐色处和格表面褐色处都以铜为主要元素，另外还含有少量锡、铅、铁、镍元素，可能是因为铜颜色金黄与铁不同，能够装饰铁刀。鞘表面银色处，以镍为主要元素，含量为66.8%，其次是铁元素，含量为26.8%，另外还含有少量铜元素。

铁刀（01139）柄顶端黑褐色处和鞘底部黑褐色处都以铁作为主要元素，另外还含有少量铜、锰元素，且元素含量接近。

铁大刀（01126）柄表面黄褐色处铁元素仅含0.8%，还包含极少量铜、铅元素。刀表面黑褐色处以铁为主要元素，铁含量为98.5%，另外还含有少量铜、锰元素，保存情况比柄要好得多。

对铁刺刀（01141）格褐色处、柄装饰褐色处、从部红褐色处、鞘装饰褐色处和鞘表面褐色处进行检测，结果显示，格褐色处、柄装饰褐色处和鞘装饰褐色处都以铜为主要元素，平均含铜量为66%，另外还含有少量锡、铅、铁、锑、镍元素，且各元素的含量相近。从部红褐色处含主要元素铁，以及少量铜、锰、镍元素。鞘表面褐色处以铁为主要元素，另外还含有少量铜、锡、锰元素。

铁刺刀（01140）鞘表面银灰色处和柄表面褐色处都以铜为主要元素，铜含量分别为57.2%和71.9%，还含有少量铅、铁元素，另外鞘表面银灰色处还包含10.4%的镍元素。以铜为主要元素可能是因为用铜对铁刺刀进行装饰。刀身剥落红褐色处含主要元素铁，以及少量铜、锰、镍元素。刀身表面银色处以镍为主要元素，镍含量为86.2%，其次是铁元素，含量为12.7%，另外还含有微量锰元素。

第七节 小　　结

对鄂州出土的121件铁器进行科技检测，统计结果见表5-5和表5-6。进行X射线探伤的器物有69件，进行超景深显微分析的器物有113件，进行X射线荧光分析的器物有

111件，进行金相分析的器物有10件，进行拉曼光谱分析的器物有24件，进行离子色谱分析的器物土样有7件。根据科技检测结果可以将铁器做基本的分类。

第一类器物保存较好，根据X射线探伤、超景深显微分析检测结果可以看出，腐蚀状况不严重且器形较完整的有铁饼模（01169）。

第二类器物腐蚀严重，表面剥落，有：铁水钩（09215）；铁剑（08552）；铁斧（08527），器身残缺；铁刀（07931），器物残缺，尚存铁芯；铁镜（07928），镜缘处剥落，器身有裂隙；铁斧（07925），背面有多条裂隙，正面腐蚀较均匀；铁斧（07924），銎口残缺；铁锤（07912）；宗教用具（07896），部分圆环有变形；铁匕首（07893），器物完整，尚有铁芯；铁匕首（07892），器物完整，尚有铁芯；铁矛（07891），器物完整，腐蚀均匀；铁戟（06100）；铁刀（01187），器物残缺，腐蚀不均；铁锤（01180）；铁锤（01179）；铁刀（01139）；铁剑（01135）；铁圣饼夹（01134）；长矛铁刀（01132），刀身厚薄不均；长矛铁刀（01130）；铁钩（01121）；铁刀（00828），腐蚀不均，层状剥离现象明显；铁剑（00797），层状剥离现象严重；铁剑（00796），局部有片状剥落现象；铁刃木柄刀（00792）；铁刀（00790）；铁马刀（00787）；铁七星剑（00786），存在孔洞；铁匜（00801），表面多处存在裂隙，有片状脱落迹象；铁马刀（00787），存在少量孔洞；铁马刀（00788），表面有点蚀坑；铁片刀（00789）；铁刀（00790），表面有一些点蚀坑和硬结物；铁梭镖（00791）；铁刃木柄刀（00792），夹杂青绿色粉末状锈；铁钩（01120）；铁刀（01122），不同颜色的锈蚀呈层状剥离；铁大刀（01129），有少量点蚀坑；长矛铁刀（01131），表面有大量点蚀坑、裂隙；铁剑（01136），有少量点蚀坑和裂隙；铁刺刀（01137）；铁刺刀（01140），有淡绿色锈；铁刺刀（01141），有淡绿色锈；铁枪管（01143）；铁手枪（01171），表面有少量点蚀坑及裂隙；宗教用具（01173），存在红色纺织品痕迹；铁挖锄（01181），有大量点蚀坑；铁锤（01182），有层状分离迹象，偶有点蚀坑；铁钟（01183）；铁斧（01185），层状锈蚀脱落现象明显；铁锁（01186），有少量点蚀坑和硬结物；铁秤砣（01188），不同颜色的锈蚀分层明显；铁矛（07889），存在油状物；铁矛（07890），存在油状物；铁砧（07913），表面有大量点蚀坑和裂隙；铁权（07914），有层状剥离迹象；铁凿（08549），片状剥落现象明显；铁箭镞（09103）；铁钩（72034）；铁刀（00827）；铁刀（00829）；铁剑（01124）；铁矛（08550）；铁戟（08577）；环首铁削刀（08584）；铁矛（08585）；铁剑（08586）；铁矛（08588）；环首铁削刀（08589）；铁矛（68120）；铁矛（68121）。

第三类器物腐蚀非常严重，出现矿化断裂，有：铁短剑（70702），两侧刃部完全矿化；铁刀（69849），前端及残柄局部矿化；铁舀（69567），刃矿化；铁炉（10896），破损严重；环首铁刀（08579），基本矿化，部分刀茎和环首尚存铁芯；铁刀（08559），器物残缺，基本矿化；铁剪刀（07930），基本矿化，柄上有裂隙分布；铁镜（07927），有多条裂隙；铁镜（07926），镜缘处有裂隙；铁凿（07911），局部矿化开裂；铁凿（07910），局部矿化开裂；铁凿（07907），从中间断裂；铁凿（07906），有大片层状剥落现象，伴有矿化开裂；铁凿（07905），有层状剥落现象，并伴有开裂；铁铁舀（07904），部有横断裂隙；铁舀（07903），基本矿化；铁舀（07902），基本矿化；铁舀（07901），基本矿化，有多条裂隙；铁镰斗（07900），三足残断，腹壁残缺开裂；铁匕首（07895），柄部尚存部分铁芯；铁匕首（07894），刺部至柄前端完全矿化；铁矛（07888），刃部矿化；铁叉（01184），柄基本矿化，伴有裂隙；铁剑（01175），局部矿化；铁飞叉（01138），一环片有开裂；铁鞭（01133），部分圆环基本矿化；铁大刀（01128），刃局部矿化；铁大刀（01127），刃局部矿化；铁大刀（01126），刀身局部矿化；铁刀（00831），刀身局部矿化；铁刀（00830）；铁剑（00799），柄残断；铁剑（00798），局部矿化；铁剑（00795），中部和剑茎矿化；环首铁刀（06084），刀身、柄部局部矿化；铁刀（06085），刀身中部基本矿化；铁矛（06087），骸上有一条纵穿裂隙；铁削刀（00793），表面有较多的点蚀坑、孔洞和裂隙；东汉铁剑（00794）；东汉铁剑（00800），层状剥离现象明显且剑体断裂；铁刀（01118），表面出现裂隙；铁削刀（01125），层状剥离现象明显，存在点蚀坑和少量裂隙；铁剑（01142），表面出现裂隙，整体酥松发脆；铁剑（01175），表面有黑色瘤状物和裂隙，片状锈蚀脱落迹象明显；铁釜（07353），存在裂隙与层状剥离现象；铁镰斗（07898），器物断裂；残铁镰斗（07899），存在裂隙；铁凿（07908），不同锈蚀分层现象明显，有大量裂隙，器物整体酥松发脆；铁凿（07909）；残铁箕形器（07915），表面出现大量裂隙，器物酥松发脆；铁镜（07929），表面有较多的裂隙和点蚀坑；环首铁刀（08583），表面有大量土锈及点蚀坑，存在裂隙；环首铁刀（08580），有掉渣现象；环首铁削刀（08587），表面有较多土锈、裂隙；铁舀（07354）；铁戟（08578）。

表 5-5　鄂州市博物馆馆藏古代铁器样品分析检测结果统计表

序号	器物编号	器物名称	X射线探伤	超景深显微分析	X射线荧光分析	金相分析	拉曼光谱分析	离子色谱分析
1	00801	战国时代铁匜		√			√	√
2	00786	清铁七星剑	√	√	√			
3	00793	三国吴铁削刀		√	√			
4	00794	东汉铁剑		√	√	√	√	
5	00795	东汉铁剑	√	√	√	√	√	
6	00796	东汉铁剑	√	√	√	√		
7	00797	东汉铁剑	√	√	√	√	√	
8	00798	东汉铁剑	√	√	√	√	√	
9	00799	东汉铁剑	√	√	√	√		
10	00800	东汉铁剑		√	√		√	
11	00828	东汉铁刀	√	√	√			
12	00830	东汉铁刀	√	√	√			
13	00831	东汉铁刀	√	√	√			
14	01118	三国吴铁刀		√	√			
15	01120	三国吴铁钩		√	√			
16	01121	三国吴铁钩	√	√	√			
17	01122	三国吴铁刀		√	√	√		
18	01125	三国吴铁削刀		√	√	√		
19	01142	汉铁剑		√	√	√		
20	01175	清铁剑	√	√	√			
21	01179	清铁锤	√	√	√			
22	01180	清铁锤	√	√	√			
23	01181	清铁挖锄		√	√			
24	01182	清铁锤		√	√			
25	01183	清铁钟		√	√			
26	01184	清铁叉	√	√	√			
27	01185	清铁斧		√	√			
28	01186	清铁锁		√	√			
29	01188	清铁秤砣		√	√			
30	07353	战国时代铁釜		√	√		√	
31	07898	三国吴铁鐎斗		√	√			√
32	07899	三国吴残铁鐎斗		√			√	
33	07900	三国吴残铁鐎斗	√	√	√		√	

续表

序号	器物编号	器物名称	X射线探伤	超景深显微分析	X射线荧光分析	金相分析	拉曼光谱分析	离子色谱分析
34	07901	三国吴铁舀	√	√				
35	07902	三国吴铁舀	√	√	√			
36	07903	三国吴铁舀	√	√				
37	07904	三国吴铁舀	√	√				
38	07905	三国吴残铁凿	√	√	√		√	
39	07906	三国吴铁凿	√	√	√			
40	07907	三国吴铁凿	√	√	√			√
41	07908	三国吴铁凿		√	√		√	
42	07909	三国吴铁凿		√	√			
43	07910	三国吴铁凿	√	√				
44	07911	三国吴铁凿	√	√				
45	07912	三国吴铁锤	√	√	√		√	
46	07913	三国吴铁砧	√	√				
47	07914	三国吴铁权	√	√				
48	07915	三国吴残铁箕形器		√			√	√
49	07924	三国吴铁斧	√	√	√		√	
50	07925	三国吴铁斧	√	√	√		√	√
51	07926	三国吴铁镜	√	√				
52	07927	东晋铁镜	√	√				
53	07928	东晋铁镜	√	√				
54	07929	南朝铁镜		√			√	
55	07930	东晋铁剪刀	√	√				
56	07931	西晋铁刀	√	√	√	√		
57	08527	东汉铁斧	√	√	√		√	
58	08549	汉铁凿		√	√			
59	08552	汉铁剑	√	√	√			
60	08559	汉铁刀	√	√	√			
61	08579	汉环首铁刀	√	√	√			
62	08580	汉环首铁刀		√	√			
63	08583	汉环首铁刀		√	√			
64	08587	汉环首铁削刀		√	√			
65	09103	东晋铁箭镞		√	√			
66	09215	三国吴铁水钩	√	√	√			

序号	器物编号	器物名称	X射线探伤	超景深显微分析	X射线荧光分析	金相分析	拉曼光谱分析	离子色谱分析
67	10896	三国吴铁炉	√	√	√			√
68	69567	三国吴铁盉	√	√	√			
69	69849	三国吴铁刀	√	√	√			
70	70702	三国吴铁短剑	√	√	√		√	√
71	72034	清铁钩		√	√			
72	00829	东汉铁刀			√			
73	00827	东汉铁刀			√			
74	08586	汉铁剑			√			
75	08584	汉环首铁削刀			√			
76	08589	汉环首铁削刀			√			
77	01124	汉铁剑			√			
78	07354	战国时代铁盉			√			
79	08585	汉铁矛			√			
80	68121	汉铁矛			√			
81	68120	汉铁矛			√			
82	08550	汉铁矛			√			
83	08588	汉铁矛			√			
84	08577	汉铁戟			√			
85	08578	汉铁戟			√			

表5-6 鄂州市博物馆馆藏近现代铁器样品分析检测结果统计表

序号	器物编号	器物名称	X射线探伤	超景深显微分析	X射线荧光分析	金相分析	拉曼光谱分析	离子色谱分析
1	00787	民国铁马刀	√	√	√			
2	00788	民国铁马刀		√	√			
3	00789	民国铁片刀		√	√			
4	00790	民国铁刀	√	√	√			
5	00791	民国铁梭镖		√	√			
6	00792	民国铁刃木柄刀	√	√	√			
7	01126	民国铁大刀	√	√	√			
8	01127	民国铁大刀	√	√	√			
9	01128	民国铁大刀	√	√	√			
10	01129	民国铁大刀		√	√			

续表

序号	器物编号	器物名称	X射线探伤	超景深显微分析	X射线荧光分析	金相分析	拉曼光谱分析	离子色谱分析
11	01130	民国长矛铁刀	√	√	√			
12	01131	民国长矛铁刀		√	√			
13	01132	民国长矛铁刀	√	√	√			
14	01133	民国铁鞭	√	√	√			
15	01134	民国铁圣饼夹	√	√	√			
16	01135	民国双手铁剑	√	√	√			
17	01136	民国铁剑		√	√			
18	01137	民国铁刺刀		√	√			
19	01138	民国铁飞叉	√	√	√			
20	01139	民国铁刀	√	√	√			
21	01140	民国铁刺刀		√	√			
22	01141	民国铁刺刀		√	√			
23	01143	民国铁枪管		√	√			
24	01169	民国铁饼模		√	√			
25	01171	民国铁手枪		√	√			
26	01173	民国宗教用具		√	√			
27	01187	民国铁刀	√	√	√			
28	07788	民国铁矛	√	√	√			
29	07889	民国铁矛		√	√			
30	07890	民国铁矛		√	√			
31	07891	民国铁矛	√	√	√			
32	07892	民国铁匕首	√	√	√			
33	07893	民国铁匕首	√	√	√			
34	07894	民国铁匕首	√	√	√			
35	07895	民国铁匕首	√	√	√			
36	07896	民国宗教用具	√	√	√			

第六章　铁质文物带锈保护实验研究

第一节　铁质文物腐蚀机制及缓蚀材料

一、铁质文物的腐蚀机制

Fe 是第 7 族过渡金属元素，价电子排布为 $3d^64s^2$。Fe 失去 2 个 $4s^2$ 电子，显 +2 价（Fe^{2+}）；Fe 失去 2 个 $4s^2$ 电子和 1 个 $3d^1$ 电子，形成半满结构，显 +3 价（Fe^{3+}）。这两种价态离子都存在空轨道，因此都易接受电子，可与带孤对电子基团产生吸附。

1. 化学腐蚀

单质 Fe 的还原性并不强，但当有 Fe^{2+} 存在时，单质 Fe 会快速从 0 价态被氧化成高价态。铁器的锈蚀发展是一个连续的过程，Fe 首先从 0 价氧化为 +2 价，主要反应为析氢腐蚀或者吸氧腐蚀（见图 6-1）。当铁器在水中浸泡或者铁器表面存在一层酸性水膜时，Fe 的活泼顺序排在 H 之前，会发生置换反应，生成 Fe^{2+} 和 H_2；当铁器表面直接与空气接触，或与铁器表面接触的水膜呈现中性或碱性时，Fe 与空气或水中溶解的 O_2 发生反应形成 Fe^{2+}，形成的 Fe^{2+} 化合物主要以 FeO 和 $Fe(OH)_2$ 存在，会继续与氧化性物质反应生成 Fe_3O_4、Fe_2O_3 和 $Fe(OH)_3$ 等。在干燥环境中，铁器主要发生单一的化学腐蚀；而在潮湿环境中，在化学腐蚀的基础上，电化学腐蚀也会参与其中。以化学腐蚀反应为例，不同环境下铁腐蚀产物的转化反应如下。

（1）干燥环境：

$$Fe + \frac{1}{2}O_2 \longrightarrow FeO$$

$$3FeO + \frac{1}{2}O_2 \longrightarrow Fe_3O_4$$

$$2FeO + \frac{1}{2}O_2 \longrightarrow Fe_2O_3$$

（2）潮湿或酸性环境：

$$Fe+2H^+ \longrightarrow Fe^{2+}+H_2\uparrow$$

$$Fe+\frac{1}{2}O_2+H_2O \longrightarrow Fe^{2+}+2OH^-$$

$$Fe^{2+}+2OH^- \longrightarrow Fe(OH)_2$$

$$4Fe(OH)_2+O_2+2H_2O \longrightarrow 4Fe(OH)_3$$

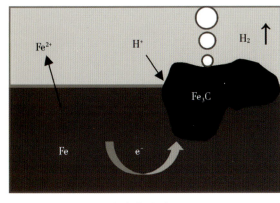
（a）析氢腐蚀

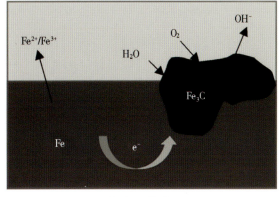
（b）吸氧腐蚀

图 6-1　铁器表面的微电池腐蚀反应

铁器表面的腐蚀产物被分为无害锈和有害锈。无害锈指的是在干燥环境中形成的 Fe_3O_4 或 $\alpha\text{-}Fe_2O_3$，锈层结构较为致密，覆盖在文物表面可抑制内部的铁进一步腐蚀。有害锈大多是在潮湿环境中形成的 FeOOH，根据晶型可将其分为 $\gamma\text{-}FeOOH$、$\beta\text{-}FeOOH$ 和 $\alpha\text{-}FeOOH$ 等，其结构疏松、布满孔隙，外界的腐蚀性介质可通过毛细作用继续渗入。有害锈使铁质文物的腐蚀持续进行，造成严重的矿化、点蚀等病害，必须在修复过程中去除有害锈。在潮湿环境下，外界其他成分如 CO_2、SO_2、NO_2、HCl、H_2S 等还会吸附在铁器表面形成水膜，发生化学腐蚀反应，产生的硫酸铁、碳酸亚铁、氯化铁、硝酸铁等腐蚀产物又会水解形成 $Fe(OH)_3$、FeOOH 等，加速文物劣化。

2. 电化学腐蚀

在潮湿等复杂环境中，铁器的腐蚀会由单一的化学腐蚀发展为电化学腐蚀，锈蚀速度呈指数级增长。电化学腐蚀又可分为宏电池腐蚀和微电池腐蚀。铁器文物在埋藏状态下，与其他金属文物（如银器、铜器等）接触，或者周围土壤有物性差异（如盐／氧浓差）时，铁器文物表面会形成肉眼可分辨的大电池腐蚀现象，称为宏电池腐蚀；铁质文物为铁碳合金，且表面形成的含氧水膜存在一定数量的电解质离子（Cl^-、Na^+ 等）时，铁素体（$\alpha\text{-}Fe$）会与渗碳体（Fe_3C）组成无数个微原电池，从而导致微电池腐蚀。

当铁器表面存在微小腐蚀区时，电化学腐蚀会加剧该处腐蚀，演化为点腐蚀病害（点蚀），铁器的裂隙也会有水膜渗入，导致内部发生严重电化学缝隙腐蚀，裂隙不断发展而形成残缺、断裂等病害。此外，古代铁器在长期保存过程中，内部的渗碳体或珠光体会逐渐分解成具有层状缝隙结构的石墨，外界有害因素易侵入内部，使铁器内部遭受严重的电化学腐蚀，造成裂隙和层状腐蚀堆积等病害。通常情况下，电化学腐蚀对铁器文物的危害要远远大于化学腐蚀，一旦发生不可控的电化学腐蚀，极易造成文物崩解，损害其考古价值。

二、铁质文物缓蚀材料

1. 钼酸钠

钼酸盐作为一种无毒的阳极钝化型缓蚀剂，被广泛用于碳钢或铸铁等金属表面的钝化缓蚀。在近中性溶液中，钼酸盐形成的钝化膜由多种铁的氧化物、羟基氧化物、钼的氧化物组成。因此，铁器锈蚀层表面形成了致密稳定的保护膜，能有效隔绝外界水分及有害离子（以Cl^-为主）的侵入，抑制其对铁器基体的锈蚀，从而对铁器基体起到保护作用。钼酸铵在缓蚀效果上有不错的表现，但铵根离子易水解释放H^+，改变溶液pH，而Na^+不会，故一般选用钼酸钠作为缓蚀剂。

钼酸钠是最重要的钼酸盐之一，化学式为Na_2MoO_4，为白色菱形结晶体，分子式结构如图6-2所示。钼酸钠可促进铁器基体表面的活泼锈（γ-FeOOH）向无害锈（Fe_2O_3）转变，形成由Fe_2O_3、MoO_3及$FeMoO_4$组成的致密保护膜，提高锈层的耐蚀性能，有效抑制铁质文物的进一步腐蚀。

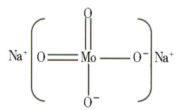

图6-2　钼酸钠分子式结构

2. 硅烷缓蚀剂

硅烷缓蚀剂化学结构通式为Y—R—SiX_3。X基团如烷氧基可水解生成硅羟基，可与金属表面的羟基基团发生键合。Y基团如环氧基、乙烯基等与上层有机防护涂层具有良好的相容性。硅烷本身具有亲有机和亲无机两种功能团，可形成无机相—SCA—有机相的结合层，进而增加基体与缓蚀剂间的结合。一般认为，在理想的情况下，硅烷的作用过程可用单分子层键合机理模型来描述，可分为4步反应：

① Si—X基水解生成Si—OH；

② Si—OH之间脱水缩合形成低聚硅氧烷Si—O—Si结构；

③ 低聚物中的Si—OH与基材表面上的羟基形成氢键；

④ 固化过程中伴随脱水反应而与基材形成共价键连接。

金属基体表面涂覆的硅烷膜通过化学键合作用，与基体产生较强的吸附作用。硅氧烷与金属表面产生的吸附作用表明硅氧烷可水解生成 Si—OH，且 Si—OH 的含量对提高防腐性能具有重要的作用。硅烷水解的同时也会出现 Si—OH 的缩合反应，平衡两反应关系是用好硅烷缓蚀剂的关键。

以应用最多的硅氧烷为例，硅氧烷水解是逐级离解的化学平衡反应，反应式如下：

$$RSi(OR)_3 + H_2O \rightleftharpoons RSi(OR)_2(OH) + ROH$$

$$RSi(OR)_3 + 2H_2O \rightleftharpoons RSi(OR)(OH)_2 + 2ROH$$

$$RSi(OR)_3 + 3H_2O \rightleftharpoons RSi(OH)_3 + 3ROH$$

另外，水解体系中也存在着烷氧基硅烷与醇之间、硅氧烷与硅醇之间的交换反应。

水解反应生成的硅醇具有极性强的特点，易发生脱水缩合反应，形成低聚硅氧烷 Si—O—Si 结构。硅羟基之间的缩合反应并不是简单化合物之间的反应，它是产生各种不同的中间产物 Si—OH 的缩合反应。硅羟基之间的缩合反应受硅原子上连接的羟基数目、有机基团对硅羟基的屏蔽作用与催化剂等三个主要因素的影响。一个特定的硅氧烷体系通常都包含水解与缩合反应，只是两种反应机理所占的比例有所不同，这与硅醇结构有着密切的关系，即与羟基相连的硅原子上取代基的性质有关。

3. 磷化缓蚀剂体系

磷化是金属与稀磷酸或酸性磷酸盐溶液反应而形成磷酸盐保护膜的过程。磷化的作用过程一般认为包括化学过程与电化学反应过程。通常认为磷化成膜过程主要由如下 4 个步骤组成。

第一步，酸的浸蚀与促进剂氧化过程。

酸的浸蚀使基体金属表面 H^+ 浓度降低：

$$Fe - 2e^- \longrightarrow Fe^{2+}$$

$$2H^+ + 2e^- \longrightarrow 2[H]$$

促进剂（氧化剂）氧化加速：

$$Fe^{2+} + [O] \longrightarrow Fe^{3+} + [R]$$

$$[O] + [H] \longrightarrow [R] + H_2O$$

式中，[O] 为促进剂（氧化剂），[R] 为还原产物。促进剂氧化反应所产生的氢原子，加快了反应的速度，进一步导致金属表面 H^+ 浓度急剧下降，同时将溶液中的 Fe^{2+} 氧化成为 Fe^{3+}。

第二步，磷酸根逐步离解过程。

$$H_3PO_4 \rightleftharpoons H_2PO_4^- + H^+ \quad (K_1 = 7.52 \times 10^{-3})$$

$$H_2PO_4^- \rightleftharpoons HPO_4^{2-}+H^+ \quad (K_2=6.23\times10^{-8})$$

$$HPO_4^{2-} \rightleftharpoons PO_4^{3-}+H^+ \quad (K_3=2.2\times10^{-13})$$

金属表面的 H^+ 浓度急剧下降，导致磷酸根各级离解平衡向右移动，最终形成 PO_4^{3-}。

第三步，磷酸盐固化成膜过程，磷酸盐沉淀结晶成为磷化膜。

当金属表面离解出的 PO_4^{3-} 与溶液中（金属界面）的金属离子达到溶液溶度积常数 K_{sp} 时，就会形成磷酸盐沉淀。磷酸盐沉淀与水分子一起形成磷化晶核，磷化晶核继续长大成为磷化晶粒，无数个磷化晶粒紧密堆积成磷化膜。

第四步，磷酸盐沉淀终止反应过程，磷酸盐沉淀的副反应导致形成磷化沉渣。

$$Fe^{3+}+PO_4^{3-} \longrightarrow FePO_4\downarrow$$

综上可以看出，适当的氧化剂可提高第一步反应的速度；较低的 H^+ 浓度可使第二步的磷酸根离解反应的离解平衡更易向右移动，从而离解出 PO_4^{3-}；金属表面存在活性点时，可使第三步的沉淀反应不需要太大的过饱和度即可形成磷酸盐沉淀晶核；而磷化沉渣的产生取决于第一步的反应，溶液 H^+ 浓度高，促进剂氧化作用强，均使磷化沉渣增多。

第二节　实　验　方　案

一、预膜实验

以 Q235 低碳钢作为预膜试样，尺寸为 50 mm × 25 mm × 2 mm。实验前依次用 800#、1000#、1200# 水砂纸打磨试样至表面光亮，并以去离子水清洗，置于除油液（60℃）中除油 2～4 min，除油后用棉球蘸取乙醇清洁试样表面至试样干燥。

选择硅酸钠加固体系（加固体系一：硅酸钠 + 钼酸钠 + 磷酸钠）、硅烷加固体系（加固体系二：硅烷 + 钼酸钠 + 磷酸钠）作为预膜实验评估体系。将试样浸于加固溶液 2 h（60℃水浴加热）后，取出试样，记录试样表干时间，并于 100 ℃温度下烘 1 h，进行一系列表征测试。

二、带锈实验

选取带锈金属试片模拟带锈铁质文物，清除表面浮锈；选择硅酸钠加固体系（加固体系一：硅酸钠 + 钼酸钠 + 磷酸钠）、硅烷加固体系（加固体系二：硅烷 + 钼酸钠 + 磷酸钠）及硅烷复配加固体系（加固体系三：硅烷 + 其他复配试剂）作为带锈评估体系。将加固体系刷涂在带锈试样表面，观察试样表面形貌变化并进行表征测试。

三、分析表征

1. 宏观形貌分析

宏观形貌分析作为一种直观、便捷的分析方法，被广泛应用于文物保护研究中，为加固后试样的表面形貌、颜色等提供重要依据。

（1）预膜实验后试样表面宏观形貌分析。拍摄经过不同加固体系处理后的金属试样宏观实物形貌图，分析金属表面、颜色变化程度、表面成膜完整度等，初步评估加固体系在金属表面的成膜行为及膜层性能。

（2）带锈加固实验后试样表面宏观形貌分析。取经加固体系加固后的带锈金属试样，拍摄宏观实物形貌图，通过比对加固前后的锈层是否有损、颜色变化、固结强度等情况，初步评估加固体系的加固性能及适用的锈层厚度。

2. 静态水接触角分析

通过接触角测试仪（JY-PHa）测量蒸馏水液滴与预膜实验后金属试样表面的静态水接触角来研究经不同加固体系处理后试样表面的特性。采用悬滴法，控制水滴的体积为 5 μL，使水滴垂直与试样表面接触，每个样品选取八个不同位点进行水滴接触角实验，然后采用弦切法，对接触角进行计算，取八个位点接触角的平均值记为该试样表面的接触角。

3. 金相显微形貌分析

金相显微镜（XGZ-1A）是用于观察金属组织内部结构的重要光学仪器。将空白试样及预膜后的金属试样在100倍放大倍数下进行观察，并用计算机对观察形貌进行拍照记录，分析预膜前后金属试样表面情况变化。

4. 傅里叶红外光谱分析

傅里叶红外光谱（FTIR）具有测试迅速、操作方便、重复性好、灵敏度高、试样用量少等优势，可对样品进行官能团定性及定量分析。傅里叶红外光谱分析中的衰减全反射法还可用于某些特殊样品，如难熔、难溶、难粉碎的试样（如塑料聚合物、橡胶等），透射光谱存在制样困难（如金属试片等）的试样具有较好的适用性，具有制样简单、无破坏性、检测灵敏度高、对样品大小及含水量无特殊要求等优点，能够在不破坏实验样品的条件下，获得待测样品表面的化学物质光谱信息。

（1）将预膜后的试样放在 Nicolet iS50-ATR 红外光谱仪上进行表面化学结构光谱信息检测。检测条件为：波数范围为 $400 \sim 4000 \text{ cm}^{-1}$，分辨率为 4 cm^{-1}，扫描次数为32次。

（2）将经三种加固体系处理后的锈层试样采用 KBr 压片法制样后放在 Nicolet iS50-ATR 红外光谱仪上进行表面化学结构光谱信息检测。检测条件为：波数范围为

400～4000 cm^{-1}，分辨率为 4 cm^{-1}，扫描次数为 32 次。

5. 扫描电镜及能谱扫描分析

使用扫描电镜（SEM）及其配套的 EDS 做能谱线扫描，横坐标代表检测位置，纵坐标代表元素的特征 X 射线计数强度，通过线扫描可直观地获得元素在不同相或区域内的分布状态。使用 SEMSU8010-EDS 能谱线扫描功能对预膜实验后金属试样表面微观形貌进行分析，并对特定区域的 Si、P、Mo 等元素进行定性分析，研究硅酸钠及硅烷加固体系对试样表面元素分布特性的影响。

6. 电化学测试分析

电化学工作站是一款集恒电位仪、恒电流仪、频响分析仪于一体的模块化电化学综合测试仪。电化学工作站除了用于各种常规电化学测试外，还可用于化学电源性能测试、超级电容器研究、燃料电池研究、缓蚀剂评价、传感器研究、金属腐蚀行为研究、有机涂层研究等。在金属腐蚀与防护研究中常用的电化学测试方法有交流阻抗测试法、动电位极化曲线测试法等。本报告中使用的电化学测试仪器为德国 Zahner 电化学工作站。

（1）采用三电极测试体系，预膜后的试样为研究电极，饱和甘汞电极为参比电极，铂电极为辅助电极。将试样浸渍在质量分数为 3.5% 的 NaCl 溶液中，先进行开路电位 - 时间曲线测试，然后进行交流阻抗测试。交流阻抗测试在开路状态下进行，交流扰动电压为 10 mV，扫描频率范围为 0.01 Hz～100 kHz，从高频向低频方向扫描。在测试界面中，Steps per decade 为每 10 倍频率范围内测试的点数，表示所测频率范围的每一个数量级的取点数。以 66 Hz 为界，可设定不同的取点数，仪器默认值 at lower limit 取 4 个点，above 66 Hz 取 10 个点。Measure periods 表示所取的每一个点重复测量的周期，并取平均值。同样以 66 Hz 为界，at lower limit 重复测量 4 次，above 66 Hz 重复测量 20 次。测试结束后采用 ZSimpWin 拟合软件对实验结果进行解析。

交流阻抗测试结束后，进行动电位极化曲线测试。动电位极化曲线测试需要避免阴极过程和阳极过程间的相互干扰。在本实验中，先进行阴极极化，再进行阳极极化，电压扫描范围为 −500～+500 mV，扫描速率为 1 mV/s。

（2）采用三电极测试体系，空白试样为研究电极，饱和甘汞电极为参比电极，铂电极为辅助电极。将试样分别浸渍在含有质量分数为 3.5% 的 NaCl 溶液的硅酸钠加固体系、硅烷加固体系及硅烷复配加固体系中，进行电化学性能测试分析。

第三节　结果与讨论

一、预膜实验

1. 宏观形貌

对空白试样及经不同加固体系预膜后的试样宏观形貌进行观察，试样成膜效果及表干时间如图 6-3 和表 6-1 所示。

（a）空白试样　　　　（b）经硅酸钠加固体系预膜后的试样　　（c）经硅烷加固体系预膜后的试样

图 6-3　经不同加固体系预膜后试样的成膜效果

表 6-1　经不同加固体系预膜后试样的外观及表干时间

试样	颜色及成膜状况	表干时间
空白试样	—	—
经硅酸钠加固体系预膜后的试样	颜色基本无变化，表面成膜不均匀	15 min
经硅烷加固体系预膜后的试样	颜色基本无变化，表面成膜均匀且连续性较好	20 min

图 6-3 和表 6-1 所示结果表明，相较于硅酸钠加固体系，经硅烷加固体系预膜后的试样表面成膜均匀，连续性更好且基本无色差，加固材料在金属表面形成了透明薄膜。使用硅烷加固体系预膜后表干时间略长，源于硅烷分子在试样表面发生了缩聚成膜反应。

2. 静态水接触角分析

对空白试样及经不同加固体系预膜后的试样进行静态水接触角测试，结果如图 6-4 和表 6-2 所示。

（a）空白试样　　　　（b）经硅酸钠加固体系预膜后的试样　　（c）经硅烷加固体系预膜后的试样

图 6-4　经不同加固体系预膜后试样的静态水接触角

表 6-2　经不同加固体系预膜后的试样水接触角

试样	水接触角/(°)					
	位点 1	位点 2	位点 3	位点 4	位点 5	平均值
空白试样	42.5	39.7	38.6	41.3	40.5	40.52
经硅酸钠加固体系预膜后的试样	43.4	62	38.4	49.0	37.3	46.02
经硅烷加固体系预膜后的试样	73.1	73.9	80.9	81.7	81.8	78.28

图 6-4 及表 6-2 所示结果表明，经硅酸钠加固体系预膜处理后，金属试样表面平均静态水接触角为 46.02°，较空白试样的平均静态水接触角 40.52° 略有上升，表明金属试样表面形成了一层防护膜，但综合五个位点的静态水接触角数据可以看出，数据差异性较大，说明膜层不均匀、不连续；而经硅烷加固体系预膜处理后，金属表面水接触角有明显提升，平均可达到 78.28°，且五个位点数据一致性良好，说明硅烷分子在金属表面吸附并发生反应，形成了较为连续均一的硅烷膜，金属表面水浸润性降低，从而有效阻碍液体腐蚀介质侵入，提高了金属表面耐蚀能力。

3. 金相显微分析

采用金相显微镜观察空白试样及经不同加固体系预膜后的试样表面显微形貌变化，结果如图 6-5 所示。

  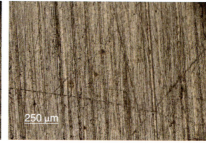

（a）空白试样　　　（b）经硅酸钠加固体系预膜后的试样　（c）经硅烷加固体系预膜后的试样

图 6-5　预膜后试样在 100 倍放大倍数下的金相显微形貌

图 6-5 所示结果表明，相较于空白试样，经硅酸钠加固体系及硅烷加固体系预膜后的金属试样表面基本无颜色变化，两种加固体系对外观无影响，符合文物保护原则；硅酸钠加固体系在试样表面成膜不均匀，而硅烷加固体系在试样表面成膜时厚度适中，膜层无开裂现象，且能够在试样表面均匀地分布。

4. 傅里叶红外光谱分析

为了分析硅酸钠加固体系及硅烷加固体系在试样表面的成膜行为及膜层特性，我们采用傅里叶红外光谱仪分析了膜层的化学组成，结果如图 6-6 所示。

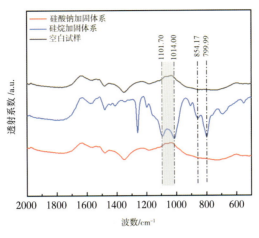

图 6-6　经不同加固体系预膜后金属试样的 ATR-FTIR 谱图

图 6-6 所示结果表明，在 1101.70 cm^{-1} 和 1014.00 cm^{-1} 处的双峰为 Si—O—Si 伸缩振动吸收峰，在 799.99 cm^{-1} 处的吸收峰为 Mo—O 伸缩振动吸收峰；与经硅酸钠加固体系预膜后的试样相比，经硅烷加固体系预膜后的试样在 1101.70 cm^{-1} 和 1014.00 cm^{-1} 处的 Si—O—Si 吸收峰的强度明显较大，说明经硅烷加固体系预膜后的试样表面产生了相对较厚的 Si—O—Si 防护膜。此外，854.17 cm^{-1} 左右的峰位源于 Si—O—Fe 金属共价键的出现，说明硅烷水解后形成的 Si—OH 与金属表面的羟基基团形成了 Si—O—Fe 金属共价键，可有效提高界面黏结强度。

5. 扫描电镜及能谱扫描分析

对预膜实验后的试样进行 SEM 测试，进一步观察在不同放大倍数下硅酸钠加固体系及硅烷加固体系在试样表面的成膜情况，结果如图 6-7 所示。

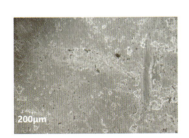

（a）硅酸钠加固体系，×200 倍

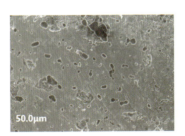

（b）硅酸钠加固体系，×1000 倍

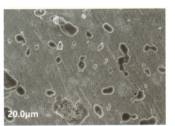

（c）硅酸钠加固体系，×2000 倍

（d）硅烷加固体系，×200 倍

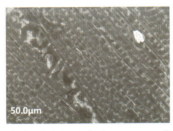

（e）硅烷加固体系，×1000 倍

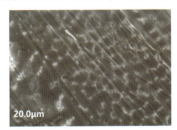

（f）硅烷加固体系，×2000 倍

图 6-7　经不同加固体系预膜后试样的 SEM 图

不同放大倍数下的扫描电镜图结果表明，经不同加固体系预膜处理后的试样表面都形成了一层保护膜；经硅酸钠加固体系处理后的试样成膜不连续，表面膜层厚度不均；经硅烷加固体系处理后的试样的SEM图显示出正方形破损框，说明在同样的电子束轰击条件下，膜层被打坏，说明形成了有机聚合物薄膜，在高倍率图像下可看到膜层较为致密，连续性较好且基本没有膜层缝隙，表面更加平整。

对试样膜层区域进行EDS扫描，进一步分析试样表面元素，结果如图6-8及表6-3所示。

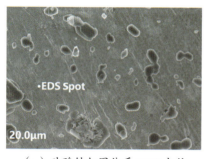
（a）硅酸钠加固体系EDS点位

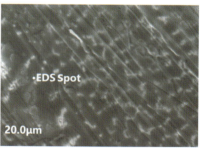
（b）硅烷加固体系EDS点位

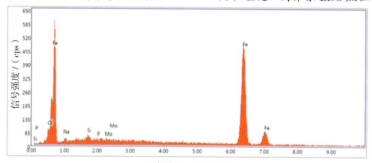
（c）硅酸钠加固体系EDS点位元素含量

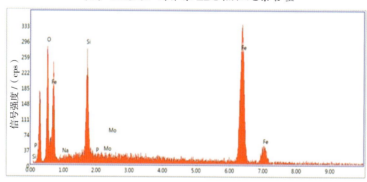
（d）硅烷加固体系EDS点位元素含量

图6-8 预膜后试样的EDS谱图

表6-3 不同加固体系预膜后试样的EDS分析

加固体系	元素含量		
	Si/（%）	P/（%）	Mo/（%）
硅酸钠加固体系	1.23	0.32	0.19
硅烷加固体系	11.75	0.22	0.22

以上元素分析表明，两种不同加固体系在成膜后 P、Mo 含量差别不大。综合比较两种加固体系 Si 元素的含量，结果表明硅烷加固体系比硅酸钠加固体系 Si 元素含量更高，说明硅烷加固体系确实在金属表面发生了缩聚成膜反应，形成了 Si—O—Si 三维网状聚合物。

6. 电化学测试分析

对预膜后的金属试样进行开路电位测试，测试结果如图 6-9 所示。

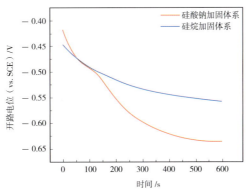

图 6-9　预膜后试样在质量分数为 3.5% 的 NaCl 溶液中的开路电位-时间曲线图

测试结果表明，经硅酸钠加固体系预膜后的试样在质量分数为 3.5% 的 NaCl 溶液中的开路电位随浸渍时间的延长剧烈负移，说明膜层缺陷较多，腐蚀介质更容易穿过膜层到达金属表面，该试样抗介质腐蚀能力较差；而经硅烷加固体系预膜后的试样开路电位负移程度相对较小，随时间的延长逐渐趋于稳定，说明该试样具有良好的防护能力。

对预膜后的试样进行交流阻抗（EIS）测试，测试结果如图 6-10 所示。

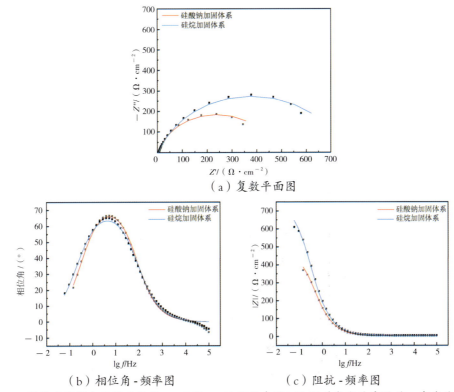

（a）复数平面图

（b）相位角-频率图　　（c）阻抗-频率图

图 6-10　预膜后试样在质量分数为 3.5% 的 NaCl 溶液中的 EIS 图（散点为实验值，实线为拟合值）

采用等效电路模型 $R_s(Q_pR_p)$ 对测试结果进行拟合，如图 6-10 所示。结果显示，实际数据点与拟合曲线之间吻合性较好，说明该等效电路模型能够揭示界面的真实结构。得到的拟合结果如表 6-4 所示。

表 6-4　预膜后试样 EIS 的等效电路元件参数值

加固体系	$R_s/(\Omega \cdot cm^{-2})$	Q_p	n	$R_p/(\Omega \cdot cm^{-2})$	χ^2
硅酸钠加固体系	4.171	0.001154	0.8475	467.5	1.07×10^3
硅烷加固体系	5.536	0.001041	0.8079	746.9	1.11×10^3

由预膜后的交流阻抗图可得到，经硅烷加固体系处理后的试样容抗弧半径明显大于经硅酸钠加固体系处理后的试样，说明两种加固体系均在金属表面成膜，且硅烷加固体系在金属表面成膜方面优于硅酸钠加固体系，具体反映在表 6-4 的 R_p 阻抗上，硅烷加固体系金属成膜电阻为 746.9 $\Omega \cdot cm^{-2}$，大于硅酸钠加固体系的 467.5 $\Omega \cdot cm^{-2}$，因此，硅烷加固体系处理效果更好。

对预膜后的试样进行动电位极化曲线测试，测试结果如图 6-11 所示，对其进行解析，解析结果如表 6-5 所示。

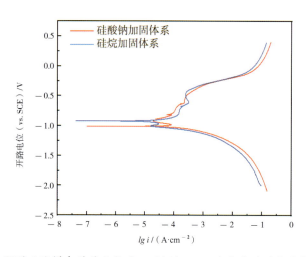

图 6-11　预膜后试样在质量分数为 3.5% 的 NaCl 溶液中的动电位极化曲线图

表 6-5　预膜后试样的极化曲线电化学参数

加固体系	$E_{corr}/(V\ VS.\ SCE)$	$i_{corr}/(\mu A \cdot cm^{-2})$	$\beta_a/(V \cdot dec^{-1})$	$-\beta_c/(V \cdot dec^{-1})$	$R_r/(\Omega \cdot cm^{-2})$
硅酸钠体系	−1.01	81.1	0.129	0.059	216
硅烷体系	−0.916	18.1	0.054	0.149	952

极化曲线表明,经两种不同体系加固处理后的试样在质量分数为 3.5% 的 NaCl 溶液中的阴极极化曲线差别不大,而阳极极化曲线有明显差别,说明加固处理主要抑制了金属的阳极溶解过程。在相同阳极电位(如 $-0.4111\ \text{V}$)下,经硅烷加固体系加固后的试样的电流密度明显小于经硅酸钠加固体系加固后的试样。对极化曲线解析可得,经硅烷加固体系处理后的金属试样腐蚀电流密度为 $18.1\ \mu\text{A}\cdot\text{cm}^{-2}$,远小于经硅酸钠加固体系处理后的金属试样腐蚀电流密度 $81.1\ \mu\text{A}\cdot\text{cm}^{-2}$,说明经硅烷加固体系处理后的试样具有更好的防护性。

二、带锈加固实验

1. 宏观形貌

带锈试样经不同加固体系刷涂后的宏观形貌如图 6-12 所示。

(a)硅酸钠加固体系　　　　　(b)硅烷加固体系　　　　　(c)硅烷复配加固体系

图 6-12　不同加固体系刷涂后试样表面状况

图 6-12 所示结果表明,经硅酸钠加固体系刷涂后的锈层颜色加深,用手擦拭有明显的锈层脱落现象,表面成膜的连续性及均匀性较差;经硅烷加固体系刷涂后的锈层颜色基本无变化,用手擦拭无明显掉锈现象,表面成膜较为致密,连续性及均匀性较好;经硅烷复配加固体系刷涂后带锈试样色差较小,用手擦拭无掉锈现象,锈层固结强度明显较高,表面成膜较为致密,连续性及均匀性较好。

2. 傅里叶红外光谱分析

为了分析硅酸钠加固体系、硅烷加固体系及硅烷复配加固体系在锈层中的加固特性,我们采用傅里叶红外光谱仪分析了加固后锈层的化学组成,结果如图 6-13 所示。

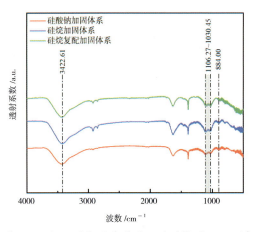

图 6-13　经不同加固体系处理后的锈层 FTIR 谱图

图 6-13 所示结果表明，在 3422.61 cm^{-1} 处的吸收峰为游离水分子的 O—H 倍频吸收峰，可能是由样品未完全干燥所致；在 1106.27 cm^{-1} 和 1030.45 cm^{-1} 处的双强峰为 Si—O—Si 伸缩振动吸收峰。与硅酸钠加固体系相比，硅烷加固体系及硅烷复配加固体系在 1106.27 cm^{-1} 处的 Si—O—Si 特吸收峰的强度明显较大，说明硅烷加固体系及硅烷复配加固体系在锈层内部发生了缩聚反应，形成了 Si—O—Si 三维网状聚合物，产生了相对较厚的膜层。此外，在 844.00 cm^{-1} 处出现的峰位说明硅烷水解后形成的硅羟基与试样表面形成了 Si—O—Fe 金属共价键，硅酸钠加固体系和硅烷加固体系的加固效果优于硅烷复配加固体系。

3. 电化学测试分析

图 6-14 所示结果表明，硅酸钠加固体系和硅烷加固体系的极化曲线明显不同于硅烷复配加固体系。比较金属试样在硅酸钠加固体系与硅烷加固体系中的极化曲线发现，阴极极化曲线差别不大，而阳极极化曲线有明显差异，在开路电位附近的金属阳极活性溶解区，硅烷加固体系中较小的阳极溶解电流说明它明显抑制了金属的腐蚀。两种加固体系中的阳极极化曲线均呈现活化 - 钝化过渡区，与硅酸钠加固体系相比，硅烷加固体系中的初始稳态钝化电位明显较正，且钝化电位范围较窄，说明硅烷分子在金属表面具有

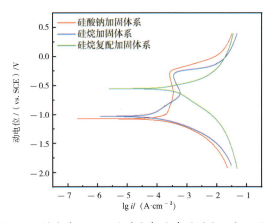

图 6-14　铁合金于不同体系电解液中的动电位极化曲线图

较好的吸附稳定性，可有效抑制金属的腐蚀。

然而，与硅烷加固体系相比，硅烷复配加固体系的阳极极化曲线和阴极极化曲线明显不同，并未呈现钝化过渡区。在相同电位下，硅烷复配加固体系的极化电流明显大于硅酸钠加固体系和硅烷加固体系，这可能因为它是弱酸性的溶液体系。

三、机理分析

1. 钼酸钠、磷酸钠的缓蚀协同作用

钼酸钠和磷酸钠抑制金属阳极溶解的原因可能是：一部分 MoO_4^{2-} 和 PO_4^{3-} 渗透进入点蚀坑的酸性环境中，形成了磷钼杂多酸根离子，磷钼杂多酸根离子被吸附在钝化膜中，使膜带负电荷并与 Fe^{2+} 反应形成不溶性的钼酸铁，钼酸铁沉积在活性溶解的金属表面，从而使膜的选择性由阴离子转变为阳离子，阻止了腐蚀的进一步发展；另一部分 MoO_4^{2-} 在酸化的点蚀坑内被还原，并与 Cl^- 反应生成稳定的卤化物 $MoCl_3$，使已发生点蚀的铁再钝化。还有一部分 MoO_4^{2-} 将低价铁氧化，自身被还原为 Mo^{4+}，Mo^{4+} 能优先吸附在钝化膜的深处，形成一层较厚而疏松的 MoO_2 钝化膜，该膜由于不能阻止阴、阳离子的穿透，对钢铁表面的活性腐蚀并没有明显的抑制作用；而在膜的表层，由于氧的浓度较大，Mo^{6+} 能大量吸附在金属基体，再形成难溶的 $FeMoO_4$，并沉积在钢铁表面和 MoO_2 膜上，溶解氧的协同作用有助于 $FeMoO_4$ 向 $Fe_2(MoO_4)_3$ 转化，从而促进钝化膜的形成，该层钝化膜虽然较薄，却能抑制腐蚀介质透过钢铁/膜的界面，限制了 MoO_2 的进一步形成与发展。磷酸盐的加入，使得膜层因吸附了磷钼杂多酸根离子而带负电荷，从而使膜选择性由阴离子转为阳离子，阻止了点蚀的发展，但该膜层不足以弥补钼酸盐钝化膜的缺陷，因此使得膜层致密程度欠缺，造成了一定程度的腐蚀。

2. 硅酸钠体系作用机理

Na_2SiO_3 是一种完全无毒的沉淀型缓蚀剂，与 Na_2MoO_4 复配后毒性降低。Na_2SiO_3 形成的沉淀膜能弥补 Na_2MoO_4 形成的钝化膜的缺陷，从而在材料表面形成完整致密的保护膜层，阻止腐蚀的发生和进行。MoO_4^{2-}、SiO_3^{2-} 与基体形成膜层，内层阴离子选择性氧化铁膜阻止 Fe^{2+}、Fe^{3+} 通过膜层向溶液迁移，次外层由 MoO_4^{2-} 形成的阳离子选择性膜层和外层由 SiO_3^{2-} 形成的阳离子选择性膜层都具有较强的阳离子选择性，在高 Cl^- 浓度环境中仍能有效地阻止 Cl^- 通过膜层向金属表面迁移，抑制金属腐蚀的进行。

钼酸盐、磷酸盐、硅酸钠三者相复配，可使金属表面的保护膜更加致密完整，转化成的阳离子选择性膜能够有效抑制 Cl^- 的侵入，减缓腐蚀的速度。也有研究表明，由于硅酸钠成膜很薄，单一的硅酸钠缓蚀作用不强，但在表面磷化之后再与硅酸钠复配，效果有很大的改善。

3. 硅烷加固体系作用机理

金属基体表面的水在吸附作用下分解成 H^+ 和 OH^-，界面处的环境有较高的 pH 值，金属表面氧化物溶解形成水合物，水解后的硅烷和水合物脱水缩合形成了 Si—O—Fe 界面层。硅羟基（Si—OH）之间也会进一步交联，脱水缩合形成稳定的 Si—O—Si 网络结构，以形成致密的硅烷膜（见图 6-15）。

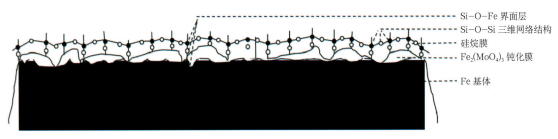

图 6-15　硅烷加固体系示意图

相较于硅酸钠加固材料，硅烷具有柔性的长分子链结构，故将钼酸盐、磷酸盐、硅烷三者进行复配，可有效改善无机薄膜随着处理时间的增加而容易破裂和剥落的问题。其中，硅烷溶液可填充无机膜层中的裂缝，从而形成紧凑而厚的有机-无机保护性复合膜。因此，硅烷加固体系可以在金属及锈层表面形成具有三维网络的致密层，并作为防止腐蚀性攻击的有效屏障。

第四节　讨　论

（1）硅酸钠加固体系在金属表面形成的膜层厚薄不均，防护性能不强；经硅酸钠加固体系处理后的锈层连续性和均一性欠佳，且对锈层的固结强度相对较差。

（2）硅烷加固体系在金属表面形成的膜连续且均匀，硅烷分子与金属基底及表面锈层的 Fe—O、Fe—OH 基团形成 Si—O—Fe 共价键，有效提高了界面黏结强度，且自身也能发生缩聚反应，形成三维网状结构，从而抵御腐蚀性离子的侵蚀。

（3）经硅烷加固体系处理后的锈层无色差，固结强度明显优于经硅酸钠加固体系处理后的锈层，故硅烷加固体系适用于带锈铁质文物表面的加固保护。经硅烷复配加固体系处理后的锈层，色差较小，固结强度最高，在锈层内的渗透性良好，故硅烷复配加固体系适用于锈层较厚的铁质文物的加固保护。

第七章 铁质文物保护、修复实施

第一节 制定铁质文物保护方案

2008年,国家文物局正式发布了中华人民共和国文物保护行业标准《馆藏金属文物保护修复方案编写规范》,将金属文物保护的方案编制工作纳入了规范化的轨道。鄂州市博物馆馆藏铁质文物保护修复方案依据标准规定的金属文物保护修复方案的文本内容与格式编写,上报湖北省文化和旅游厅,经专家审阅通过后获批复(鄂文旅函〔2021〕334号)。

本项目铁质文物保护方案设计参照的相关法律法规、文物行业标准如下:

《中华人民共和国文物保护法》;

《中华人民共和国文物保护法实施条例》;

《中国文物古迹保护准则》;

《馆藏铁质文物病害与图示》(WW/T 0005—2007);

《馆藏金属文物保护修复方案编写规范》(WW/T 0009—2007);

《馆藏金属文物保护修复记录规范》(GB/T 30687—2014);

《可移动文物病害评估技术规程 瓷器类文物》(WW/T 0057—2014)。

第二节 保护处理的目标与原则

一、文物的保护修复目标

"十四五"是全面开启建设社会主义现代化国家新征程的第一个五年,也是推进社会主义文化强国建设、推动实现从文物资源大国向文物保护利用强国跨越的关键时期。

文博事业高质量发展、文物安全形势明显好转、文物保护水平全面提升是这个五年计划的发展目标。依据发展规划目标，此项目保护修复工作的特点主要体现在以下三个方面。

（1）加强科学研究。《中国文物古迹保护准则》第六条："研究应当贯穿在保护工作全过程，所有保护程序都要以研究的成果为依据。"因此，项目在实施过程中打破学科边界，采取多学科研究相结合的科研模式对此批文物进行了深入研究，揭示了文物所蕴含的历史、科学、艺术价值。利用现代分析技术手段全面分析文物本体的材料组成、工艺技术、保存状况，从微观结构形貌到化学变化表征，全面认识、了解并解读文物所承载的信息，为高质量完成121件铁质文物保护修复工作提供技术支撑。

（2）针对文物存在的残缺、裂隙、变形、表面硬结物、全面腐蚀、"有害锈"等主要病害，以"保护第一、加强管理、挖掘价值、有效利用、让文物活起来"的文物工作方针为指导，对文物进行清理、补配、除"有害锈"、缓蚀、做旧、封护等一系列保护修复工作。通过项目实施，达到以下四个目标：①根治铁质文物已有病害，消除潜在病害隐患；②通过对破损、残缺部位的修复，达到修正复原文物原貌、维持文物稳定状态的目的，确保文物安全；③完成121件铁质文物保护修复工作；④修复后的器物具有可识别性和整体协调性，保证文物的真实性、完整性，确保文物的历史价值、艺术价值、科学价值满足文物展陈和科研的需求。

（3）归集铁质文物保护修复资料，编写真实、翔实的文物保护修复档案，对项目实施中传统技术的传承、挖掘、创新进行提炼，编写文物保护修复报告并将成果出版。

二、铁质文物保护修复原则

（1）有效保护和不改变文物原状的原则。

（2）最小干预原则。

（3）对文物的保护修复必须符合可再处理与可识别原则。

（4）使用成熟保护技术原则。

（5）保护修复工作过程中，保证文物的真实性、完整性原则。

三、保护处理的技术路线与步骤

1. 保护修复技术路线流程

保护修复技术路线流程如图7-1所示。

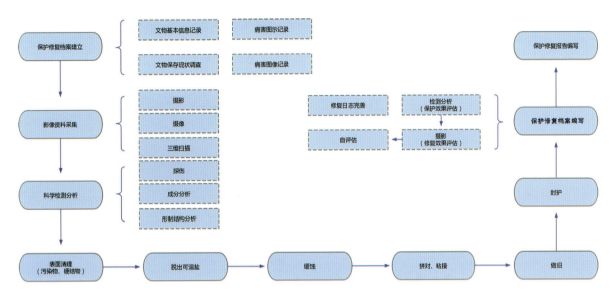

图7-1　保护修复技术路线流程图

2. 保护修复实施技术步骤

（1）保护修复所用设备、工具、化学试剂、材料和容器。

仪器设备：照相机、摄像机、超声波清洗仪、烘箱、便携式能谱仪、X射线探伤仪、手术显微镜、超景深三维显微镜、拉曼光谱仪、X射线衍射仪、电导率测试仪、数字移动工作平台等。

工具：微型电磨机、超声波洁牙机、超声波清洗机、曲线锯、电子等高尺、比例尺、数控热风机、电压调节器、各类五金工具、钣金工具、G型钳、F型钳、竹签、玛瑙刀、手柄锤、各种打磨机、各类测量工具、各种钢锉、刀、钻头、各种刷子、电热鼓风干燥箱、净水器、玻璃仪器、各种灯具、插头、插线板、手术刀、吸耳球等。

化学试剂（AR）：氢氧化钠、钼酸钠、硅酸钠、磷酸二氢钠、硅烷偶联剂、硝酸银、无水乙醇、丙酮、乙酸乙酯、B72溶液、pH试纸、氯离子测定试剂盒、纯净水、六偏磷酸钠等。

材料：各种磨头、砂轮片、棉签、脱脂棉、定性滤纸、定量滤纸、纱布、模型粉、酒精漆片、各种矿物颜料、各种黏结材料、取样袋、取样器、M3口罩、一次性手套、工作服、石棉手套等。

玻璃器皿和各种材质容器：烧杯、滴瓶、广口瓶、试管、滴管、干燥器、整理箱、塑料容器、盆、桶等。

（2）表面清理和除锈。

脆弱铁器文物清理除锈以机械方法为主，用竹刀、手术刀等工具，配合使用牙钻，清除表面附着的土垢等沉积物，除去外层疏松锈，保留内层锈，稳定强化它对铁基体的保护作用。清理时用3A溶液（乙醇加丙酮、水，按1:1:11的比例调配），等润胀软化后用手术刀清除铁器表面的锈蚀。

表面清理和除锈如图7-2至图7-5所示。

图7-2　表面清理和除锈操作（一）

图7-3　表面清理和除锈操作（二）

图7-4　表面清理和除锈操作（三）

图7-5　表面清理和除锈操作（四）

第三节　铁质文物脱盐、缓蚀与效果评估

由于考古出土铁器受埋藏环境因素的影响，出土铁质文物锈蚀物经检测分析，主要是针铁矿、纤铁矿和四方纤铁矿，三者均为氢氧化铁的同分异构体，稳定性差别较大。其中，针铁矿最为稳定，可在器物表面形成致密保护膜，属于无害锈。纤铁矿不能形成致密膜层，附着力弱，在一定条件下会向针铁矿和磁铁矿（Fe_3O_4）转变，但因其自身材质疏松，具有吸湿性，水渗入内层时会导致器物基体进一步产生电化学腐蚀，腐蚀产物仍是疏松的纤铁矿，所以这是一个不间断的腐蚀过程。含氯腐蚀产物主要以四方纤铁矿（$\beta\text{-FeOOH}$）或可溶性氯化物的形式存在于铁锈中。氯化物是引发铁质文物腐蚀，导致铁质文物不稳定的重要原因之一。

铁器脱盐实质上是指脱除氯化物、脱氯或转化处理，是铁质文物保护过程中的关键。

氯化物存在于器物中时，少量水和氧气进入器物内，会发生循环腐蚀，对器物产生侵害。因此，去除铁质文物内的氯化物等有害盐对保持铁器的稳定性起着至关重要的作用。研究表明，NaOH溶液比其他碱液（如碳酸钠、碳酸氢钠）等的脱氯效果要好得多。NaOH为强碱性，铁器浸泡于NaOH溶液中，不会对金属造成严重的腐蚀，同时，OH^-离子具有良好的流动性，能够迅速渗入腐蚀产物，从而促使氯离子的释放。

本批铁质文物主要有三类，即容器类、工具类和兵器类。容器类主要为三足铁炉、鐎斗等；工具类主要为铁斧、铁剪、铁钩等；兵器类主要为铁剑、环首铁刀等。多件铁质兵器表面附着有纺织品、木质剑鞘等残留物。根据本批铁质文物的检测分析结果和保存状况，我们确定了适宜的脱盐和缓蚀方法，并对脱盐、缓蚀后的溶液进行了取样分析和效果评估。

检测分析的结果表明，本批考古出土的铁质文物含有大量的可溶盐，部分铁器含有氯离子的可溶盐，这是铁器进一步腐蚀的重要因素。[1]氯离子具有强吸附能力和扩散穿透力，能够对文物造成持续和深入的腐蚀。[2]铁质文物内部的其他可溶盐与表面对水汽的冷凝聚集作用可加速腐蚀过程。[3]因此，需及时对铁质文物进行脱盐、缓蚀和封护处理。

铁质文物的脱盐方法按照可溶盐离子脱除方式主要分为三类，即溶液浸泡脱盐法、电解脱盐法和热处理脱盐法。[4]结合本批铁质文物的保存状况及检测分析结果综合考虑，本次脱盐和缓蚀采用了以氢氧化钠溶液和钼酸钠、硅酸钠、磷酸复合缓蚀溶液浸泡方法，并对脱盐和缓蚀方法进行效果评估。

由于需处理铁质文物数量较大（39件），且形状各异，有数件环首铁刀长度均超过1.5米，因此按照铁质文物的质量和形状选择了三只尺寸合适的耐酸碱塑料箱（①号箱、②号箱为长方体整理箱，③号箱为长条形耐酸碱槽）作为化学处理容器。①②③号各箱容纳的铁质文物具体数量及文物编号、名称一览表见表7-1。

表7-1 ①②③号箱容纳铁质文物数量与文物编号、名称一览表

箱号	文物数量（件/套）	文物编号与器物名称	照片
①	7	东汉铁剑（00794）	
		东汉铁剑（00797）	
		民国铁刀（01187）	
		汉环首铁刀（08580）	
		三国吴铁鐎斗（07898）	
		三国吴铁残铁鐎斗（07900）	
		三国吴铁炉（10896）	

---

[1] 潘路、杨小林：《大型铁质文物现场保护的实验研究》，《中国历史博物馆馆刊》1998年第2期。
[2] 刘朵、何积铨：《简析铁质文物腐蚀的根本原因》，《遗产与保护研究》2017年第2期。
[3] 潘旭东、王向明：《循环水中氯离子控制及对不锈钢腐蚀机理探讨》，《工业水处理》2013年第33期。
[4] 杨小林、胥谞：《铁质文物有害盐脱除技术阶段性实验研究》，中国文物保护技术协会第五次学术年会论文集，2007年；马清林、沈大娲、永昕群：《铁质文物保护技术》，科学出版社，2011年。

箱号	文物数量（件/套）	文物编号与器物名称	照片
②	26	铁斧（07925）	
		铁锤（07912）	
		铁钩（01120）	
		铁削刀（00793）	
		铁削刀（08587）	
		铁刀（69849）	
		铁斧（07924）	
		铁匜（00801）	
		铁短剑（70702）	
		铁剑（01142）	
		铁刀（01118）	
		铁斧（08527）	
		铁凿（08549）	
		铁剑（00795）	
		铁刀（01122）	
		环首铁刀（08579）	
		铁砧（07913）	
		铁钩（01121）	
		铁刀（07931）	
		环首铁刀（08583）	
		铁剑（00796）	
		铁权（07914）	
		铁箭镞（09103）	
		铁削刀（01125）	
		铁刀（08559）	
		铁水钩（09215）	
③	6	铁剑（00799）	
		铁剑（08552）	
		铁刀（00830）	
		铁刀（00831）	
		铁剑（00798）	
		铁刀（00828）	

一、检测仪器和化学试剂

1. 检测仪器

检测分析采用的电导率测试仪为上海越平 DDS-307/DDS-11A 型数显电导仪（见图 7-6），其测量范围为：① 0.000～199.9 mS/cm；② TDS，0.00～1999 mg/L；③温度，0.0～60.0 ℃。

图 7-6　电导率测试仪

2. 化学试剂

氢氧化钠（NaOH）、钼酸钠（Na_2MoO_4）、硅酸钠（$Na_2O \cdot nSiO_2$）、磷酸钠（Na_3PO_4）、硝酸银（$AgNO_3$）、浓硝酸（HNO_3）、无水乙醇等试剂均选用分析纯；主要溶剂采用纯净水，该纯净水经检测不含氯离子，且电导率为 2.15 μS/cm（25 ℃）。

硝酸银溶液，c（$AgNO_3$）=0.1 mol/L

称取 8.5 g 硝酸银，溶于纯净水中，在容量瓶中稀释至 500 mL，贮于棕色瓶中。

硝酸溶液，c（HNO_3）=6 mol/L

量取 375 mL 浓硝酸，溶于纯净水中，在容量瓶中稀释至 1000 mL，贮于棕色瓶中。

3. 氯离子测定试剂盒

选用陆恒生物生产的氯离子测定试剂盒（生产批号为 8310203，测定范围为 20～400 mg/L，见图 7-7）进行氯离子定量分析。

图 7-7　氯离子测定试剂盒

4.pH 试纸

溶液 pH 值测定选用上海三爱思 pH 广泛试纸（0～14）和 pH 精密试纸（9～13）。

二、铁质文物脱盐

1.脱盐溶液

铁质文物在 pH 值为 9～13 的碱性溶液中较为稳定，为了尽量减弱铁器在浸泡脱盐过程中的氧化作用，铁器脱盐溶液应选用碱性溶液。[1] 研究表明，当脱盐溶液的 pH 值在 8.3～14 范围内时，氢氧化钠可以迅速迁移到腐蚀产物中，使氯离子释放到溶液中。[2] 本次脱盐溶液采用不加缓蚀剂和表面活性剂的 0.25 mol/L 的氢氧化钠水溶液，它的 pH 值为 12.5。

2.物理脱盐方法和技术流程

（1）用木质夹板和塑料绳将长形铁质文物上附着信息的区域或局部存在开裂的区域进行捆夹固定（见图 7-8），同时对每件文物设置单独标识。

图 7-8　铁质文物用木质夹板固定

（2）将设置标识和固定处理后状态较稳定的铁质文物平稳放置于容器内部（见图 7-9）。

图 7-9　②号箱铁质文物与容器

---

1 祝鸿范、周浩：《出土铁质文物的脱盐清洗研究》，《文物保护与考古科学》1995 年第 1 期。
2 马清林、沈大娲、永昕群：《铁质文物保护技术》，科学出版社，2011 年。

（3）采用分析纯氢氧化钠和纯净水配制 0.25 mol/L 的氢氧化钠溶液作为脱盐溶液（脱盐溶液均指此溶液）。

（4）将脱盐溶液缓慢注入容器内部，使溶液完全浸没铁质文物进行物理脱盐。

（5）间隔约 24 h（第 1 天）、48 h（第 2 天）、72 h（第 3 天）提取②号箱容器内脱盐浸出溶液作为脱盐溶液样品。

（6）第一次脱盐溶液浸泡 72 h 后，将三只容器内的脱盐溶液取出，更换新鲜的脱盐溶液。

（7）间隔约 24 h（第 1 天）、48 h（第 2 天）、72 h（第 3 天）提取②号箱容器内浸出溶液作为脱盐溶液样品。

（8）第二次脱盐溶液浸泡 72 h 后，将三只容器内的脱盐溶液取出，向容器中注入纯净水，置换铁质文物内残留的脱盐溶液。

（9）间隔 24 h，将三只容器内置换溶液取出，更换新鲜的纯净水，重复五次纯净水置换铁质文物残留的脱盐试剂，每次更换纯净水前提取②号箱容器内置换溶液作为纯净水置换溶液样品。

三、铁质文物缓蚀

采用复合缓蚀剂配方对出土铁质文物进行防腐蚀处理，分两步进行。第一步，将钼酸钠、硅酸钠、磷酸二氢钠按 1∶1∶1 的比例配制缓蚀液，总浓度为 0.48 mol/L。常温下，将铁器在缓蚀液中浸泡 48 h，能达到 90% 缓蚀效果。第二步，硅烷偶联剂经醇化水解后，按 3% 的浓度配制硅烷偶联剂缓蚀液，将器物浸泡其中，起到加强缓蚀的作用。器物缓蚀处理后，用乙醇溶液浸渗置换器物中的水分，当乙醇自然挥发后，器物完全干燥。

配制 0.48 mol/L 的钼酸钠、硅酸钠、磷酸二氢钠（摩尔比为 1∶1∶1）复配水溶液，pH 值为 12.5。

1. 钼酸钠、硅酸钠、磷酸二氢钠复合缓蚀方法和技术流程

（1）采用分析纯钼酸钠、硅酸钠、磷酸钠和纯净水配制 0.48 mol/L 的复配水溶液（钼酸钠、硅酸钠、磷酸钠的摩尔比为 1∶1∶1）作为缓蚀溶液（缓蚀溶液均指此溶液）。

（2）第五次使用纯净水置换脱盐溶液后，将容器内置换溶液取出，将缓蚀溶液缓慢注入容器内部，使溶液完全浸没铁质文物进行化学缓蚀处理（见图 7-10）。

图 7-10　①号箱铁质文物浸泡缓蚀

（3）间隔约 24 h（第 1 天）、48 h（第 2 天）、72 h（第 3 天）、96 h（第 4 天）、120 h（第 5 天）、144 h（第 6 天）、168 h（第 7 天）提取②号箱容器内的缓蚀溶液作为缓蚀溶液样品。

（4）第一次缓蚀溶液浸泡 7 日后，将三只容器内的缓蚀溶液取出，更换为新鲜的缓蚀溶液，更换缓蚀溶液后重复步骤（3），提取溶液作为缓蚀溶液样品。缓蚀溶液需更换 2 次。

2. 硅烷偶联剂加强缓蚀

硅烷偶联剂经醇化水解后，按 3% 的浓度配制缓蚀液浸泡此批器物能起到加强缓蚀的作用。

四、结果与讨论

1. 脱盐溶液取样分析结果与讨论

（1）溶液颜色变化。

第一次脱盐时，脱盐溶液均发生明显颜色变化：①号箱溶液颜色变化最为明显，24 h 后脱盐溶液由透明变为红褐色，48 h 后观察颜色持续加深；②号箱溶液颜色变化较明显，24 h 后脱盐溶液由透明变为黄褐色，48 h 后观察颜色略微加深；③号溶液颜色变化较不明显，24 h 后脱盐溶液由透明变为淡黄色，48 h 后观察颜色略微加深变为浅黄色。第二次脱盐时，脱盐溶液颜色变化缓慢：①号箱溶液颜色变化较为明显，24 h 后脱盐溶液呈浅黄色，48 h 后观察颜色加深呈红褐色，72 h 后观察颜色仅略微加深，颜色依然呈红褐色；②号箱溶液颜色变化也较为明显，24 h 后脱盐溶液呈浅黄色，48 h 后观察颜色加深呈黄褐色，72 h 后观察颜色仅略微加深，颜色依然呈黄褐色；③号箱溶液颜色变化较不明显，24 h 后脱盐溶液呈透明色，48 h 后观察颜色略微加深呈浅黄褐色，72 h 后观察颜色无明显变化。脱盐溶液样品颜色变化如图 7-11 所示。

图 7-11 脱盐溶液样品颜色变化

（2）硝酸银定性分析。

取采集到的脱盐浸泡液样品 6 mL 置入试管中，加入 10 滴 6 mol/L 硝酸酸化后，再加入 2 滴 0.1 mol/L 硝酸银溶液。同时，取脱盐溶液原液作为空白样做对比。

硝酸银滴定结果为：第一次脱盐浸泡样品有大量白色浑浊；第二次脱盐浸泡样品几乎没有浑浊（见图 7-12）。结果表明，脱盐溶液对可溶盐有较快的脱出速度，第二次脱盐浸泡后溶液样品中的氯离子含量已经很低了。

图 7-12 脱盐溶液样品硝酸银滴定结果

（3）氯离子半定量分析。

用移液器移取溶液样品 10 mL 加入洁净锥形瓶中，加入氯离子测定试剂盒试剂Ⅰ，摇匀溶解备用；加入试剂盒试剂Ⅱ。每 3 s 加入 1 滴，直至溶液刚好变为橙色或沉淀变为肉色。

脱盐溶液样品氯离子半定量分析显示，第一次脱盐溶液样品氯离子含量在 40～60 mg/L 之间；第二次脱盐溶液样品氯离子含量极低，氯离子浓度在 20 mg/L 以下。氯离子半定量分析结果与硝酸银定性分析结果较为一致。

（4）溶液电导率变化趋势。

铁质文物脱盐时，脱盐溶液电导率变化趋势均是从初始电导率逐步上升的，第一次脱盐时，脱盐溶液样品电导率上升明显；第二次脱盐时，脱盐溶液小幅上升后，趋于稳定。脱盐溶液样品电导率值见表 7-2 和图 7-13。

表 7-2　两次脱盐溶液样品电导率值

脱盐溶液浸泡时间 /h	电导率 /（mS/cm）（25 ℃）	
	第一次脱盐溶液样品	第二次脱盐溶液样品
0	47.4	47.5
24	48.0	47.7
48	48.4	47.6
72	48.6	47.8

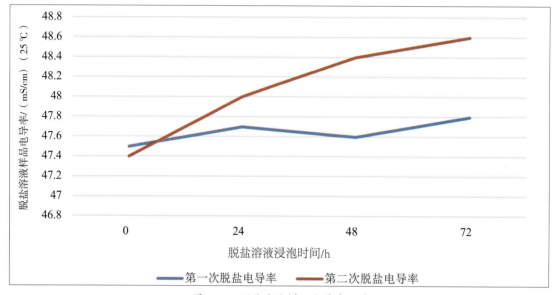

图 7-13　脱盐溶液样品电导率曲线

（5）讨论。

第一次脱盐时，三只容器内脱盐溶液颜色均变化较为明显，大量的可溶盐被溶解到脱盐溶液中，同时第一次脱盐溶液样品中氯离子含量较高，氯离子含量在 40～60 mg/L 之间，脱盐溶液样品电导率随时间缓慢上升；第二次脱盐时，三只容器内脱盐溶液较之第一次颜色改变不大，第二次脱盐溶液样品氯离子含量已经非常低，降至 20 mg/L 以下，脱盐溶液样品电导率变化不明显，仅在固定范围上下波动。

脱盐溶液样品检测分析结果表明，0.25 mol/L 的氢氧化钠溶液可以达到较好的脱盐效果，特别是脱除含氯离子的可溶盐。本批铁质文物通过一次脱盐即可大大降低器物内所携带的含氯离子的可溶盐。

2. 纯净水置换溶液取样分析结果与讨论

（1）溶液颜色变化。

纯净水置换残留脱盐试剂时，更换纯净水和观察置换溶液间隔均为 24 h，3 箱均进行了 5 次纯净水的置换。第一次置换溶液后，①号箱置换溶液首次变色最为明显，24 h 后变为黄褐色；其他 2 箱首次置换液放置 24 h 后颜色呈浅黄色。第二次更换置换溶液后，3

箱溶液 24 h 后均颜色变化不明显，呈浅黄色；经过 5 轮更换置换溶液后，24 h 后观察溶液颜色均变化不明显，仅呈淡黄色。

（2）氯离子半定量分析。

纯净水置换溶液样品氯离子半定量分析显示，五次浸泡液样品氯离子含量均极低，氯离子浓度在 20 mg/L 以下。

（3）溶液电导率变化趋势。

铁质文物脱盐后，采用纯净水对残留脱盐试剂进行置换，共进行五轮置换。第一、二次置换溶液电导率变化显著，第三、四次置换溶液电导率变化较明显，第四、五次置换溶液电导率趋于稳定。置换溶液样品电导率值和 pH 值见表 7-3 和图 7-14。

表 7-3　置换溶液样品电导率值和 pH 值

置换溶液浸泡时间 /h	电导率 /（mS/cm）（25 ℃）	pH 值
0	2.73	7.0
24	0.841	9.5
48	157.1	9.0
72	112.1	8.0
96	90.8	8.0
120	89.4	7.5

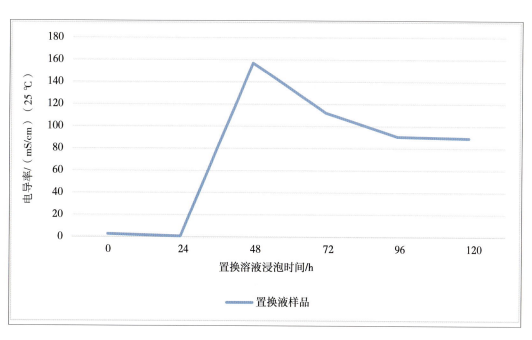

图 7-14　置换溶液样品电导率曲线

（4）pH 值。

第一次纯净水置换溶液 pH 值在 9.5 左右，第二次置换溶液 pH 值下降到 8～9 之间，第五次置换溶液 pH 值接近中性降到 7 左右（见图 7-15）。

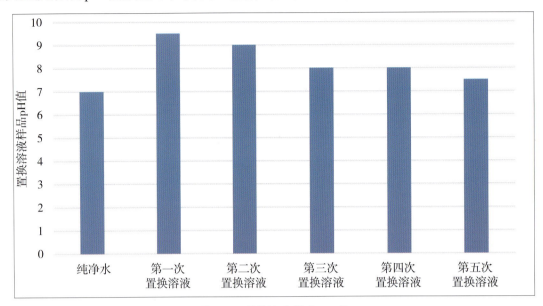

图 7-15　置换溶液样品 pH 值

（5）讨论。

纯净水置换溶液样品电导率测试和 pH 值测试结果表明，经过两次脱盐，铁质文物内部有一定量的脱盐溶液残留，经过五次纯净水置换，第一、二次纯净水置换溶液电导率降低明显，第三、四次之后电导率趋于稳定。而置换溶液样品 pH 值逐步降低，直到降为 7 左右，说明残留脱盐溶液已基本被置换完成。氯离子半定量分析结果表明，铁质文物内部含氯可溶盐已溶出至相当低的浓度。

3. 缓蚀溶液取样分析结果与讨论

（1）溶液颜色变化。

缓蚀阶段间隔 7 天进行了 2 次缓蚀试剂的更换，①号箱、②号箱第一次缓蚀溶液变化较为缓慢，均是从最初的浅黄色逐渐加深到黄色；③号箱缓蚀溶液颜色未见明显改变。第二次置换溶液 3 箱均呈透明色，溶液颜色未见明显变化。

（2）溶液电导率变化趋势。

第一次缓蚀溶液在 24～48 h 内电导率值仅发生小幅度变化，72 h 后固定在 6.85 mS/cm 上下波动；第二次缓蚀溶液样品电导率值基本未发生变化，仅固定在 6.79 mS/cm 上下波动。缓蚀溶液样品电导率值见表 7-4 和图 7-16。

（3）pH 值。

两次缓蚀溶液 pH 值均偏碱性，稳定在 12.5 左右。

表 7-4 缓蚀溶液样品电导率值

缓蚀溶液浸泡时间 /h	电导率／(mS/cm)（25 ℃）	
	第一次缓蚀溶液样品	第二次缓蚀溶液样品
0	6.77	6.76
24	6.81	6.79
48	6.83	6.80
72	6.84	6.78
96	6.85	6.79
120	6.84	6.81
144	6.85	6.80
168	6.86	6.81

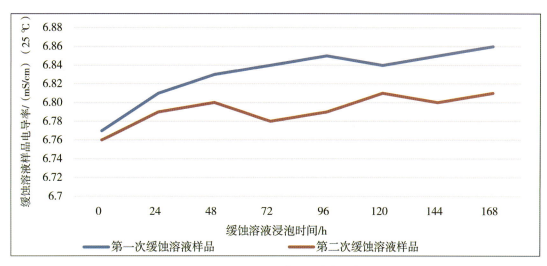

图 7-16 缓蚀溶液样品电导率曲线

（4）讨论。

采用的钼酸钠复配缓蚀溶液样品颜色、电导率、pH 值测定结果均较稳定，变化幅度不大，第二次缓蚀溶液样品电导率值基本保持稳定，两次缓蚀溶液样品 pH 值基本稳定在 12.5 左右。本次铁质文物缓蚀采用的钼酸钠复配溶液中含有的硅酸盐可在金属表面形成沉淀膜，弥补钼酸盐钝化膜的缺陷，使金属表面的保护膜更加完整及致密。MO_4^{2-}、$Si_2O_3^{2-}$ 与基体形成的膜层，其内层阻止 Fe_2^{2+}、Fe^{3+} 通过膜层向溶液迁移，外层具有较强的阳离子选择性，高浓度的 Cl^- 环境，能有效阻止 Cl^- 通过膜层向金属表面迁移，从而抑制腐蚀的发生。磷酸盐的加入，使得膜层因吸附了磷相杂多酸根离子而带负电荷，膜的选择性由阴离子转为阳离子，阻止了点蚀的发展。钼酸钠、磷酸二氢钠、硅酸钠三者复配，促使有害的 $\gamma\text{-FeOOH}$ 转化为无害的 Fe_2O_3、MoO_3、$FeMoO_4$，形成致密保护膜。

同时，缓蚀溶液稳定的碱性环境可以抑制铁质文物在水溶液中腐蚀。

采用硅烷偶联剂加强缓蚀，使用前先进行醇化水解，在水分子的作用下，Si—X基团水解生成Si—OH，随着（Si—OR）$_n$逐步水解，会在溶液中生成大量的Si—OH，将硅烷分子活化。将金属基材浸泡在硅烷水解液中，活化的Si—OH与羟基化的基材表面（即Fe—OH基团）以氢键的形式迅速结合，吸附于金属表面。与此同时，溶液中仍存在着大量活性的Si—OH基团，相邻的Si—OH易发生分子间脱水缩合反应，形成Si—O—Si互穿网络结构的外层硅烷膜，即硅烷分子固化成膜。铁质文物带锈保护实验研究结论如下：钼酸盐、磷酸二氢钠、硅烷三者进行复配，对器物形成有效缓蚀无机薄膜，但随着时间的增加，无机薄膜容易发生破裂和剥落的问题，对锈层的固结强度减弱。硅烷具有柔性的长分子链结构，故将硅烷溶液水解后，通过填充无机膜层中的裂缝，可以形成紧凑而厚实的有机—无机保护性复合膜。硅烷加固体系可以在金属及锈层表面形成具有三维网络的致密层，成为防止腐蚀发生的有效屏障。

五、脱盐缓蚀效果评估

本批铁质文物需脱盐缓蚀处理的数量较大，种类多样，且保存状况、形制结果各异。经过前期科学分析和文物保存状况综合研究后，根据本批铁质文物腐蚀程度、残留物附着及形状尺寸，我们将40件铁质文物分置于三只容器内完成了脱盐缓蚀工作。

在铁质文物脱盐缓蚀过程中，我们同步对脱盐、缓蚀溶液进行了跟踪取样，对获得的溶液样品尽可能在同一条件下完成了颜色观察、pH值测试、氯离子定性与半定量分析以及溶液样品电导率值的测定。在溶液样品获得过程中，我们注重空白样品（脱盐溶液原液、缓蚀溶液原液和纯净水）的留存和同步测试，获得了较科学的检测数据，并进行了初步的效果评估。

脱盐溶液样品及置换溶液样品检测分析结果表明，本次选取的脱盐溶液达到了较好的脱盐效果。第一次脱盐时，铁质文物内部大量的可溶盐溶解到脱盐溶液中，导致脱盐溶液颜色变化明显；浸泡72小时后，经氯离子半定量检测，脱盐溶液样品中的氯离子含量在40～60 mg/L之间，有效地将铁质文物内含氯可溶盐溶出。第二次脱盐时，脱盐溶液颜色仅略微发生变化，浸泡72小时后，脱盐溶液样品中的氯离子含量已经低于20 mg/L，且硝酸银滴定仅发生轻微浑浊。经过两次脱盐，铁质文物内部可溶盐（特别是含氯离子的可溶盐）含量大大降低了。

本次铁质文物缓蚀选用的是较成熟的钼酸钠三联复配加硅烷偶联剂缓蚀溶液，缓蚀溶液样品分析结果表明，缓蚀过程中溶液状态稳定，电导率未发生较大波动，溶液pH值稳定在12.5左右。碱性的钼酸钠复配缓蚀溶液可以促使铁器表面的有害锈转化生成较致密的保护膜，硅烷偶联剂能弥补钼酸钠体系缓蚀缺陷，同时也可以抑制铁器在水溶液中的氧化。

第四节 修 复

为了保护铁器文物的真实性、完整性，恢复文物价值，需提升铁器的稳定性，防止器物开裂部分继续扩大，同时对矿化铁器进行加固，对残缺部位进行补配复原。根据器物腐蚀脆弱程度，分别选用环氧树脂、聚丙烯酸酯类材料对脆弱器物矿化开裂部位进行加固，对铁器残片进行拼对、粘接复原，根据本体材料保存状况选择适宜材料，对器物残缺部分进行补配。

一、粘接

采用树脂胶作为粘接剂对破损残片或与器物主体契合的断面进行粘接（见图 7-17、图 7-18）。粘接具体技术流程如下。

图 7-17 粘接操作（一）

图 7-18 粘接操作（二）

（1）观察残片，拼对各残片断面，确定契合断面。

（2）采用 2A 溶液对残片各契合断面进行清洗预处理。

（3）调配比例合适的树脂胶，并均匀涂敷于断面，将契合断面采用夹具固定，静置待树脂胶固定；粘接时，按先大残片再小残片，先连接残片再连接主体的顺序。

粘接面积较小的断面，基体较脆弱，在进行粘接时，先采用铆接或锚接技术，以使粘接后断面更加牢固，同时可以承受更大的作用力。

铆接具体流程为：考察器物结构，确定受力点，在断面基体适宜位置用切割片开槽或用钻头在断口两侧对应位置中心打孔，两侧打好孔后，选择一段铁丝做铆钉或铜钉，将铆钉植入槽内或将铜钉固定于孔内，用树脂胶将开槽（见图 7-19）或两侧孔洞填满，并在断面涂胶然后对粘。

锚接主要用于器物断裂脱落的中空构件的复原。锚接具体流程为：考察构件尺寸，截取合适长度的条形材料作为锚杆，采用树脂材料将锚杆一端固定于器物主体空腔内，待树脂材料固化后，将脱离构件与锚杆的另一端固定，最后将缺失处用树脂胶补缺固定（见图7-20）。

图7-19 割片开槽

图7-20 树脂补缺

二、补配

局部残缺的铁器，需在考察缺失部位的真实性后，制作与残缺部分形状、尺寸基本相同的构件来进行补缺，使器物形制结构完整。本项目铁器修复的补缺主要根据铁器保存状况和缺失部位选用低熔点金属或高聚物复合材料（玻璃钢树脂），部分铁器采用两种材料相结合的方法。

1. 低熔点金属补配

运用传统翻模制范技术，采用石膏制范，用低熔点合金浇铸残缺部位达到补配缺失部位的目的。具体操作流程为：采用石膏翻模制范，采用铅锡合金浇铸补缺构件；将铁器缺失部位茬口进行打磨至露出金属基体，用铁质修复剂、粘接剂将补配的部位粘接牢固。用砂纸对粘补处进行打磨，使其与原件表面平滑一致。采用5%的三氯化铁溶液刷涂金属补缺构件表面，待其表面氧化成黑色后用矿物材料做旧。

2. 高聚物复合材料补缺

高聚物复合材料，即高分子化合物与其他具有相同物理相的材料混合而成的新性能固体材料，主要由基体材料和改善其性能的材料复配组成。这种复合材料在保持了高分子材料原有的化学、物理、机械加工性能的同时，拉伸强度、耐冲击强度等力学性能都得到显著提高。高聚物复合材料适用于腐蚀矿化严重且残损面积较大脆弱铁质文物的补配。环氧树脂高聚物复合玻璃钢材料是较为成熟的铁器补配材料。本项目采用环氧树脂作为基材，添加金属粉末等原料代替铁片进行补配。当铁器缺失面积较大时，可采用橡皮泥塑膜，用石膏翻出残损部位型腔，再向补缺型腔内填入高聚物复合材料固化即可（见

图7-21）。缺失部位较小的铁质器物孔洞、裂缝的补缺，可直接敷填或注入树脂和填料，亦可将树脂调成膏状来补缺（见图7-22）。

对于部分小块缺损的铁器，也可选用铁质修补剂来进行补缺（见图7-23、图7-24）。铁质修补剂具有使用中不流淌、固化快、无气泡、效果好等优点。

图7-21 铁器缺失面积较大时的补缺

图7-22 铁器缺失部位较小时的补缺

图7-23 部分小块缺损铁器的补缺（一）

图7-24 部分小块缺损铁器的补缺（二）

三、做旧

铁器的形制结构得以复原后，补配构件表面、局部加固部位和部分粘接面与器物的外观差别较大，因此，还需使用各种颜料调色对补缺表面和粘接面进行修饰，即做旧（又叫作锈、随色或着色）。传统做旧方法多用漆汁调配矿物颜料、丙烯颜料，或以各色硝基漆喷涂等。

本项目采用虫胶乙醇溶液做胶粘剂，用各色矿物颜料做色料进行调色做旧。

具体技术流程为：首先对补缺和粘接的部位进行清理和修整，通过打磨或补腻子的方法使其表面能平滑地与器物周边器壁流畅对接。确定锈层关系后，用油画笔、喷笔、毛笔、腻刀等工具，通过涂、点、喷、弹等多种技术方法，将浓度、色泽等不同的虫胶乙醇颜料混合物固定到需要处理的部位。处理后的器物补缺和粘接部位表面达到与器物外观形貌一致即可，在展陈利用中，在观众的眼里器物外观古韵整体协调，而专业人员又可辨识。

四、封护

根据铁器保存现状，铁器表面封护处理采用涂覆或浸注两种不同方式进行。

涂覆封护：在器物表面刷涂或喷涂封护材料两遍，待第一层涂覆层实干后再涂覆第二次（根据封护效果可适当增减涂覆次数）。涂刷时，将毛刷浸入涂料至刷毛长的4/5位置，提起毛刷，在涂料罐内侧轻按或者刮一下，然后迅速用毛刷对器表进行涂覆。具体步骤如下。

第一步，使毛刷与涂覆面保持45°～60°的角度，全面均匀地在涂覆面上刷涂封护材料，难涂部分应用小毛刷预先涂覆。

第二步，用挤去多余封护材料的毛刷先按顺时针方向刷涂，然后按垂直方向刷涂。

浸注封护：对完全矿化的器物采用浸注涂覆。将器物完全浸泡入封护液中，待浸注液中没有气泡生成后，再将器物取出并将表面多余的封护材料用棉纱布擦净。

五、密封除氧保存

保护修复处理后的铁质文物，还需采用密封除氧保存的方法保存。本项目选用RP保护材料对处理后的铁器进行封装，内放氧气吸收剂，或将器物密封充氮气保存。珍贵铁器在库房保存时还应制作囊匣，避免物理损伤，达到长期安全存放的目的。

第八章 铁器保护修复案例

一、三国吴铁鐎斗（07898）保护修复

1. 保存现状

三国吴铁鐎斗（07898）1991年8月出土于鄂钢饮料厂发掘的1号墓。保护修复前，器物尺寸为口径23.5 cm、足高8.1 cm、腹深5.7 cm、通高13.6 cm，质量为2127.2 g。

器物宽沿、浅腹、圜底，三足细长，呈方锥状。器物表面包裹一层灰白色蜡壳，是现场提取器物后对器物进行的临时带土封护，以隔绝外部环境。器物在无恒温恒湿库房存放20年后，蜡壳出现龟裂、剥落、分层的现象，器物重新暴露在空气中，器表泥土和空气中有害物质加速器物腐蚀，现器物整体状态十分不稳定，蜡壳下器体因为锈蚀体积膨胀，多处龟裂；表层形成较厚的酥松土黄色锈层，断口处已没有金属芯；口沿、腹部大面积残缺，一足残缺，手柄缺失。三国吴铁鐎斗（07898）保护修复前照片如图8-1、图8-2所示。病害示意图如图8-3所示。

图8-1 三国吴铁鐎斗（07898）保护修复前（一）

图8-2 三国吴铁鐎斗（07898）保护修复前（二）

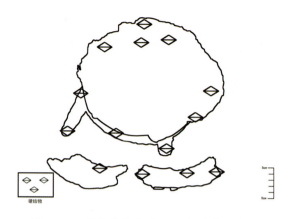

图 8-3　三国吴铁镰斗（07898）病害示意图

2. 检测分析

（1）X 射线荧光能谱分析。

本次选用美国尼通（Thermo Fisher Scientific Niton）公司生产的 XL3T 950 便携式荧光分析仪，使用金属模式对三国吴铁镰斗（07898）残片断口和口沿进行半定量分析，测试时间为 10 s，分析结果见表 8-1。

表 8-1　三国吴铁镰斗（07898）X 射线荧光能谱分析结果

器物名称和编号	检测部位描述	测试号	元素含量 /（%）					
			Cu	Pb	Fe	Sb	Mn	Ni
铁镰斗 07898	残片断口黑褐色	3745	1.747		97.810			
	口沿表面红褐色	3746	0.864		98.438		0.123	

检测结果显示：三国吴铁镰斗（07898）残片断口和口沿铁元素含量约为 98%，另外还含有少量的铜元素和锰元素。

（2）拉曼光谱分析。

利用 inVia Reflex 激光显微共聚焦拉曼光谱仪（RENISHAW，英国），对器物腐蚀成分进行分析。测试条件为：波数范围，100～2000 cm^{-1}；物镜，50L×；光斑尺寸，1 μm；激光波长，532 nm；功率、时间及累计次数随样品不同随时调整。三国吴铁镰斗（07898）样品的腐蚀产物主要为四方纤铁矿 β-FeO（OH）、纤铁矿 γ-FeO（OH），都是铁质文物在潮湿空气中生成的氢氧化铁的同分异构体。三国吴铁镰斗（07898）拉曼谱图如图 8-4、图 8-5 所示。

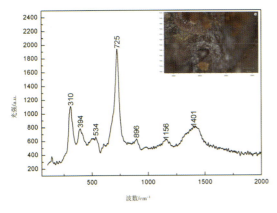 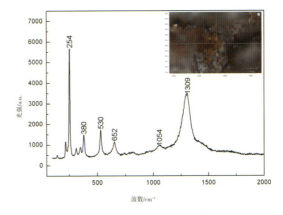

图 8-4　三国吴铁镰斗（07898）拉曼谱图（四方纤铁矿）　　图 8-5　三国吴铁镰斗（07898）拉曼谱图（纤铁矿）

（3）超景深显微观察。

图 8-6 至图 8-11 是三国吴铁镰斗（07898）超景深显微观察照片。结果显示，其表面覆盖一层较厚黄褐色泥土，泥土上残存石蜡，蜡壳下是一层黄色硬结物，表层局部黄色锈蚀呈结晶状；断口矿化，基体局部开裂分层，器身及断口有多条裂隙；器表锈层为深褐色，上面布满细密固化小水泡；器物总体腐蚀较为严重且分布不均匀。

图 8-6　三国吴铁镰斗（07898）超景深显微照（一）　　图 8-7　三国吴铁镰斗（07898）超景深显微照（二）

图 8-8　三国吴铁镰斗（07898）超景深显微照（三）　　图 8-9　三国吴铁镰斗（07898）超景深显微照（四）

图8-10 三国吴铁鐎斗（07898）超景深显微照（五）　　图8-11 三国吴铁鐎斗（07898）超景深显微照（六）

（4）保存现状综合评估及保护策略。

①器物残破成三块，口沿、三足缺一。

②表面附着大量黄色泥土，泥土表层包裹一层石蜡。通过超景深显微、X射线探伤和拉曼光谱检测观察分析发现，器物局部出现矿化开裂，表面有大量层状剥落和水泡状点腐蚀分布；器身主要锈蚀物为不稳定的纤铁矿和四方纤铁矿，这两种锈蚀会持续对器物产生腐蚀，使整体劣化。

采用物理手段清理表面疏松锈蚀，用氢氧化钠浸泡法对器物脱盐，用磷酸钠、钼酸钠、硅酸钠组合溶液缓蚀，用树脂材料粘补器物，最后对器物进行整体封护。

3. 保护修复技术路线

（1）使用刀具清理表面疏松土锈。

（2）用去离子水清洗器物。

（3）将器物放入 NaOH（0.25 mol/L）水溶液内，浸泡脱盐。

（4）用钼酸钠、硅酸钠、磷酸钠配成的缓蚀液对器物缓蚀，再用硅烷联偶剂醇化液加强缓蚀。

（5）用乐泰401粘接剂和双组分金属胶粘补器物。

（6）用硝基漆、酒精虫胶和矿粉颜料进行做旧。

（7）配制1%的B72溶液封护。

4. 具体实施步骤

（1）去除表面疏松土锈及老化的加固材料（见图8-12至图8-21）。

使用手术刀对残片和残器上的蜡层进行剔除，表层蜡层去除后，用手术刀、刻刀逐步剔除表面泥土和酥松的黄色锈蚀。硬结的泥土用喷壶喷洒2A溶液（无水乙醇和去离子水按1∶1比例配制）进行软化后再剔除。部分硬结的锈蚀和瘤状物采用凿击手法进行清理。将小平凿刃部放在瘤状物、硬结的块状锈蚀物底部，用小胶锤敲击刻刀尾部，让刻刀向前推进，铲除瘤状物及硬结物。凿击时刻刀尽量放低，刀与器表形成锐角，通过敲击力向前推铲。如果刀刃向下，凿击时会导致开裂。另外，胶锤敲凿力度要适中，避免产生不必要损伤。

图 8-12　剔除石蜡壳操作（一）

图 8-13　剔除石蜡壳操作（二）

图 8-14　剔除外底泥土和疏松锈蚀

图 8-15　2A溶液软化后剔除疏松锈蚀操作（一）

图 8-16　剔除口沿泥土和疏松锈蚀

图 8-17　2A溶液软化后剔除疏松锈蚀操作（二）

图 8-18　剔除残片上泥土和疏松锈蚀

图 8-19　剔除足部泥土和疏松锈蚀

图 8-20 刷去器表锈层操作（一）　　　　图 8-21 刷去器表锈层操作（二）

（2）将器物放入装有 2A 溶液（无水乙醇和去离子水按 1：1 配制）的塑料盆内，清洗器表锈污，如图 8-22、图 8-23 所示。

图 8-22 清洗操作（一）　　　　图 8-23 清洗操作（二）

（3）采用碱液浸泡法对器物进行脱盐（见图 8-24 至图 8-31）。

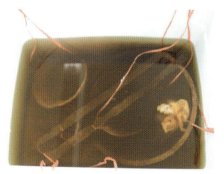

图 8-24 第 1 天脱盐溶液浸泡　　　　图 8-25 第 1 天脱盐溶液电导率检测

图 8-26 第 3 天脱盐溶液浸泡　　　　图 8-27 第 3 天脱盐溶液电导率检测

图 8-28　第 4 天更换脱盐溶液浸泡

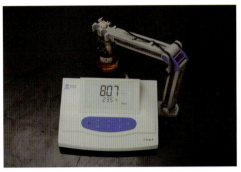
图 8-29　第 4 天脱盐溶液电导率检测

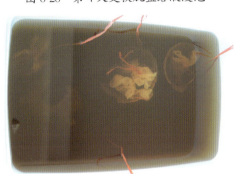
图 8-30　第 6 天脱盐溶液浸泡

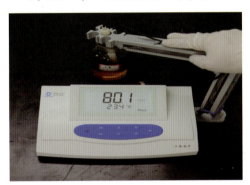
图 8-31　第 6 天脱盐溶液电导率检测

①采用分析纯氢氧化钠和纯净水配制浓度为 0.25 mol/L 的氢氧化钠溶液作为脱盐溶液。用 pH 精密试纸测试溶液 pH 值为 12。将器物放入容器内，缓慢将脱盐溶液注入容器内部，使溶液完全浸没铁质文物进行物理脱盐。每天观察脱盐溶液颜色变化，第 1 天溶液为褐色，后续每天溶液颜色较前一天变深。用电导率检测仪检测脱盐溶液内的含盐量电导率数值为 67.6 mS/cm，第 2 天电导率数值上升至 68.6 mS/cm，第 3 天电导率数值为 68.9 mS/cm。更换脱盐溶液继续浸泡，每天观察脱盐溶液变化，第 1 天为褐色，第 2 天稍有加深呈深褐色，第 3 天与第 2 天颜色变化不大。连续 3 天用电导率检测仪检测脱盐溶液内的含盐量，电导率数值分别为 80.7 mS/cm、80.4 mS/cm、80.1 mS/cm。三国吴铁镢斗（07898）的脱盐溶液样品电导率曲线如图 8-32 所示。

②每天采集脱盐溶液 6 mL 置于试管中，加入 10 滴 6 mol/L 硝酸酸化后，加入 2 滴 0.1 mol/L 硝酸银溶液。第一次脱盐浸泡样品有大量白色浑浊，第二次脱盐浸泡样品几乎没有浑浊。

③每天取 10 mL 脱盐溶液做氯离子半定量分析。将脱盐溶液加入洁净锥形瓶中，加入氯离子测定试剂盒试剂Ⅰ，摇匀溶解备用；加入试剂盒试剂Ⅱ，每 3 s 加入 1 滴，直至溶液刚好变为橙色或沉淀变为肉色。脱盐溶液样品氯离子半定量分析显示，第一次脱盐溶液样品氯离子含量在 40～60 mg/L 之间，第二次脱盐溶液样品氯离子含量在 20 mg/L 以下，认定器物脱盐完成。

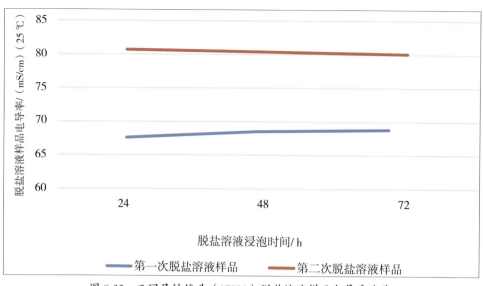

图 8-32　三国吴铁鐎斗（07898）脱盐溶液样品电导率曲线

④置换器物上残留的碱液。将器物从脱盐溶液中取出，向塑料箱内倒入超纯净水，将器物没入水中浸泡，每天定时更换置换溶液。第 1 天置换溶液从最开始的淡黄色逐渐变成黄褐色（见图 8-33），随着置换溶液每天的更换，颜色逐天变淡。每天用 pH 精密试纸测试置换溶液酸碱值。浸泡初期，水溶液的 pH 值保持在 10 左右，在该条件下不易腐蚀铁器本身，第 5 天见溶液 pH 值下降至 7.5 左右。每天用电导率检测仪检测溶液内含盐量电导率数值从 0.841 mS/cm（见图 8-34）上升到 89.4 mS/cm。三国吴铁鐎斗（07898）置换溶液样品导电率值和 pH 值如表 8-2 所示，置换溶液样品电导率曲线如图 8-35 所示。在更换纯净水后在溶液中加入浓度为 0.48% 的硅酸钠、钼酸钠、磷酸钠进行缓蚀，浸泡过程中缓蚀液呈淡黄色。7 天后更换缓蚀溶液，进行第二次浸泡。经过 7 天浸泡，浸泡液基本透明，没有明显改变（见图 8-36），第 14 天置换溶液电导率检测结果如图 8-37 所示。电导率检测仪检测每天缓蚀溶液内含盐量电导率数值维持在 6.79 mS/cm 左右。三国吴铁鐎斗（07898）缓蚀溶液样品电导率值如表 8-3 所示，缓蚀溶液电导率曲线如图 8-38 所示。

图 8-33　第 1 天置换溶液浸泡

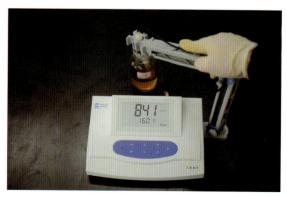

图 8-34　第 1 天置换溶液电导率检测

表 8-2　三国吴铁镢斗（07898）置换溶液样品电导率值和 pH 值

置换溶液浸泡时间 /h	电导率 /（mS/cm）（25 ℃）	pH 值
24	0.841	9.5
48	157.1	9.0
72	112.1	8.0
96	90.8	8.0
120	89.4	7.5

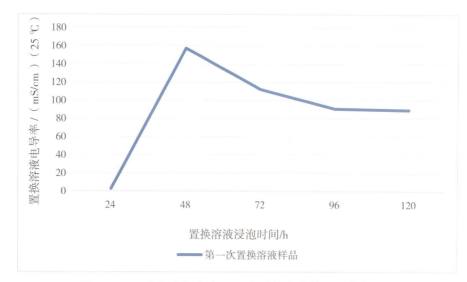

图 8-35　三国吴铁镢斗（07898）置换溶液样品电导率曲线

图 8-36　第 14 天缓蚀溶液浸泡

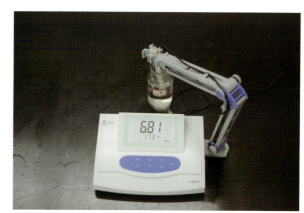

图 8-37　第 14 天缓蚀溶液电导率检测

表 8-3　三国吴铁䥶斗（07898）缓蚀溶液样品电导率值

缓蚀溶液浸泡时间 /h	电导率/（mS/cm）（25 ℃）	
	第一次缓蚀溶液样品	第二次缓蚀溶液样品
24	6.81	6.79
48	6.83	6.80
72	6.84	6.78
96	6.85	6.79
120	6.84	6.81
144	6.85	6.80
168	6.86	6.81

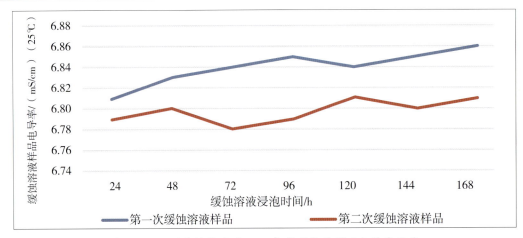

图 8-38　三国吴铁䥶斗（07898）缓蚀溶液样品电导率曲线

（4）缓蚀。

将去离子水、无水乙醇、硅烷偶联剂按 94∶3∶3 的比例配成缓蚀水溶液，将器物放入缓蚀溶液中浸泡 14 h（见图 8-39）。取出器物，用热风枪吹干器表缓蚀溶液，使缓蚀溶液在表面形成一层保护膜，以隔绝外部环境。

（5）修复。

残器原有两块腹部残片，其中一块残片因本身有数条龟裂，在除锈过程中散断成小块。两足基本完整，一足残缺。

图 8-39　缓蚀

①逐一拼对残片，确定先后黏结次序，拼对契合茬口，用乐泰 401 粘接剂临时黏结残片（见图 8-40）。

②补配口、腹残缺（见图 8-41 至图 8-45）。用锡纸胶带封闭口、腹残缺部位，在其中填入双组分金属胶，待补配处固化后，用打磨机磨除多余金属胶。

③补配残足（见图 8-46 至图 8-55）。先用手电钻在断足上钻孔。参考镳斗上一完好足的高度，将截取的铜管在虎台钳上用铁锤锤扁。用电烙铁在铜管外部填锡，增加宽度。

图 8-40　拼对粘接

图 8-41　锡箔纸胶带封闭缺口

图 8-42　金属胶补配操作（一）

图 8-43　金属胶补配操作（二）

图 8-44　打磨补配处操作（一）

图 8-45　打磨补配处操作（二）

图 8-46　钻孔

图 8-47　比对补配金属芯所需长度

图 8-48　打制铜管成需要的形状

图 8-49　铜管外填锡

图 8-50　将补配金属芯插入钻孔内

图 8-51　制作泥范

图 8-52　泥范固定在残缺处

图 8-53　填充金属胶

图 8-54　填补完成

图 8-55　打磨

经打磨修整后将其插入孔内，用双组分金属胶填充空隙。再在参考足上按压泥范，将泥范固定在残足上，把双组分金属胶填入型腔内。待金属胶完全固化，拆除油泥，用打磨机磨除多余胶体。

④用无水乙醇清洗补配处,表面磨灰。

⑤做旧。采用涂、抹、喷、点的手法,使用排笔、毛笔、海绵等工具对修复处做旧。先用硝基漆调和矿物颜料在修复处上一层底色,再用虫胶漆片调和矿物颜料做出与器表锈蚀相近的颜色,做出远观一致、近看有别的效果。

⑥鐎斗手柄完全缺失。因没有参考依据,故不进行补配。

(6)封护。

配制1%的Paraloid B72溶液备用。用软毛刷蘸取Paraloid B72溶液均匀涂刷于器表,以形成致密的保护膜。

5. 保护修复后

三国吴铁鐎斗(07898)保护修复后效果图如图8-56、图8-57所示。

图8-56　三国吴铁鐎斗(07898)保护修复后(一)

图8-57　三国吴铁鐎斗(07898)保护修复后(二)

二、三国吴铁炉(10896)保护修复

1. 保存现状

三国吴铁炉(10896),1988年出土于鄂州市汽车中心客运站1号墓。保护修复前器物尺寸为通高16 cm、足高8 cm、口径40 cm,质量为7760.7 g。

器物平口、浅腹,近平底三矮蹄足,腹部有瓦纹。器内附一枚五铢钱、一枚铁簇和半圆形铁提手。器物残破严重,有三块口、腹表残片,蹄足缺二。器表覆盖一层泥土,断口及残片基本矿化,局部表层锈蚀剥落,存在点腐蚀。三国吴铁炉(10896)保护修复前照片如图8-58、图8-59所示。病害示意图如图8-60所示。

2. 检测分析

(1)X射线探伤。

图8-61是三国吴铁炉(10896)X射线探伤图。结果显示,器身残缺1/4,口沿整体锈蚀较为均匀,尚存金属芯。腹、底腐蚀严重,腐蚀不均,有大片的点腐蚀坑,多处出现矿化和开裂;器底边缘两处亮部,为足所在部位;铁簇腐蚀均匀。

图8-58　三国吴铁炉（10896）保护修复前（一）

图8-59　三国吴铁炉（10896）保护修复前（二）

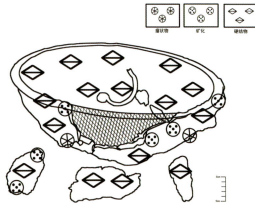
图8-60　三国吴铁炉（10896）病害示意图

图8-61　三国吴铁炉（10896）X射线探伤图

（2）X射线荧光能谱分析。

本次选用美国尼通（Thermo Fisher Scientific Niton）公司生产的XL3T 950便携式荧光分析仪，使用金属模式对三国吴铁炉（10896）表面进行半定量分析，测试时间为10 s。分析结果见表8-4。

表8-4　三国吴铁炉（10896）X射线荧光能谱分析结果

器物名和编号	检测部位描述	测试号	元素含量/（%）					
			Cu	Pb	Fe	Sb	Mn	Ni
三国吴铁炉（10896）	表面黄褐色	3744	1.633	<LOD	97.633	<LOD	<LOD	<LOD

检测结果显示：三国吴铁炉（10896）铁元素含量为97.633%，另外还含有少量铜元素。

（3）拉曼光谱分析。

利用inVia Reflex激光显微共聚焦拉曼光谱仪（RENISHAW，英国），对器物腐蚀成分进行分析。测试条件为：波数范围，$100 \sim 2000 \text{ cm}^{-1}$；物镜，50L×；光斑尺寸，

1 μm；激光波长，532 nm；功率、时间及累计次数随样品不同随时调整。三国吴铁炉（10896）样品的腐蚀产物主要为四方纤铁矿 β-FeO（OH）、纤铁矿 γ-FeO（OH），都是铁质文物在潮湿空气中生成的氢氧化铁的同分异构体。三国吴铁炉（10896）拉曼谱图如图 8-62 至图 8-65 所示。

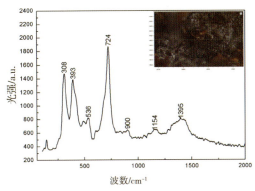

图 8-62　三国吴铁炉（10896）拉曼谱图（四方纤铁矿）

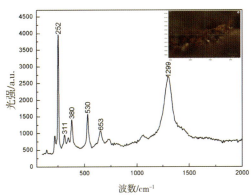

图 8-63　三国吴铁炉（10896）拉曼谱图（纤铁矿）

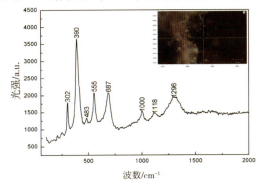

图 8-64　三国吴铁炉（10896）拉曼谱图（针铁矿）

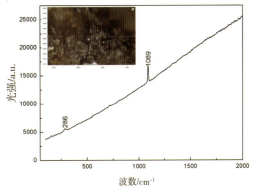

图 8-65　三国吴铁炉（10896）拉曼谱图（菱铁矿）

（4）超景深显微观察。

图 8-66 至图 8-72 是三国吴铁炉（10896）超景深显微观察照片。结果显示，其表面覆盖一层黄褐色厚泥土，局部透出黄褐色较疏松锈蚀层，多处层状剥落露出黑褐色锈坑，局部矿化开裂，黄褐色疏松锈层上有白色点状分布的沉积物，表层坑洼处聚集有凝固的褐色液体，剥落处有瘤状物分布，五铢钱表面附着一层黄褐色硬结物。器物总体腐蚀较为严重且分布不均匀。

（5）保存现状综合评估及保护策略。

①器物残破严重，有三块口、腹残片，两足残缺，断口处有多条裂隙，整体稳定性差。

②表面附着大量黄色泥土和疏松锈蚀。通过超景深显微观察发现，断口矿化，表面有层状剥落、瘤状物及点腐蚀现象。

采用物理手段清理表面疏松锈蚀，用氢氧化钠浸泡法对器物脱盐，用磷酸钠、钼酸钠、

图 8-66　三国吴铁炉（10896）超景深显微照（一）

图 8-67　三国吴铁炉（10896）超景深显微照（二）

图 8-68　三国吴铁炉（10896）超景深显微照（三）

图 8-69　三国吴铁炉（10896）超景深显微照（四）

图 8-70　三国吴铁炉（10896）超景深显微照（五）

图 8-71　三国吴铁炉（10896）超景深显微照（六）

图 8-72　三国吴铁炉（10896）超景深显微照（七）

硅酸钠组合溶液缓蚀，用树脂材料粘补器物，全色做旧，最后对器物进行整体封护。

3. 保护修复技术路线

（1）使用刀具清理表面疏松土锈。

（2）用去离子水清洗器物。

（3）将器物放入 NaOH（0.25 mol/L）水溶液内，浸泡脱盐。

（4）用钼酸钠、硅酸钠、磷酸钠配成的缓蚀液对器物缓蚀，再用硅烷联偶剂醇化液加强缓蚀。

（5）用乐泰401粘接剂和双组分金属胶粘补器物。

（6）用硝基漆、酒精虫胶和矿粉颜料做旧。

（7）配制1%的B72溶液封护。

4. 具体实施步骤

（1）除锈（见图8-73至图8-79）。

从腹内提取出内附的五铢钱、铁镞和提手。用手术刀、刻刀剔除器表疏松泥土，硬结处可用2A溶液（去离子水和无水乙醇按1∶1比例配制）湿润。泥土清理后露出整体锈蚀状态，用手术刀、刻刀逐步剔除表面酥松的黄色锈蚀。在除锈时可用脱脂棉饱和2A溶液局部浸润，软化锈蚀物，再进行剔除。清理下来的锈蚀及时用毛刷刷去，再用牙刷

图 8-73　弧形提手

图 8-74　铁镞

图 8-75　五铢钱

图 8-76　剔除泥土操作（一）

图 8-77 湿润软化泥土

图 8-78 剔除泥土操作（二）

图 8-79 剔除疏松锈蚀

蘸 2A 溶液刷洗除锈处，以达到较好的除锈效果。重复除锈操作，直至达到理想状态。部分硬结的锈蚀和瘤状物采用凿击手法进行清理。将小平凿刃部放在瘤状物、硬结的块状锈蚀物底部，用小胶锤敲击刻刀尾部，凿击时刻刀尽量放低，刀与器表形成锐角，让刻刀向前推进，铲除瘤状物及硬结物。用同样除锈方法去除五铢钱、铁镢和提手上的疏松锈蚀。

（2）除锈完成后，清洗器表锈污。

用喷壶将 2A 溶液（无水乙醇和去离子水按 1∶1 配制）喷在器表，用尼龙刷刷去表面锈污，用数显热风枪（80 ℃）吹干器表水分。

（3）采用碱液浸泡法对器物进行脱盐（见图 8-80 至图 8-87）。

①采用分析纯氢氧化钠和纯净水配制摩尔浓度为 0.25 mol/L 的氢氧化钠溶液作为脱盐溶液。用 pH 精密试纸测试溶液 pH 值为 12。将器物放入容器内，缓慢将脱盐溶液注入容器内部，使溶液完全浸没铁质文物进行物理脱盐。每天观察脱盐溶液变化，第 1 天溶液为褐色，后续每天溶液颜色较前一天变深。用电导率检测仪检测脱盐溶液内的含盐量电导率数值为 67.6 mS/cm，第 2 天电导率数值上升至 68.6 mS/cm，第 3 天电导率数值为 68.9 mS/cm。更换脱盐溶液继续浸泡，每天观察脱盐液变化，第 1 天为黄色，第 2 天稍有加深呈深黄色，第 3 天与第 2 天颜色变化不大。连续 3 天用电导率检测仪检测脱盐溶液

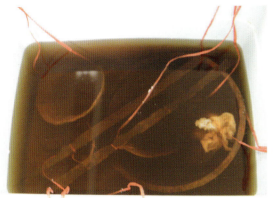

图 8-80　第 1 天脱盐溶液浸泡

图 8-81　第 1 天脱盐溶液电导率检测

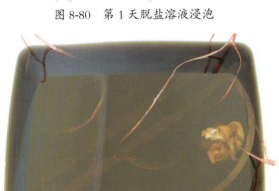

图 8-82　第 3 天脱盐溶液浸泡

图 8-83　第 3 天脱盐溶液电导率检测

图 8-84　第 4 天更换脱盐溶液浸泡

图 8-85　第 4 天脱盐溶液电导率检测

图 8-86　第 6 天脱盐溶液浸泡

图 8-87　第 6 天脱盐溶液电导率检测

内的含盐量电导率数值分别为 79.1 mS/cm、79.0 mS/cm、79.2 mS/cm。三国吴铁炉（10896）脱盐溶液样品电导率曲线如图 8-88 所示。

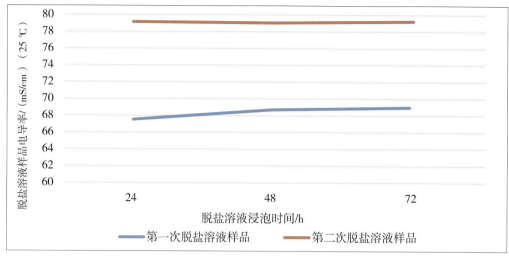

图 8-88　三国吴铁炉（10896）脱盐溶液样品电导率曲线

②每天采集脱盐溶液 6 mL 置于试管中，加入 10 滴 6 mol/L 硝酸酸化后，加入 2 滴 0.1 mol/L 硝酸银溶液。第一次脱盐浸泡样品有大量白色浑浊，第二次脱盐浸泡样品几乎没有浑浊。

③每天取 10mL 脱盐液做氯离子半定量分析。将脱盐溶液加入洁净锥形瓶中，加入氯离子测定试剂盒试剂Ⅰ，摇匀溶解备用；加入试剂盒试剂Ⅱ，每 3 s 加入 1 滴，直至溶液刚好变为橙色或沉淀变为肉色。脱盐溶液样品氯离子半定量分析显示，第一次脱盐溶液样品氯离子含量在 40～60 mg/L 之间，第二次脱盐溶液样品氯离子含量在 20 mg/L 以下，认定器物脱盐完成。

④置换器物上残留的碱液。将器物从脱盐溶液中取出，向塑料箱内倒入超纯净水，将器物没入水中浸泡，每天定时更换置换液。第 1 天置换溶液从最开始的淡黄色逐渐变成黄褐色（见图 8-89），随着清洗液每天的更换，颜色逐天变淡。每天用 pH 精密试纸测试清洗液酸碱值。浸泡初期，水溶液的 pH 值保持在 10 左右，该条件下不易腐蚀铁器本身，第 5 天水溶液 pH 值下降至 7.5 左右。每天用电导率检测仪检测溶液内含盐量电导率数值从 0.667 mS/cm（见图 8-90）上升到 83.0 mS/cm。三国吴铁炉（10896）置换溶液样品电导率值和 pH 值如表 8-5 所示，置换溶液电导率曲线如图 8-91 所示。更换纯净水后在溶液中加入摩尔浓度为 0.48% 的硅酸钠、钼酸钠、磷酸钠进行缓蚀，浸泡过程中缓蚀溶液从初期的淡黄色加深到黄色。7 天后更换缓蚀溶液，进行第二次浸泡。浸泡液基本透明，没有明显改变（见图 8-92）。电导率检测仪检测每天置换溶液内含盐量电导率数值维持在 7.01 mS/cm 左右。第 14 天进行缓蚀溶液电导率检测见图 8-93。三国吴铁炉（10896）缓蚀溶液样品电导率值如表 8-6 所示，缓蚀溶液样品电导率曲线如图 8-94 所示。

图 8-89　第 1 天置换溶液浸泡

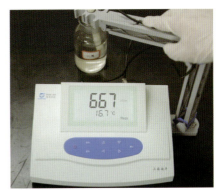
图 8-90　第 1 天置换溶液电导率检测

表 8-5　三国吴铁炉（10896）置换溶液样品电导率值和 pH 值

置换溶液浸泡时间 /h	电导率（mS/cm）（25 ℃）	pH 值
24	0.667	9.5
48	141.1	9.0
72	108.9	8.0
96	89.8	8.0
120	83.0	7.5

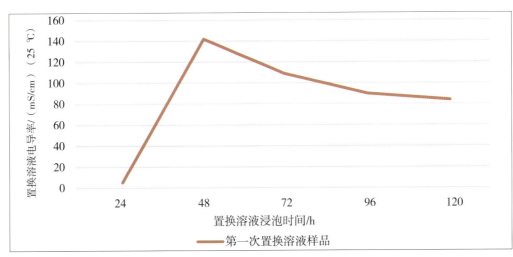
图 8-91　三国吴铁炉（10896）置换溶液样品电导率曲线

图 8-92　第 14 天缓蚀溶液浸泡

图 8-93　第 14 天缓蚀溶液电导率检测

表 8-6　三国吴铁炉（10896）缓蚀溶液样品电导率值

缓蚀溶液浸泡时间 /h	电导率／(mS/cm)（25 ℃）	
	第一次缓蚀溶液样品	第二次缓蚀溶液样品
24	7.07	7.42
48	6.51	7.18
72	6.71	7.05
96	6.86	7.24
120	6.49	7.01
144	7.22	7.06
168	7.27	7.08

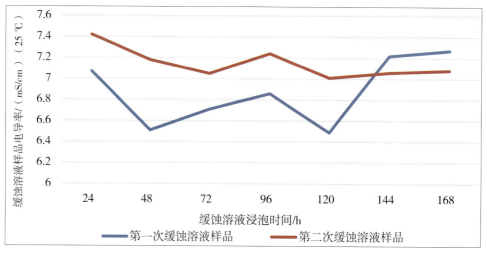

图 8-94　三国吴铁炉（10896）缓蚀溶液样品电导率曲线

（4）缓蚀。

将去离子水、无水乙醇、硅烷偶联剂按 94∶3∶3 的比例配成缓蚀水溶液，将器物放入缓蚀溶液中浸泡 14 h（见图 8-95）。取出器物，用热风枪吹干器表缓蚀溶液（见图 8-96），使缓蚀液在表面形成一层保护膜，以隔绝外部环境。

（5）修复。

经过对器腹泥土进行清理，发现除腹部碎片外，还有两块足部残块。对残片进行拼接，并对缺失处进行补配。

①粘接。根据残片弧度和碴口进行拼对（见图 8-97），将合碴的残片进行粘接（见图 8-98 至图 8-100）。因器物基本无铁芯，粘接剂选用乐泰 401 粘接剂，粘接缝隙用双组分金属胶填充（见图 8-101、图 8-102）。

②补缺腹、足残缺（见图 8-103 至图 8-106）。用油泥在与残缺处对应的完整部位压印泥范，将泥范固定在残缺处，用双组分金属胶填补全。待金属胶固化后，拆除油泥，用打磨机将多余的金属胶磨除。

图 8-95　缓蚀

图 8-96　去除表面水分

图 8-97　口沿残片拼对

图 8-98　粘接腹部残片操作（一）

图 8-99　粘接腹部残片操作（二）

图 8-100　粘接断足

图 8-101　金属胶填补粘缝

图 8-102　金属胶填补足部缺损

图 8-103 填补腹、底残缺

图 8-104 填补口沿残缺

图 8-105 固定泥范

图 8-106 填补金属胶

（6）做旧。

①用脱脂棉球蘸取无水乙醇擦拭器表磨灰。

②采用涂、抹、喷、点的手法，使用排笔、毛笔、海绵等工具对修复处做旧。先用硝基漆调和矿物颜料在修复处上一层底色，再用虫胶漆片调和矿物颜料，做出与器表锈蚀相近的颜色，做出远观一致、近看有别的效果。

③封护。配制 1% 的 Paraloid B72 溶液备用。用软毛刷蘸取 Paraloid B72 溶液均匀涂刷于器表，以形成致密的保护膜。

5. 保护修复后

三国吴铁炉（10896）保护修复后效果图如图 8-107 至图 8-112 所示。

图 8-107 三国吴铁炉（10896）保护修复后（一）

图 8-108 三国吴铁炉（10896）保护修复后（二）

图 8-109　三国吴铁炉（10896）保护修复后（三）　　图 8-110　三国吴铁炉（10896）保护修复后（四）

图 8-111　三国吴铁炉（10896）保护修复后（五）　　图 8-112　三国吴铁炉（10896）保护修复后（六）

三、东汉铁刀（00831）保护修复

1. 保存现状

东汉铁刀（00831）于 1971 年 9 月 9 日在鄂钢 544M14 中出土。保护修复前器物尺寸为通长 114.7 cm、通宽 2.7 cm、手柄长 13.1 cm、厚 1.0 cm，质量为 666.0 g。

器物整体呈深褐色，刀身细长，斜锋，刀身一侧有刃，扁柄与刀身一体，近柄处略收窄；柄末端呈环形；器物腐蚀非常严重，器表黄色锈蚀层大量剥落，露出深褐色锈坑。东汉铁刀（00831）保护修复前照片如图 8-113、图 8-114 所示。病害示意图如图 8-115 所示。

图 8-113　东汉铁刀（00831）保护修复前（一）　　图 8-114　东汉铁刀（00831）保护修复前（二）

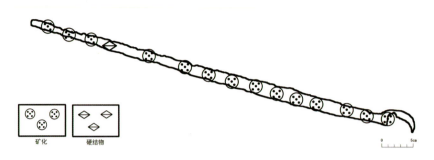

图 8-115　东汉铁刀（00831）病害示意图

2. 检测分析

（1）X 射线探伤。

图 8-116 至图 8-118 是东汉铁刀（00831）X 射线探伤图。结果显示，环首残缺，腐蚀不均，刀身腐蚀严重，点腐蚀大量分布，局部矿化。

（2）X 射线荧光能谱分析。

本次选用美国尼通（Thermo Fisher Scientific Niton）公司生产的 XL3T 950 便携式荧光分析仪，使用金属模式对东汉铁刀（00831）表面进行半定量分析，测试时间为 10 s。分析结果见表 8-7。

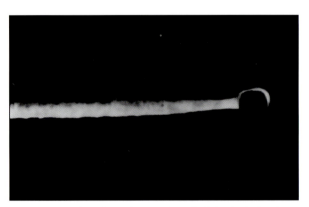

图 8-116　东汉铁刀（00831）X 射线探伤图（一）

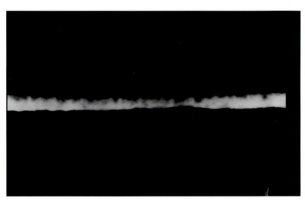

图 8-117　东汉铁刀（00831）X 射线探伤图（二）

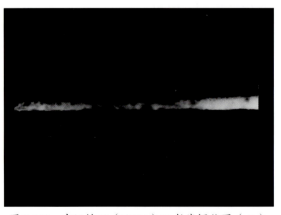

图 8-118　东汉铁刀（00831）X 射线探伤图（三）

表 8-7 东汉铁刀（00831）X 射线荧光能谱分析结果

器物名和编号	检测部位描述	测试号	元素含量/（%）					
			Cu	Pb	Fe	Sb	Mn	Ni
东汉铁刀（00831）	刀表面黑褐色	3752	0.281		99.049			

检测结果显示：东汉铁刀（00831）铁元素含量为 99.049%，另外含有微量的铜元素。

（3）拉曼光谱分析。

使用 inVia Reflex 激光显微共聚焦拉曼光谱仪（RENISHAW，英国），对器物腐蚀成分进行分析。测试条件为：波数范围，100～2000 cm^{-1}；物镜，50L×；光斑尺寸，1 μm；激光波长，532 nm；功率、时间及累计次数随样品不同随时调整。东汉铁刀（00831）样品的腐蚀产物主要为四方纤铁矿 β-FeO（OH）、纤铁矿 γ-FeO（OH），都是铁质文物在潮湿空气中生成的氢氧化铁的同分异构体。东汉铁刀（00831）腐蚀产物的拉曼谱图如图 8-119、图 8-120 所示。

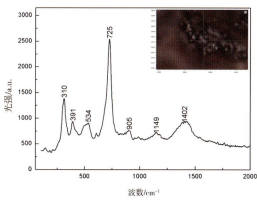 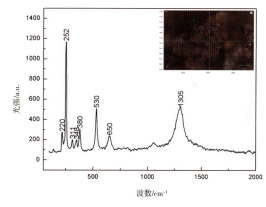

图 8-119 东汉铁刀（00831）拉曼谱图（四方纤铁矿）　　图 8-120 东汉铁刀（00831）拉曼谱图（纤铁矿）

（4）超景深显微观察。

图 8-121 至图 8-125 是东汉铁刀（00831）超景深显微观察照片。结果显示，器物整体以黑褐色为主，局部矿化，器表局部残存黄褐色较疏松锈层，锈层大量剥落，在器表形成深浅不一的黑褐色锈蚀坑，部分黄色锈蚀上存在瘤状物，总体腐蚀较为严重且分布不均匀。

（5）保存现状综合评估及保护策略。

①通过超景深显微、X 射线探伤和拉曼光谱检测分析，结果显示：器物基本矿化，表面层状剥落严重，有瘤状物分布；器身主要锈蚀物为不稳定的纤铁矿和四方纤铁矿，这两种锈蚀会持续对器物产生腐蚀，使器物整体劣化。

图 8-121　东汉铁刀（00831）超景深显微照（一）

图 8-122　东汉铁刀（00831）超景深显微照（二）

图 8-123　东汉铁刀（00831）超景深显微照（三）

图 8-124　东汉铁刀（00831）超景深显微照（四）

图 8-125　东汉铁刀（00831）超景深显微照（五）

②器物主体尚存，但刃部及刀面因锈蚀原因残损严重，环首残缺一半。

采用物理手段清理表面疏松锈蚀，用氢氧化钠浸泡法对器物进行脱盐，用磷酸钠、钼酸钠、硅酸钠组合溶液进行缓蚀，用金属丝和树脂材料补全器型，全色做旧，最后对器物进行整体封护。

3. 保护修复技术路线

（1）使用刀具清理表面疏松土锈。

（2）用去离子水清洗器物。

（3）将器物放入 NaOH（0.25 mol/L）水溶液内，浸泡脱盐。

（4）用钼酸钠、硅酸钠、磷酸钠配成的缓蚀液对器物进行缓蚀，再用硅烷联偶剂醇化液加强缓蚀。

（5）以铜丝做骨架，用双组分金属胶补全环首。

（6）用硝基漆、酒精虫胶和矿粉颜料全色做旧。

（7）配制 1% 的 B72 溶液封护。

4. 具体实施步骤

（1）物理除锈（见图 8-126 至图 8-131）。

用手术刀、刻刀初步剔除器表泥土及疏松锈蚀。在清理较硬结的锈蚀物时，用喷壶洒上 2A 溶液（去离子水与无水乙醇按 1∶1 比例配制）进行软化后再剔除。除锈过程中发现刀面有少量木质纤维痕迹，推测是刀鞘残留。清理时用软毛刷清扫表面锈尘，再用蘸有饱和 2A 溶液的脱脂棉擦拭表面污物。

（2）表面酥松锈蚀物基本去除后，对器物进行清洗（见图 8-132、图 8-133）。

将器物放入铺有塑料薄膜的工作台上，用喷壶将 2A 溶液（无水乙醇与去离子水按 1∶1 比例配制）喷洒在器表，用牙刷刷洗器表锈污，直至干净。清洗后，用脱脂棉球蘸取无水乙醇擦涂器表，置换水分。

图 8-126　剔除疏松锈蚀操作（一）

图 8-127　剔除瘤状物

图 8-128　剔除疏松锈蚀操作（二）

图 8-129　2A 溶液软化锈蚀

图 8-130　环首除锈

图 8-131　清理锈尘

图 8-132　清洗操作（一）

图 8-133　清洗操作（二）

（3）采用碱液浸泡法对器物进行脱盐（见图 8-134 至图 8-144）。

①采用分析纯氢氧化钠和纯净水配制物质的量浓度为 0.25 mol/L 的氢氧化钠溶液作为脱盐溶液。用 pH 精密试纸测试溶液 pH 值为 12。浸泡前用绳子包住铁刀木质残留处，防止浸泡时松散。将器物放入容器内，缓慢将脱盐溶液注入容器内部，使溶液完全浸没铁质文物进行物理脱盐。每天观察脱盐溶液变化，第 1 天溶液为淡黄色，后续每天溶液颜色较前一天变深，第 3 天溶液呈黄褐色。用电导率检测仪检测第 1 天脱盐溶液内的含盐量电导率数值为 79.5 mS/cm，第 2 天电导率数值上升至 82.9 mS/cm，第 3 天电导率数值为 82.4 mS/cm。更换脱盐溶液继续浸泡，每天观察脱盐液变化，第 1 天溶液为微黄色，第 2 天稍有加深呈淡黄色，第 3 天与第 2 天颜色变化不大。连续 3 天用电导率检测仪检测脱盐溶液内含盐量电导率数值分别为 84.5 mS/cm、81.7 mS/cm、74.8 mS/cm。东汉铁刀（00831）脱盐溶液样品电导率曲线如图 8-145 所示。

②每天采集脱盐液 6 mL 置入试管中，加入 10 滴 6 mol/L 硝酸酸化后，加入 2 滴 0.1 mol/L 硝酸银溶液。第一次脱盐浸泡样品有大量白色浑浊，第二次脱盐浸泡样品几乎没有浑浊。

图 8-134 脱盐前木质残留处保护措施

图 8-135 第 1 天脱盐溶液浸泡

图 8-136 第 1 天脱盐溶液电导率检测

图 8-137 第 2 天脱盐溶液浸泡

图 8-138 第 2 天脱盐溶液电导率检测

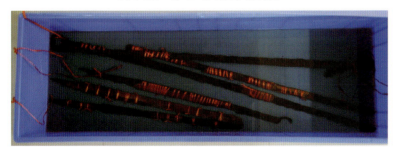

图 8-139 第 3 天脱盐溶液浸泡

图 8-140 第 3 天脱盐溶液电导率检测

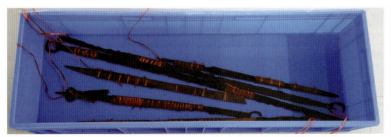

图 8-141 第 4 天更换脱盐溶液浸泡

图 8-142 第 4 天脱盐溶液电导率检测

图 8-143 第 6 天脱盐溶液浸泡

图 8-144 第 6 天脱盐溶液电导率检测

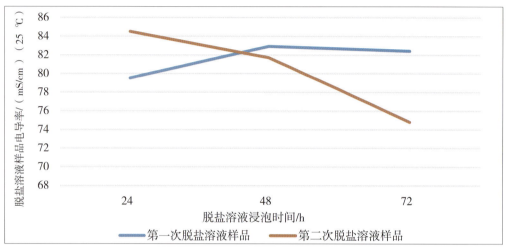
图 8-145 东汉铁刀（00831）脱盐溶液样品电导率曲线

③每天取 10 mL 脱盐液做氯离子半定量分析。将脱盐液加入洁净锥形瓶中，加入氯离子测定试剂盒试剂Ⅰ，摇匀溶解备用；加入试剂盒试剂Ⅱ，每 3 s 加入 1 滴，直至溶液刚好变为橙色或沉淀变为肉色。脱盐溶液样品氯离子半定量分析显示，第一次脱盐溶液样品氯离子含量在 40～60 mg/L 之间，第二次脱盐溶液样品氯离子含量在 20 mg/L 以下，认定器物脱盐完成。

④置换器物上残留的碱液。将器物从脱盐液中取出，向塑料箱内倒入超纯净水，将器物没入水中浸泡，每天定时更换置换溶液。第 1 天置换溶液为淡黄色（见图 8-146），第 3 天已基本清澈。每天用 pH 精密试纸测试置换溶液酸碱值。浸泡初期，水溶液的 pH 值保持在 10 左右，在该条件下不易腐蚀铁器本身。第 5 天水溶液 pH 值下降至 7.5 左右。每天用电导率检测仪检测溶液内含盐量，电导率数值从 0.783 mS/cm（见图 8-147）上升到 90.0 mS/cm。东吴铁刀（00831）置换溶液样品电导率值和 pH 值如表 8-8 所示，置换溶液样品电导率值曲线如图 8-148 所示。更换纯净水后在溶液中加入摩尔浓度为 0.48% 的硅酸钠、钼酸钠、磷酸钠进行缓蚀，浸泡过程中缓蚀溶液保持在澄清状态。7 天后更换缓蚀溶液进行第二次浸泡，浸泡液保持澄清，没有变化（见图 8-149）。第 14 天缓蚀溶液电导率检测见图 8-150。电导率检测仪检测每天缓蚀溶液内含盐量，电导率数值维持

图 8-146　第 1 天置换溶液浸泡

图 8-147　第 1 天置换溶液电导率检测

表 8-8　东吴铁刀（00831）置换溶液样品电导率值和 pH 值

置换溶液浸泡时间 /h	电导率 /（mS/cm）（25 ℃）	pH 值
24	0.783	9.5
48	122.0	9.0
72	112.0	8.0
96	92.3	8.0
120	90.0	7.5

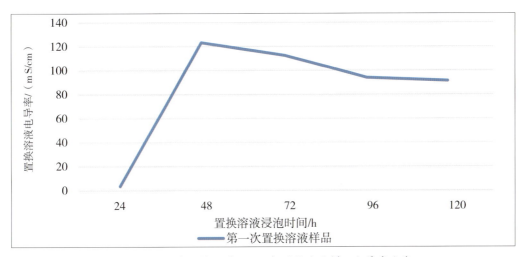

图 8-148　东汉铁刀（800831）置换溶液样品电导率曲线

图 8-149　第 14 天缓蚀溶液浸泡

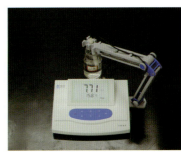

图 8-150　第 14 天缓蚀溶液电导率检测

在 7.20 mS/cm 左右。东吴铁刀（00831）缓蚀溶液样品电导率值和 pH 值如表 8-9 所示，缓蚀溶液样品电导率曲线如图 8-151 所示。

（4）缓蚀。

将去离子水、无水乙醇、硅烷偶联剂按 94 : 3 : 3 的比例配成缓蚀水溶液，将器物放入缓蚀溶液中浸泡 14 h（见图 8-152）。取出器物，用热风枪吹干器表缓蚀溶液（见图 8-153），使缓蚀溶液在表面形成一层保护膜，以隔绝外部环境。

表 8-9　东吴铁刀（00831）缓蚀溶液样品电导率值

缓蚀溶液浸泡时间 /h	电导率／(mS/cm)（25 ℃）	
	第一次缓蚀溶液样品	第二次缓蚀溶液样品
24	6.98	7.42
48	6.88	7.36
72	6.85	7.78
96	6.84	7.70
120	6.81	7.82
144	6.56	7.73
168	6.44	7.71

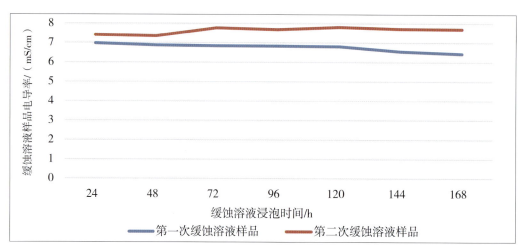

图 8-151　东吴铁刀（00831）缓蚀溶液样品电导率曲线

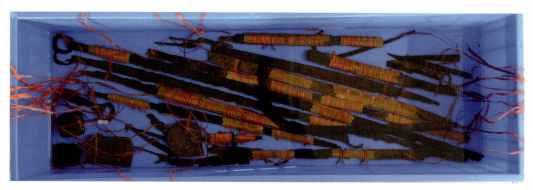

图 8-152　缓蚀

图 8-153　吹干器表水分

（5）修复。因刀身、刃宽度及锋形状没有参照依据，故不进行补配，仅对残缺一半的环首进行补全。

①在 A4 纸上勾出残存 1/2 的环首轮廓，将铜丝截取合适长短，参考轮廓弧度，弯折成形（见图 8-154），用打磨机在环首的两个断口上钻孔（见图 8-155），孔深 3 mm，孔径略大于铜丝直径，将铜丝插接在孔内，用 401 瞬干胶粘接固定（见图 8-156），孔内填入双组分金属胶，将锡纸胶带粘贴在残缺环首上做垫衬（见图 8-157），将调和均匀的双组分金属填补在铜丝上补充缺肉（见图 8-158）。待金属胶完全固化后，用打磨机粗磨整形（见图 8-159），细节处用砂纸打磨，最后用脱脂棉球蘸取无水乙醇擦净器表磨灰。

②做旧。采用涂、抹、喷、点的手法，使用排笔、毛笔、海绵等工具对修复处做旧。先用硝基漆调和矿物颜料在修复处上一层底色，再用虫胶漆片调和矿物颜料做出与器表锈蚀相近的颜色，做出远观一致、近看有别的效果。

（6）封护。

①配制 1% 的 Paraloid B72 溶液备用。

②用软毛刷蘸取 Paraloid B72 溶液均匀涂刷于器表，形成致密的保护膜。

图 8-154　铜丝定形

图 8-155　断口打孔

图 8-156　粘接铜丝

图 8-157　补全环首

图 8-158　填补缺肉

图 8-159　打磨

5. 保护修复后

东汉铁刀（00831）保护修复后效果图如图 8-160 至图 8-162 所示。

四、东汉铁剑（00799）保护修复

1. 保存现状

东汉铁剑（00799），1970 年 9 月 16 日在鄂城八一钢厂出土。保护修复前器物尺寸为残长 105 cm、茎带环长 9.3 cm、通宽 2.6 cm、环首径 5.4 cm，质量为 694.9 g。

铁细长，斜锋，刀身一侧有刃，扁柄与刀身一体，近柄处略收窄。柄末环形首；刀柄从中断成两段，刀刃、手柄残损；器物整体呈黄褐色，表面腐蚀非常严重，器表为黄

图 8-160　东汉铁刀（00831）保护修复后（一）

图 8-161　东汉铁刀（00831）保护修复后（二）

图 8-162　东汉铁刀（00831）保护修复后（三）

色疏松锈蚀，锈层有大量片状剥落，露出深褐色锈坑。东汉铁剑（00799）保护修复前照片如图 8-163、图 8-164 所示。病害示意图如图 8-165 所示。

2. 检测分析

（1）X 射线荧光能谱分析。

本次选用美国尼通（Thermo Fisher Scientific Niton）公司生产的 XL3T 950 便携式荧光分析仪，用金属模式对东汉铁剑（00799）表面进行半定量分析，测试时间为 10 s。分析结果见表 8-10。

图 8-163　东汉铁剑（00799）保护修复前（一）

图 8-164　东汉铁剑（00799）保护修复前（二）

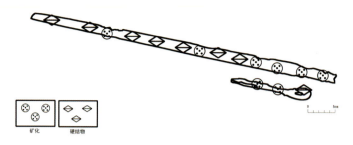

图 8-165 东汉铁剑（00799）病害示意图

表 8-10 东汉铁剑（00799）X 射线荧光能谱分析结果

器物名和编号	检测部位描述	测试号	元素含量/（%）					
			Cu	Pb	Fe	Sb	Mn	Ni
东汉铁剑（00799）	表面黄色	3750	3.624	0.941	92.444		0.262	
	剥落处黑褐色	3751	0.423		98.827			

检测结果显示：东汉铁剑（00799）铁元素平均含量约为 95.64%，另外含有 3.624% 的铜元素和微量的铅元素、锰元素。

（2）拉曼光谱分析。

利用 inVia Reflex 激光显微共聚焦拉曼光谱仪（RENISHAW，英国），对器物腐蚀成分进行分析。测试条件为：波数范围，100～2000 cm^{-1}；物镜，50L×；光斑尺寸，1 μm；激光波长，532 nm；功率、时间及累计次数随样品不同随时调整。东汉铁剑（00799）样品的腐蚀产物主要为四方纤铁矿 β-FeO（OH）、纤铁矿 γ-FeO（OH），都是铁质文物在潮湿空气中生成的氢氧化铁的同分异构体。东汉铁剑（00799）腐蚀产物的拉曼谱图如图 8-166、图 8-167 所示。

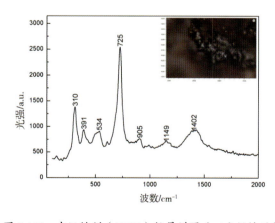 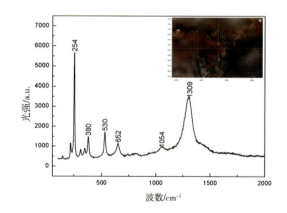

图 8-166 东汉铁剑（00799）拉曼谱图（四方纤铁矿）　　图 8-167 东汉铁剑（00799）拉曼谱图（纤铁矿）

（3）超景深显微观察。

图 8-168 至图 8-171 是东汉铁剑（00799）超景深显微观察照片。结果显示，器表附着一层疏松黄褐色锈蚀，疏松锈蚀大量成片剥落，露出黑褐色腐蚀坑，腐蚀坑内布满小点状腐蚀，腐蚀坑内聚集黄褐色疏松锈蚀；黄色锈层上有少量木质纤维残留，根据出现的部位，推测是剑鞘；器物总体腐蚀较为严重且分布不均匀。

（4）保存现状综合评估及保护策略。

①超景深显微和拉曼光谱检测分析结果显示：器物表面锈层剥落严重，局部矿化，有大量点腐蚀分布；器身主要锈蚀物为不稳定的纤铁矿和四方纤铁矿，这两种锈蚀会持续对器物产生腐蚀，使器物整体劣化。

②整剑刃部和手柄残损，手柄断成两截。

③剑表木质纤维残留已呈腐朽状态，在后续除锈中，需对此处进行保留。

采用物理手段清理表面疏松锈蚀，木质纤维残留处用 2A 溶液（去离子水与无水乙醇比例 1∶1）湿润后清理表面污物。用氢氧化钠浸泡法对器物脱盐，用磷酸钠、钼酸钠、硅酸钠组合溶液缓蚀。用环氧树脂材料粘接断器，做旧后，对器物进行整体封护。

图 8-168　东汉铁剑（00799）超景深显微照（一）

图 8-169　东汉铁剑（00799）超景深显微照（二）

图 8-170　东汉铁剑（00799）超景深显微照（三）

图 8-171　东汉铁剑（00799）超景深显微照（四）

3. 保护修复技术路线

（1）使用刀具、竹签、2A 溶液清理表面疏松土锈。

（2）用去离子水清洗器物。

（3）将器物放入 NaOH（0.25 mol/L）水溶液内，浸泡脱盐。

（4）用钼酸钠、硅酸钠、磷酸钠配成的缓蚀溶液对器物缓蚀，再用硅烷联偶剂醇化溶液加强缓蚀。

（5）在断口埋销钉，用环氧树脂胶和尼龙丝网粘接加固，用双组分金属胶填补残缺。

（6）打磨，全色做旧。

（7）配制 1% 的 B72 溶液封护。

4. 具体实施步骤

（1）物理除锈。

①清理表面木质纤维上的污物。先用软毛刷清扫表面浮尘，然后用蘸有饱和 2A 溶液的脱脂棉湿润木质纤维，用竹签清理覆盖的污物。

②用手术刀、刻刀逐步剔除器表酥松锈蚀（见图 8-172 至图 8-181）。在除锈过程中使用刀具的力度要适中，避免划伤基体。木质纤维周边的疏松锈蚀物用刻刀小心剔除。清理较硬结的锈蚀物时，用喷壶洒上 2A 溶液进行软化后再剔除。清理下来的锈蚀及时用毛刷刷去，用脱脂棉球蘸 2A 溶液擦涂除锈处，使除锈效果明显，不理想处重复操作直至表面酥松锈蚀和硬结物去除干净。

（2）表面酥松锈蚀物基本去除后，对器物进行清洗（见图 8-182、图 8-183）。用喷壶将 2A 溶液喷洒在器表，用牙刷刷洗表面锈污（木质纤维处用软毛刷刷洗），直至干净。清洗后，用脱脂棉球蘸取无水乙醇擦涂器表，置换水分。

图 8-172　表面除锈操作（一）

图 8-173　表面除锈操作（二）

图 8-174 刻刀剔除锈蚀

图 8-175 2A 溶液软化锈蚀

图 8-176 刀背除锈

图 8-177 2A 溶液清洁除锈处（一）

图 8-178 环首除锈操作（一）

图 8-179 环首除锈操作（二）

图 8-180 环首除锈操作（三）

图 8-181 2A 溶液清洁除锈处（二）

图 8-182　清洗操作（一）　　　　　图 8-183　清洗操作（二）

（3）采用碱液浸泡法对器物进行脱盐（见图 8-184 至图 8-194）。

①采用分析纯氢氧化钠和纯净水配制摩尔浓度为 0.25 mol/L 的氢氧化钠溶液作为脱盐溶液。用 pH 精密试纸测试溶液 pH 值为 12。浸泡前用绳子包住铁刀木质残留处，防止浸泡时松散。将器物放入容器内，缓慢将脱盐溶液注入容器内部，使溶液完全浸没铁质文物进行物理脱盐。每天观察脱盐溶液变化，第 1 天溶液为淡黄色，后续每天溶液颜色较前一天变深，第 3 天溶液呈黄褐色。用电导率检测仪检测脱盐溶液内的含盐量，第 1 天电导率数值为 79.5 mS/cm，第 2 天电导率数值上升至 82.9 mS/cm，第 3 天电导率数值为 82.4 mS/cm。更换脱盐溶液继续浸泡，每天观察脱盐溶液变化，第 1 天溶液为微黄色，第 2 天稍有加深呈淡黄色，第 3 天与第 2 天颜色变化不大。连续 3 天用电导率测脱盐溶液内含盐量，电导率数值分别为 84.5 mS/cm、81.7 mS/cm、74.8 mS/cm。东汉铁剑（00799）脱盐溶液样品电导率曲线如图 8-195 所示。

②每天采集脱盐溶液 6 mL 置于试管中，加入 10 滴 6 mol/L 硝酸酸化后，加入 2 滴 0.1 mol/L 硝酸银溶液。第一次脱盐浸泡样品有大量白色浑浊，第二次脱盐浸泡样品几乎没有浑浊。

③每天取 10 mL 脱盐液做氯离子半定量分析。将脱盐溶液加入洁净锥形瓶中，加入氯离子测定试剂盒试剂Ⅰ，摇匀溶解备用；加入试剂盒试剂Ⅱ，每 3 s 加入 1 滴，直至溶液刚好变为橙色或沉淀变为肉色。脱盐溶液样品氯离子半定量分析显示，第一次脱盐溶液样品氯离子含量在 40～60 mg/L 之间，第二次脱盐溶液样品氯离子含量在 20 mg/L 以下，认定器物脱盐完成。

图 8-184　脱盐前木质残留处保护措施

图 8-185　第 1 天脱盐溶液浸泡　　　　　图 8-186　第 1 天脱盐溶液电导率检测

图 8-187　第 2 天脱盐溶液浸泡　　　　　图 8-188　第 2 天脱盐溶液电导率检测

图 8-189　第 3 天脱盐溶液浸泡　　　　　图 8-190　第 3 天脱盐溶液电导率检测

图 8-191　第 4 天更换脱盐溶液浸泡　　　图 8-192　第 4 天脱盐溶液电导率检测

图 8-193　第 6 天脱盐溶液浸泡　　　　　图 8-194　第 6 天脱盐溶液电导率检测

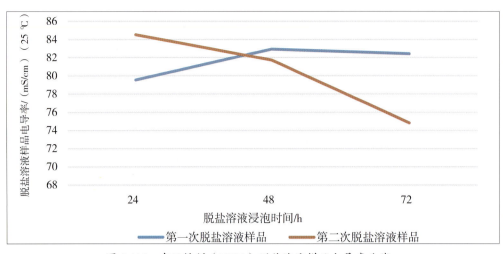

图 8-195　东汉铁剑（00799）脱盐溶液样品电导率曲线

　　置换器物上残留的碱液。将器物从脱盐溶液中取出，塑料箱内倒入超纯净水，将器物没入水中浸泡，每天定时更换置换溶液。第 1 天置换溶液为淡黄色（见图 8-196），第 3 天已基本清澈。每天用 pH 精密试纸测试置换溶液酸碱值。浸泡初期，水溶液的 pH 值保持在 10 左右，该条件下不易腐蚀铁器本身，第 5 天水溶液 pH 值下降到 7.5 左右。每天用电导率检测仪检测溶液内含盐量，电导率数值从 0.783 mS/cm（见图 8-197）上升到 90.0 mS/cm。东汉铁剑（00799）置换溶液样品电导率值和 pH 值如表 8-11 所示，置换溶液样品电导率曲线如图 8-198 所示。更换纯净水后在溶液中加入浓度为 0.48％ 的硅酸钠、钼酸钠、磷酸钠进行缓蚀，浸泡过程中缓蚀溶液保持澄清状态。7 天后更换缓蚀溶液第二次浸泡，浸泡液保持澄清，没有变化（见图 8-199），第 14 天缓蚀溶液电导率检测（见图 8-200）。电导率检测仪检测每天缓蚀溶液内含盐量，电导率数值维持在 7.20 mS/cm 左右。东汉铁剑（00799）缓蚀溶液样品电导率值如表 8-12 所示，缓蚀溶液样品电导率曲线如图 8-201 所示。

（4）缓蚀。

　　将去离子水、无水乙醇、硅烷偶联剂按 94 : 3 : 3 的比例配成缓蚀水溶液，将器物放入缓蚀溶液中浸泡 14 h（见图 8-202）。取出器物，拆除木片（见图 8-203），用热风

图 8-196　第 1 天置换溶液浸泡

图 8-197　第 1 天置换溶液电导率检测

表 8-11　东汉铁剑（00799）置换溶液样品电导率值和 pH 值

置换溶液浸泡时间 /h	电导率（mS/cm）（25 ℃）	pH 值
24	0.783	9.5
48	122.0	9.0
72	112.0	8.0
96	92.3	8.0
120	90.0	7.5

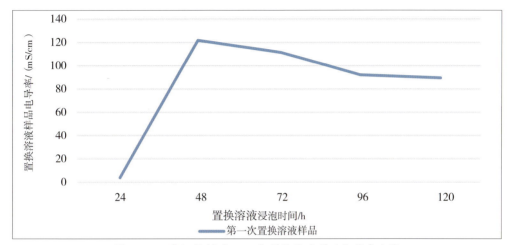

图 8-198　东汉铁剑（00799）置换溶液样品电导率曲线

图 8-199　第 14 天缓蚀溶液浸泡

图 8-200　第 14 天缓蚀溶液电导率检测

表 8-12　东汉铁剑（00799）缓蚀溶液样品电导率值

缓蚀溶液浸泡时间 /h	电导率（mS/cm）（25 ℃）	
	第一次缓蚀溶液样品	第一次缓蚀溶液样品
24	6.98	7.42
48	6.88	7.36
72	6.85	7.78
96	6.84	7.70
120	6.81	7.82
144	6.56	7.73
168	6.44	7.71

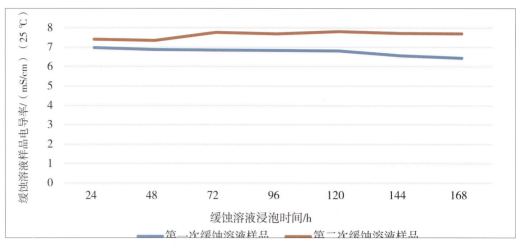

图 8-201　东汉铁剑（00799）缓蚀溶液样品电导率曲线

枪吹干器表缓蚀溶液，使缓蚀溶液在表面形成一层保护膜，以隔绝外部环境。

（5）对断柄进行修复（见图 8-204 至图 8-210）。

因剑柄从正中断成两半，考虑到承重需要，在粘接中需要在断口埋入铜钉做加固。

①拼对断柄，查看断口契合情况，断口基本契合，有小面积缺损。

②在断剑两面的从部，用打磨机各开深度约为剑身厚度 1/2 的长槽。将铜钉埋入槽内，用乐泰 401 粘接剂粘住铜钉。以铜钉长度和断口宽度为范围，在剑身涂抹双组分环氧树脂胶，并粘贴尼龙丝网进行加固。树脂胶固化后，用手术刀剔除溢胶，再在修补处填补

图 8-202　缓蚀

图 8-203　拆除木片

图 8-204　打磨机开槽

图 8-205　选取铜钉

图 8-206　嵌入铜钉

图 8-207　粘接铜钉

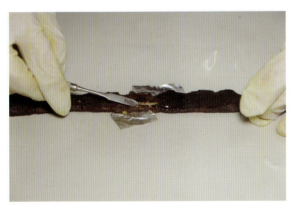
图 8-208　涂抹环氧树脂胶

图 8-209　粘贴尼龙丝网

图 8-210　粘贴固化后

双组分金属胶,增加厚度,使其与剑身厚度平齐。待金属胶固化,用打磨机打磨平整。用脱脂棉蘸取2A溶液擦净表面磨灰。

③做旧。采用涂、抹、喷、点的手法,使用排笔、毛笔、海绵等工具对修复处做旧。先用硝基漆调和矿物颜料在修复处上一层底色,再用虫胶漆片调和矿物颜料,做出与器表锈蚀相近的颜色,做出远观一致、近看有别的效果。

(6)封护。

①配制1%的Paraloid B72溶液备用。

②用软毛刷蘸取Paraloid B72溶液均匀涂刷于器表,以形成致密的保护膜。

5. 保护修复后

东汉铁剑(00799)保护修复后效果图如图8-211至图8-216所示。

图8-211　东汉铁剑(00799)保护修复后(一)

图8-212　东汉铁剑(00799)保护修复后(二)

图8-213　东汉铁剑(00799)保护修复后(三)　　图8-214　东汉铁剑(00799)保护修复后(四)

图 8-215　东汉铁剑（00799）保护修复后（五）

图 8-216　东汉铁剑（00799）保护修复后（六）

五、民国铁马刀（00787）保护修复

1. 保存现状

民国铁马刀（00787），器物来源为捐赠。通长 97.4 cm、刀身宽 2.3 cm、手柄长宽 14 cm×7.4 cm、刀厚 0.7 cm，质量为 1141.5 g。

刀细长，侧刃，有弧度；有鞘，但不能完全套合，鞘表面缠满布条；鞘上有一吊环；刀柄为叶形护手，一半镂雕菊花；手柄外侧包有铜壳，上装饰有铁血十九星、五色旗、绶带纹；手把上包裹着一层玳瑁，用绞花铜丝束紧；器形基本完整，刀身锈死在鞘内，有一部分从鞘口露出，观察表面有一层疏松锈蚀；护手及手柄呈棕色，上附有尘污；刀鞘上的缠布也附着较厚尘土。民国铁马刀（00787）保护修复前照片如图 8-217、图 8-218 所示。病害示意图如图 8-219 所示。

图 8-217　民国铁马刀（00787）保护修复前（一）

图 8-218　民国铁马刀（00787）保护修复前（二）

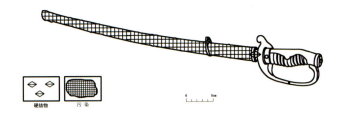
图 8-219　民国铁马刀（00787）病害示意图

2. 检测分析

（1）X射线荧光能谱分析。

本次选用美国尼通（Thermo Fisher Scientific Niton）公司生产的XL3T 950便携式荧光分析仪，使用金属模式对民国铁马刀（00787）鞘穿、格和柄部进行半定量分析，测试时间为10 s。分析结果见表8-13。

表8-13 民国铁马刀（00787）X射线荧光能谱分析结果

器物名称和编号	检测部位描述	测试号	元素含量/（%）						
			Cu	Sn	Pb	Fe	Sb	Mn	Ni
民国铁马刀（00787）	鞘穿表面黑色	3765	50.810	1.418	6.959	2.783	0.666	0.126	5.835
	格表面黑色	3766	70.591	0.804	1.091	0.355	0.087	<LOD	1.096
	柄表面褐色	3767	71.315	0.382	1.059	0.328	<LOD	<LOD	0.167

检测结果显示：民国铁马刀（00787）鞘穿铜元素含量为50.810%，铅元素含量为6.959%，镍元素含量为5.835%，器物为铜合金，表面残留有镍质镀层。

（2）超景深显微观察。

图8-220至图8-224是民国铁马刀（00787）超景深显微观察照片。结果显示，刀鞘的缠布上有一层军绿色涂层，涂层较光滑，有光泽；涂层下露出纺织物，纺织物局部纤维断裂；缠布下的刀鞘以坚硬致密大的深褐色腐蚀产物为主，表面有大量点状锈坑；刀柄呈致密褐色，其上附着较薄绿色锈蚀，刀柄头呈褐色，其上附着一层黑褐色油污，柄头边缘的褐色氧化层上有土黄色疏松锈蚀，刀刃褐色锈层上有白色硬结物。

（3）保存现状综合评估及保护策略。

①器形完整，刀身锈死在鞘内。

②刀鞘表面包裹布条上涂抹有漆层，漆层表面沾有污物，鞘口和鞘尾布条起翘。

③通过超景深显微观察发现，铁质部位表面锈层致密，以较薄的砖红色、黄褐色锈为主，表面存在点状腐蚀坑；铜质部位表层氧化，表面附着油污和少量绿色薄锈。

采用物理清除与化学处理相结合的手段，清理器物表面的浮锈；对除锈后表面进行缓蚀处理；对布条起翘处展平回贴；最后对器物整体封护。

3. 保护修复技术路线

（1）表面除锈。

用带锈保护剂润胀鞘内锈蚀取出刀身，再用物理手段去除表面浮锈。

图 8-220　民国铁马刀（00787）超景深显微照（一）

图 8-221　民国铁马刀（00787）超景深显微照（二）

图 8-222　民国铁马刀（00787）超景深显微照（三）

图 8-223　民国铁马刀（00787）超景深显微照（四）

图 8-224　民国铁马刀（00787）超景深显微照（五）

（2）对刀鞘表面污物用 2A 溶液（无水乙醇和去离子水比例 1∶1）擦拭清理。

（3）用乐泰 40 粘接剂粘贴鞘表起翘布条。

（4）对金属部位用带锈保护剂（缓蚀剂 + 润涨剂）涂抹缓蚀。

（5）配制 1% 的 B72 溶液封护。

4. 具体实施步骤

（1）除锈。

①软化刀鞘与刀身间锈蚀（见图 8-225 至图 8-227）。将带锈保护剂从刀与鞘间隙渗

图 8-225　润胀锈蚀后将刀从鞘内拔出

图 8-226　刀身整体锈蚀

图 8-227　刀身铭文"虎威将军"

入，带锈保护剂内的润胀成分可以润胀软化锈蚀。为防止带锈保护剂从刀鞘缝隙渗漏，鞘外提前包裹一层保鲜膜。静待 3 h 后，握住手柄左右轻晃刀身，感受到刀与鞘间有松动后，缓慢将刀抽出。刀整体呈褐色，表面附着黄褐色浮锈，局部存在银色表层。刀侧开刃，有血槽。刀上端两面各阴刻四字隶书铭文，一面较为清晰，为"虎威将军"，另一面因锈蚀掩盖不清晰。

②去除刀面锈污（见图 8-228 至图 8-232）。用脱脂棉反复擦拭去除刀面润胀后的锈污，再用手术刀剔除刀面上的酥松锈蚀物，用不锈钢针小心剔除铭文槽内的锈蚀物。最后用牙刷蘸取 2A 溶液清洗刀面，用喷壶将无水乙醇喷在刀面上，置换器表水分。

③用脱脂棉球蘸取无水乙醇擦拭铜质护手和手柄壳上的污垢（见图 8-233、图 8-234），纹饰槽污垢用刻刀小心剔除。装饰缝隙内的灰尘污物用洗耳球吹除（见图 8-235、图 8-236），用牙刷蘸取 2A 溶液清洗刀柄（见图 8-237、图 8-238）。

④清理刀鞘锈蚀物（见图 8-239 至图 8-242）。先用脱脂棉球蘸取 2A 溶液擦拭大漆涂层上污物，再用手术刀、刻刀剔除铁鞘表面的黄色锈蚀物。刮剔下来的锈蚀，及时用毛刷清扫。用脱脂棉球蘸取 2A 溶液清洁除锈部位，用铜条包裹棉布，浸润 2A 溶液，清洁鞘内。

图 8-228　手术刀剔除刀面酥松锈蚀

图 8-229　铭文除锈

图 8-230　用软毛刷清除锈尘

图 8-231　用 2A 溶液清理除锈部位

图 8-232　用 2A 溶液清洗刀面

图 8-233　用无水乙醇清洁手柄、护手油污操作（一）

图 8-234　用无水乙醇清洁手柄、护手油污操作（二）

图 8-235　清洁缝隙操作（一）

图 8-236　清洁缝隙操作（二）

图 8-237　用牙刷清洗刀柄操作（一）

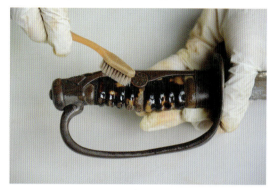
图 8-238　用牙刷清洗刀柄操作（二）

图 8-239　鞘口除锈

图 8-240　清洁锈污

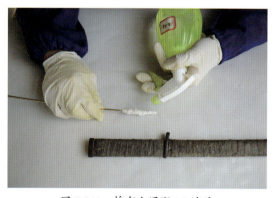
图 8-241　棉布上浸润 2A 溶液

图 8-242　擦拭鞘内锈污

⑤鞘身处缠布起翘处，用 401 粘接剂粘贴复位（见图 8-243 至图 8-246）。

⑥表面缓蚀（见图 8-247 至图 8-250）。器物表面经过除锈后仍有附着力较强的黄色

图 8-243　用 401 粘接剂粘贴鞘口起翘布条操作（一）

图 8-244　用 401 粘接剂粘贴鞘口起翘布条操作（二）

图 8-245　用 401 粘接剂粘贴鞘尾起翘布条操作（一）

图 8-246　用 401 粘接剂粘贴鞘尾起翘布条操作（二）

图 8-247　带锈保护剂喷在刀面

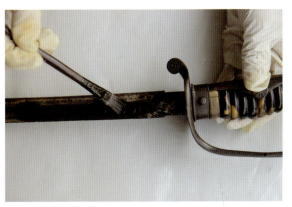

图 8-248　将带锈保护剂涂抹均匀

图 8-249　保鲜膜包裹刀身防止保护剂过快挥发

图 8-250　棉布擦去多余软化的锈污

薄锈。对器物进行带锈保护，用真空罐将带锈保护剂（缓蚀剂+润涨剂）喷在器表，用排笔涂抹均匀，用保鲜膜将整个器物包裹静置3h，揭去保鲜膜，用棉布擦去软化的锈污。因带锈保护剂有缓蚀作用，棉布反复擦拭后，器表形成一层薄薄的保护膜，可以避免器物与空气接触。

⑦将器物在修复室内自然条件下放置3周后，器物状态稳定，没有有害铁锈生出，对刀面、手柄、护手进行封护（见图8-251、图8-252）。用软毛刷蘸取1% Paraloid B72溶液均匀涂刷于器表，待溶剂挥发，铁器表面形成保护层。

⑧将刀入鞘，发现刀仍不能完全收入鞘中。经过仔细观察发现，护手有合鞘卡扣，但鞘上没有卡口，由此可知此鞘尾为后配。

5. 价值揭示

刀身经过除锈，刀面两侧铭文得以显现，一面为"虎威将军"（见图8-253），另一面为"曹锟敬赠"四字（见图8-254）。在除锈中发现"曹锟敬赠"铭文右上方还有两个篆书阴刻小字（见图8-255）。除锈后可清楚看到第一个字为"永"字，第二个字锈蚀严重，侧光观察仍可辨认出左边的土字旁和右边的"曾"字的上半部，下部侧光隐约可见"日"字痕迹。根据残存笔画确定为"增"字（见图8-256）。根据揭示的铭文，我们查找相关

图8-251 封护（一）

图8-252 封护（二）

图8-253 刀面铭文"虎威将军"

图8-254 刀面铭文"曹锟敬赠"

图 8-255 刀面篆书小字

图 8-256 揭示篆书为"永增"

资料了解文物产生背景。

曹锟,1862年生于天津。早年投身淮军,进入天津武备学堂学习,后投靠袁世凯,曾任北洋军第三师师长、直隶督军兼省长。1915年曹锟因积极支持袁世凯辟帝,被授予"虎威将军"称号。1919年被推为直系首领,1923年以收买议员、议长方式被选举为民国大总统。1924年二次直奉战争后被冯玉祥囚禁,获释后辗转回到天津经营实业。九一八事变后,他拒绝日寇出面组织"新政府"的要求。1938年曹锟病逝于天津,享年76岁。重庆国民政府追赠他为国民革命军陆军一级上将。

永增军装局是河北人封永修创办的,清末时正式开始做军装生意,之后不断扩大,至北洋政府时期达到全盛,除生产军装、军刀、马鞍、行军床、帐篷等军用装备外,还在天津、太原、沈阳、青岛、上海等地开办了各种分号,经营项目40余种。封永修与袁世凯、段祺瑞、吴佩孚、王士珍等私交甚好,成为当时中国工商界的头面人物,地位显赫。在永增军装局众多产品中,专供将领们使用的指挥刀最负盛名,以制作精良、装饰华丽闻名全国,价格也非常昂贵,上至袁世凯、下至各省督军等军政大员都以佩用永增军刀为荣。

通过查阅历史资料,我们确定这把刀为北洋时期曹锟在永增军装局定制,但何时何地赠予何人,无从查证。

6. 保护修复后

民国铁马刀(00787)保护修复后效果图如图8-257至图8-264所示。

图 8-257　民国铁马刀（00787）保护修复后（一）

图 8-258　民国铁马刀（00787）保护修复后（二）

图 8-259　民国铁马刀（00787）保护修复后（三）

图 8-260　民国铁马刀（00787）保护修复后（四）

图 8-261　民国铁马刀（00787）保护修复后（五）

图 8-262　民国铁马刀（00787）保护修复后（六）

图 8-263　民国铁马刀（00787）保护修复后（七）

图 8-264　民国铁马刀（00787）保护修复后（八）

第九章 保护修复后保存环境安全控制建议

铁质文物受保存环境的影响较大,在相对湿度 60% 以下的洁净大气环境中,铁的腐蚀较为缓慢,但当环境湿度增加,空气相对湿度超过 65% 或更高时,铁的腐蚀速度明显加快,空气中的有害气体会加剧铁器的腐蚀。因此,即使对铁器进行了有效的保护修复,若保存环境不适宜,铁器仍会发生新的腐蚀。铁器锈蚀的另一个重要因素是氧气,所以低氧保存是防锈的有力措施。保护处理后的铁质文物应保存在一个相对独立的环境,隔绝空气,并且控制微环境的温度和相对湿度,使其保持在铁器文物安全保存的范围内,一般要求温度控制在 20 ℃左右、相对湿度低于 40%。SO_2 和 H_2S 等有害气体对铁质文物的腐蚀起加速作用,应尽量消除。在文物的搬运、包装、运输等过程中应注意预防性保护,预防处理不当带来的风险。铁质文物保存环境控制建议如表 9-1 所示。

表 9-1 铁质文物保存环境控制建议

环境指标	控制建议
温度 /℃	20 ± 5,日波动范围 <5
相对湿度 / (%)	45 ± 5,日波动范围 <5
可见光 / lx	<300
紫外光 / (μW/lm)	<20
二氧化硫 / (μg·m^{-3})	<10
氮氧化物 / (μg·m^{-3})	<10
臭氧 / (μg·m^{-3})	<25
甲醛 / ×10^{-6}	<0.08
二氧化碳 / ×10^{-6}	<800
羰基化合物 / (mg·m^{-3})	<0.1
颗粒物 / (μg·m^{-3})	≤75

大环境可以通过空调、除湿机等设备调节控制,小环境可以通过密封环境加上变色硅胶等进行控制。专业人员须定期进行检查,以便及时调整设备和更换材料。

文物分类存放:文物要分类存放并降低存放密度。

附　录

附录 A　鄂州市博物馆馆藏铁器基本信息表

序号	文物号	名称	质地	尺寸/cm	级别	质量/g	出土时间、地点
1	00829	东汉铁刀	铁	通长 115.8、刀身宽 3.1、环首直径 5.6、刀身厚 1.1	未定级	1384.0	1974 年 6 月 27 日鄂城华光三小队
2	00827	东汉铁刀	铁	通长 113.5、刀身宽 2.5、环首直径 4.8、刀身厚 0.9	未定级	1215.0	1982 年 10 月鄂城新庙司徒砖瓦厂
3	08586	汉铁剑	铁	通长 83.4、腊宽 3.3、脊厚 0.9、茎残长 6.5	未定级	619.4	2002 年 12 月 26 日鄂城棉花公司 J30：44
4	01124	汉铁剑	铁	通长 77.1、腊宽 3.1、脊厚 0.6、茎长 14.6、格宽 3.2	未定级	467.1	鄂城征集
5	08588	汉铁矛	铁	通长 68.8、通宽 2.6、骹长 25、骹直径 2.6	未定级	526.6	2002 年 12 月 26 日鄂城棉花公司 J30：46
6	08589	汉环首铁削刀	铁	通长 37.5、刀身宽 1.7、带环柄长 10.9、环首直径 3.8、刀身厚 0.8	未定级	112.7	2002 年 12 月 26 日鄂城棉花公司 J30：47
7	08584	汉环首铁削刀	铁	通长 35.7、刀身宽 1.4、带环柄长 10.1、环首直径 3.7、刀身厚 0.6	未定级	95.6	2002 年 12 月 26 日鄂城棉花公司 J30：42
8	68120	汉铁矛	铁	通长 28.4、通宽 3、骹长 10.5、骹直径 2.5	未定级	214.4	2002 年 12 月 26 日鄂城棉花公司 J30
9	68121	汉铁矛	铁	通长 23.5、通宽 2.4、骹长 10.8、骹直径 2.4	未定级	116.2	2002 年 12 月 26 日鄂城棉花公司 J30
10	08585	汉铁矛	铁	通长 34.6、通宽 2.1、骹长 20.6、骹直径 2.6	未定级	313.6	2002 年 12 月 26 日鄂城棉花公司 J30：43
11	08550	汉铁矛	铁	通长 31.9、通宽 2.7、骹长 13.8、骹直径 2.3	未定级	223.2	2002 年 12 月 15 日鄂城棉花公司 J30：4
12	07354	战国时代铁臿	铁	通长 6.1、銎口宽 5.6、刃宽 6.9	未定级	38.4	1993 年鄂城区房地产开发公司科技大楼 J2:11
13	08577	汉铁戟	铁	通长 54.8、通宽 29.8、援长宽 26.6×2.1、内长宽 25.5×2.5、胡长宽 27.2×2.9	未定级	496.0	2002 年 12 月 26 日鄂城棉花公司 J30：35

续表

序号	文物号	名称	质地	尺寸/cm	级别	质量/g	出土时间、地点
14	08578	汉铁戟	铁	通长71.9、通宽28.9、援长宽40.5×2.4、内长宽27.6×2、胡长宽26.1×3.1	未定级	542.0	2002年12月26日鄂城棉花公司J30：36
15	01118	三国吴铁刀	铁	通长23.3、通宽2.2、手柄长4.9	未定级	70.0	1977年8月鄂钢古水井
16	01120	三国吴铁钩	铁	通长26.5、通宽1.0、厚0.6	未定级	144.7	1977年8月鄂钢古水井
17	01142	汉铁剑	铁	残长18.5、腊宽3.4、脊厚0.7、茎残长7.4、格宽5.1	未定级	112.8	1971年鄂城造船厂
18	01122	三国吴铁刀	铁	残长14.2、通宽1.6、柄长5.3	未定级	23.3	1977年8月鄂钢古水井
19	01125	三国吴铁削刀	铁	残长13.1、通宽1.7、柄残长7.1	未定级	16.2	1970年鄂城630工地
20	00793	三国吴铁削刀	铁	残长17.8、通宽1.7、柄残长7.5	未定级	17.4	1970年鄂城630工地
21	01121	三国吴铁钩	铁	通长4.7、通宽0.8、厚0.3	未定级	38.0	1977年8月鄂钢古水井
22	07892	民国铁匕首	铁	通长14.6、通宽2.2、带环手柄长8.3、环首2.7	未定级	31.7	鄂城征集
23	07893	民国铁匕首	铁	通长14.7、通宽1.8、带环手柄长8.0、环首2.7	未定级	36.2	鄂城征集
24	07894	民国铁匕首	铁	通长16.4、通宽2.1、带环手柄长8.3、环首2.7	未定级	31.7	鄂城征集
25	07895	民国铁匕首	铁	通长16.1、通宽1.6、带环手柄长9.5、环首3.7	未定级	32.4	鄂城征集
26	07907	三国吴铁凿	铁	残长8.7、通宽2.6	未定级	70.3	1991年8月鄂钢饮料厂M1
27	07908	三国吴铁凿	铁	残长8.2、通宽2.1	未定级	48.9	1991年8月鄂钢饮料厂M1
28	07905	三国吴残铁凿	铁	残长7.1、通宽2.6	未定级	51.2	1991年8月鄂钢饮料厂M1
29	07906	三国吴铁凿	铁	残长7.9、通宽1.8	未定级	42.3	1991年8月鄂钢饮料厂M1
30	07909	三国吴铁凿	铁	残长10.1、通宽2.1	未定级	63.1	1991年8月鄂钢饮料厂M1
31	07910	三国吴铁凿	铁	残长9.0、通宽2.5	未定级	57.1	1991年8月鄂钢饮料厂M1
32	07911	三国吴铁凿	铁	残长6.8、通宽2.0	未定级	35.9	1991年8月鄂钢饮料厂M1
33	07904	三国吴铁舌	铁	通长7.4、銎口宽9.8、刃宽7.6	未定级	157.1	1991年8月鄂钢饮料厂M1
34	07901	三国吴铁舌	铁	通长9.4、銎口宽10.0、残刃宽2.0	未定级	178.1	1991年8月鄂钢饮料厂M1
35	07902	三国吴铁舌	铁	通长9.9、銎口宽10.8、刃宽6.9	未定级	184.6	1991年8月鄂钢饮料厂M1
36	01184	清铁叉	铁	通长35.3、通宽21.7	未定级	195.6	鄂城征集
37	00796	东汉铁剑	铁	残长35.7、厚度0.8、通宽2.8、茎长9.3	未定级	210.8	1975年11月10日鄂钢544工地
38	07931	西晋铁刀	铁	残长36.2、通宽2.8、厚0.8、环首径5.2	未定级	376.1	1980年4月碧石韩信M6:10

续表

序号	文物号	名称	质地	尺寸/cm	级别	质量/g	出土时间、地点
39	01140	民国铁刺刀	铁	通长34.4、腊宽2.3、茎长宽10.1×2.8、格宽5.8、脊厚0.6	未定级	324.6	鄂城征集
40	00791	民国铁梭镖	铁	通长36.8、通宽4.3、手柄长9.0、柄直径2.9	未定级	430.3	1983年12月20日公友公社熊易大队箭楼周启平捐赠
41	01141	民国铁刺刀	铁	通长37.4、腊宽2.3、茎长宽7.4×2.1、格宽5.3、脊厚0.4	未定级	274.6	鄂城征集
42	01181	清铁挖锄	铁	通长22.5、通宽6.3、高4.2	未定级	1511.1	1987年3月11日程潮区矿山管理站余金水上交
43	07889	民国铁矛	铁	通长35、通宽5、骹长8.9、骹径3.0	未定级	452.7	鄂城征集
44	07890	民国铁矛	铁	通长34.7、通宽5.3、骹长9.5、骹径3.0	未定级	473.4	鄂城征集
45	01173	民国宗教用具	铁	通长28.5、通宽13.7	未定级	303.0	鄂城征集
46	01133	民国铁鞭	铁	通长1371.1	未定级	1022.0	鄂城征集
47	01171	民国铁手枪	铁	通长20.4、通宽15.5、枪管长11.0、手柄长宽9.6×3.5	未定级	488.4	鄂城征集
48	01183	清铁钟	铁	通高19.2、通宽14	未定级	2064.7	鄂城征集
49	07924	三国吴铁斧	铁	通长15.5、厚3.7、銎口宽7.1、刃宽7.4	未定级	991.6	1971年6月五四四工地M6:1
50	07925	三国吴铁斧	铁	通长12.1、厚3.1、銎口宽7.0、刃宽7.5	未定级	478.6	1976年9月鄂钢冷轧M62:3
51	01169	民国铁饼模	铁	通长12.1、通宽4.3	未定级	88.6	鄂城征集
52	01185	清铁斧	铁	通长13.6、厚3.1、銎口宽7.5、刃宽8.0	未定级	728.9	1963年8月鄂城
53	01180	清铁锤	铁	通长9.5、通宽5.0	未定级	1194.7	1987年3月11日程潮区矿山管理站余金水上交
54	01188	清铁秤砣	铁	通长9.2、通宽6.7	未定级	1399.9	鄂城征集
55	01182	清铁锤	铁	通长7.4、通宽5.5	未定级	808.9	鄂城征集
56	01179	清铁锤	铁	通长8.1、通宽2.8	未定级	3773.3	1987年3月11日程潮区矿山管理站余金水上交
57	07913	三国吴铁砧	铁	通长4.6、通宽5.8	未定级	1019.0	1991年8月鄂钢饮料厂M1
58	07914	三国吴铁权	铁	通长4.9、通宽5.6	未定级	648.1	1991年8月鄂钢饮料厂M1
59	07903	三国吴铁甾	铁	通长6.4、銎口宽10.6、刃宽9.0	未定级	201.8	1991年8月鄂钢饮料厂M1
60	00801	战国时代铁匜	铁	通长11.6、通宽9.6	未定级	84.6	1970年7月21日鄂钢630工地
61	01186	清铁锁	铁	通长60.6、通宽5.0、厚1.5	未定级	381.8	鄂城征集

续表

序号	文物号	名称	质地	尺寸/cm	级别	质量/g	出土时间、地点
62	07899	三国吴残铁鐎斗	铁	口径14、高8.4	未定级	770.3	1991年8月鄂钢饮料厂M1:30
63	07915	三国吴残铁箕形器	铁	通长9.7、鋬口宽6.5、刃宽6.9	未定级	747.7	1991年8月鄂钢饮料厂M1
64	01139	民国铁刀	铁	通长42、格宽6.1、蜡宽2.6、手柄长宽11.6×2.4	未定级	473.2	鄂城征集
65	01187	民国铁刀	铁	残长41.9、通宽3.3	未定级	482.6	鄂城
66	07888	民国铁矛	铁	通长35.1、叶宽4.9、骸长10.0、骸径3.2	未定级	457.7	鄂城征集
67	00795	东汉铁剑	铁	残长45.1、通宽3.1、脊厚0.7	未定级	244.0	鄂城采集
68	01138	民国铁飞叉	铁	通长37.5、通宽15.6、柄长13.2、柄径3.3	未定级	963.0	鄂城征集
69	00790	民国铁刀	铁	残长48.9、通宽1.8、厚0.6、柄长宽12.4×1.1	未定级	206.1	1983年12月19日沼山公社洪李大队11队张友训捐赠
70	01126	民国铁大刀	铁	通长59.9、柄长宽13.8×7.87、刀宽6.2、厚0.7	未定级	699.1	鄂城征集
71	00792	民国铁刃木柄刀	铁	通长52.2、柄长宽9.2×7、刀身宽4.4、厚1.1	未定级	825.2	1983年12月20日涂镇公社征集
72	01127	民国铁大刀	铁	通长59.9、柄长宽13.8×7.8、刀身宽6.2、厚0.7	未定级	699.1	鄂城征集
73	01131	民国长矛铁刀	铁	通长65.4、柄长宽17.7×3.4、刀身宽5.2、厚0.6	未定级	859.3	鄂城征集
74	01132	民国长矛铁刀	铁	通长70.9、柄长宽17.1×2.5、刀身宽4.0、厚0.7	未定级	792.3	鄂城征集
75	01130	民国长矛铁刀	铁	通长64.1、柄长19.1、柄径3.2、刀身宽4.8、厚0.7	未定级	756.5	鄂城征集
76	00786	清铁七星剑	铁	通长71.4、腊宽2.9、格宽7.5、柄长3.9、脊厚0.6	未定级	673.1	鄂城征集
77	01175	清铁剑	铁	通长65.1、通宽2.5	未定级	295.5	鄂城征集
78	01136	民国铁剑	铁	通长59.8、剑身宽1.8、厚1.2、手柄长10.8	未定级	983.0	鄂城征集
79	01135	民国双手铁剑	铁	通长45、柄长9.2、柄径3.6、剑身宽1.1、厚1.2	未定级	706.4	鄂城征集
80	01137	民国铁刺刀	铁	通长63.5、柄长宽11.1×2.8、刀身宽2.0、厚1.1	未定级	517.9	鄂城征集
81	00800	东汉铁剑	铁	残长50.5、通宽2.2	未定级	716.9	1984年6月18日鄂州市麻纺厂
82	01134	民国铁圣饼夹	铁	通长52、通宽9.4	未定级	1620.9	鄂城征集
83	00789	民国铁片刀	铁	通长74.0、刀身宽6.1、厚0.3、柄长宽10×5.7	未定级	555.7	1983年12月20日公友公社熊易大队箭楼周启平捐赠

续表

序号	文物号	名称	质地	尺寸/cm	级别	质量/g	出土时间、地点
84	01129	民国铁大刀	铁	通长89.7、刀身宽6.3、柄长47.6、厚0.6、柄径4.1	未定级	1362.0	鄂城征集
85	01128	民国铁大刀	铁	通长86.9、刀身宽9.9、柄长21.3、厚0.6、环首径6.2	未定级	1023.9	鄂城征集
86	00794	东汉铁剑	铁	残长64.7、脊厚0.7、通宽3.1、柄长5.4	未定级	223.4	971鄂城造船厂
87	00831	东汉铁刀	铁	通长114.7、通宽2.7、手柄长13.1、厚1.0	未定级	666.0	1971年9月9日鄂钢544M14:2
88	00788	民国铁马刀	铁	通长95、刀身宽2.7、手柄长宽12.6×7.6、刀厚0.7	未定级	1240.0	1983年12月26日花湖公社八庙大队曹家湾捐赠
89	00830	东汉铁刀	铁	残长119.4、通宽2.9、手柄带环长4.6、环首直径4.9、厚0.8	未定级	769.5	1970年9月28日630工地
90	00787	民国铁马刀	铁	通长97.4、刀身宽2.3、手柄长宽14×7.4、刀厚0.7	未定级	1141.5	捐献
91	01143	民国铁枪管	铁	通长98、通宽9.7、枪管长65.3、枪管直径1.2	未定级	1889.0	鄂城征集
92	00799	东汉铁剑	铁	残长105、茎带环长9.3、通宽2.6、环首径5.4	未定级	694.9	1970年9月16日鄂城八一钢厂
93	00797	东汉铁剑	铁	残长63.6、通宽3.1、手柄长12.6、厚0.9	未定级	548.5	1971年9月9日鄂钢544M12
94	00798	东汉铁剑	铁	残长79.2、通宽2.7、厚1.1	未定级	634.7	1973年鄂城八一钢厂
95	00828	东汉铁刀	铁	通长71.5、通宽3.2、厚0.8	未定级	656.0	1982年10月鄂城新庙司徒砖瓦厂
96	08552	汉铁剑	铁	通长70.0、通宽2.8、茎长宽19.7×1.5、脊厚0.8	未定级	456.0	2002年12月18日鄂城棉花公司J30:9
97	10896	三国吴铁炉	铁	通高16.0、足高8.0、口径40.0	未定级	7760.7	1988年市汽车中心客运站M1:21
98	07900	三国吴残铁鐎斗	铁	通高13.6、足高8.1、腹深5.7、口径8.4	未定级	1391.5	1991年8月鄂钢饮料厂M1:28
99	07898	三国吴铁鐎斗	铁	口径23.5、足高8.1、腹深5.7、通高13.6	未定级	2127.2	1991年8月鄂钢饮料厂M1:29
100	07353	战国时代铁釜	铁	通高20.2、腹深15.3、两耳间宽11.3、底径9.6、口径13.4	未定级	1556.5	1993年鄂城区房地产开发公司科技大楼J2:31
101	08580	汉环首铁刀	铁	通长49.3、通宽2.3	未定级	469.5	2002年12月26日鄂城棉花公司J30:38
102	09215	三国吴铁水钩	铁	通长38、通宽1.8	未定级	242.5	2002年6月鄂城棉花工地采集1#
103	07896	民国宗教铁用具	铁	通长37.9、通宽11.9、柄长15.1、柄径2.3	未定级	468.3	鄂城征集
104	07891	民国铁矛	铁	通长34.1、通宽4.5、骸长8.9、骸口径3.2	未定级	468.3	鄂城征集
105	70702	三国吴铁短剑	铁	通长30.0、通宽4.9	未定级	346.1	2004年4月司徒村M102:2

续表

序号	文物号	名称	质地	尺寸/cm	级别	质量/g	出土时间、地点
106	08587	汉环首铁削刀	铁	残长 22.1、通宽 3.1	未定级	72.6	2002年12月26日鄂城棉花公司 J30:45
107	08559	汉铁刀	铁	残长 26.2、通宽 2.3	未定级	68.2	2002年12月22日鄂城棉花公司 J30:16
108	72034	清铁钩	铁	通长 22.5、通宽 1.1	未定级	108.7	1993年鄂城区房地产开发公司科技大楼 J2:6
109	08583	汉环首铁刀	铁	残长 17.8、通宽 2.1、手柄带环长 10.4、环首 3.6	未定级	61.8	2002年12月26日鄂城棉花公司 J30:41
110	08579	汉环首铁刀	铁	通长 37.0、通宽 1.6、手柄带环长 9.7	未定级	80.9	2002年12月26日鄂城棉花公司 J30:37
111	69849	三国吴铁刀	铁	残长 14.8、通宽 1.5	未定级	32.5	2000年3月3日司徒村 M64:6
112	08549	汉铁凿	铁	通长 12.5、通宽 1.7、厚 1.5	未定级	63.1	2002年12月15日鄂城棉花公司 J30:3
113	09103	东晋铁箭镞	铁	通长 11.7、通宽 1.5	未定级	33.1	2003年11月13日吴王城14号房 C13桩孔
114	07912	三国吴铁锤	铁	通长 10.3、通宽 3.1	未定级	406.8	1991年8月鄂钢饮料厂 M1
115	07930	东晋铁剪刀	铁	残长 9.8、通宽 4.7	未定级	80.8	1980年10月五里墩 M1:乙4
116	08527	东汉铁斧	铁	通长 6.6、通宽 5.9、厚 2.7	未定级	229.0	2002年4月21日鄂城棉花公司 J26:15
117	69567	三国吴铁甗	铁	通长 10.5、釜口宽 13.1、残刃 9.5	未定级	337.8	2003年11月6日吴王城12号房 A9拉孔采集
118	07926	三国吴铁镜	铁	直径 15.7、高 3.2	未定级	545.4	1970年10月朱家垴（武沙铁路）M8右:19
119	07928	东晋铁镜	铁	直径 14.1	未定级	1000.3	1981年10月鄂城火车站 M1:3
120	07927	东晋铁镜	铁	直径 15.6	未定级	624.9	1981年10月鄂城火车站 M1:12
121	07929	南朝铁镜	铁	直径 12.0、厚 1.7	未定级	380.1	1981年10月鄂钢冷轧车间 M14:24

附录B 铁器保护修复前后照片

序号	器物名称、编号	修复前	修复后
1	战国时代铁甾（07354）		
2	战国时代铁匜（00801）		
3	战国时代铁釜（07353）		
4	汉铁矛（08588）		

续表

序号	器物名称、编号	修复前	修复后
5	汉环首铁削刀（08589）		
6	汉环首铁削刀（08584）		
7	汉铁矛（68120）		
8	汉铁矛（68121）		
9	汉铁矛（08585）		

附录

续表

序号	器物名称、编号	修复前	修复后
10	汉铁矛（08550）		
11	汉铁戟（08577）		
12	汉铁戟（08578）	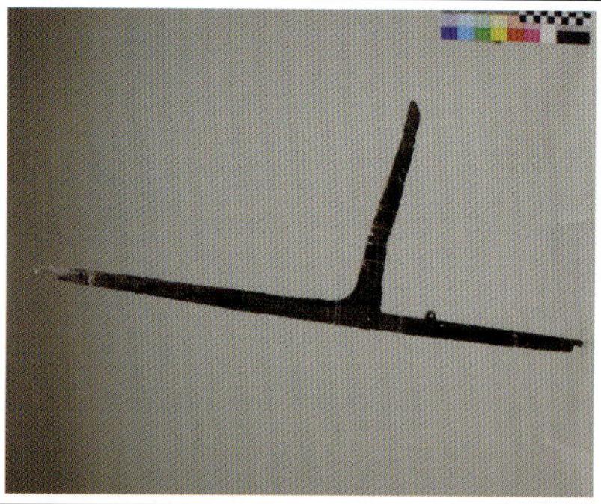	
13	汉铁剑（08552）		
14	汉铁剑（01124）		

续表

序号	器物名称、编号	修复前	修复后
15	汉环首铁削刀（08587）		
16	汉铁刀（08559）		
17	汉环首铁刀（08583）		
18	汉环首铁刀（08579）		
19	汉铁凿（08549）		

续表

序号	器物名称、编号	修复前	修复后
20	东汉铁刀（00829）		
21	东汉铁刀（00827）		
22	汉铁剑（08586）		
23	东汉铁剑（00795）		
24	东汉铁剑（00800）	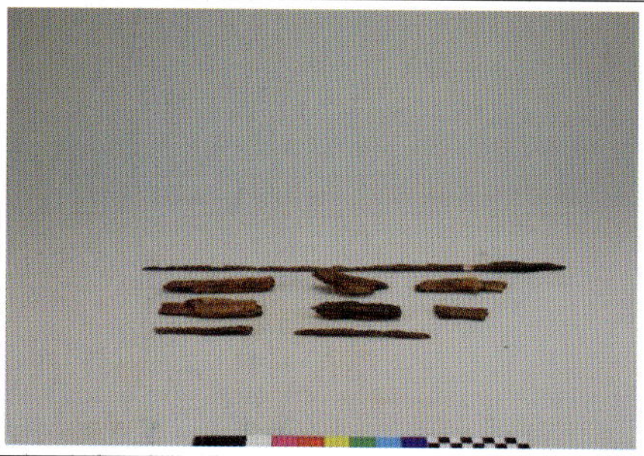	

续表

序号	器物名称、编号	修复前	修复后
25	东汉铁剑（00794）		
26	东汉铁刀（00831）		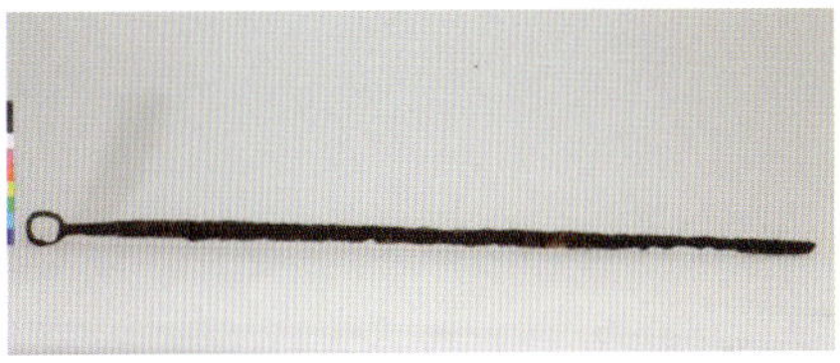
27	东汉铁刀（00830）		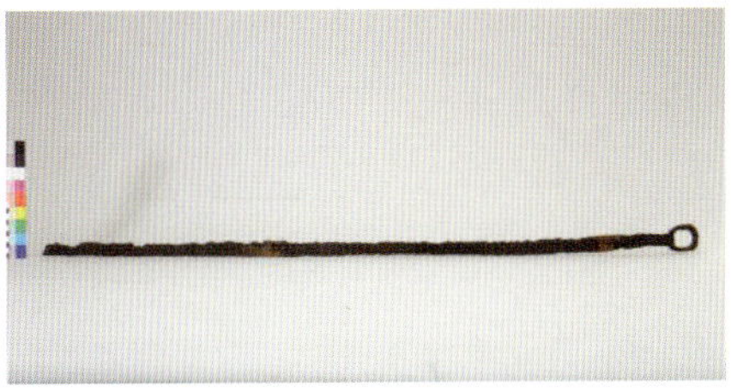
28	东汉铁剑（00799）		
29	东汉铁剑（00797）		

续表

序号	器物名称、编号	修复前	修复后
30	东汉铁剑（00798）		
31	东汉铁刀（00828）		
32	东汉铁剑（00796）		
33	东汉铁斧（08527）		
34	汉环首铁刀（08580）	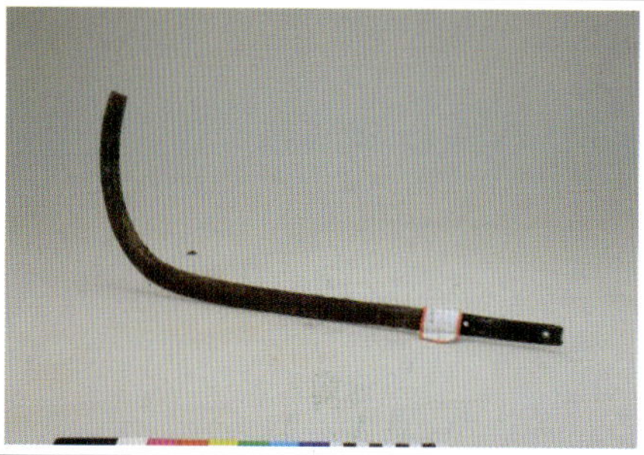	

续表

序号	器物名称、编号	修复前	修复后
35	三国吴铁水钩（09215）		
36	三国吴铁钩（01120）		
37	汉铁剑（01142）	 	 
38	三国吴铁刀（01122）		

续表

序号	器物名称、编号	修复前	修复后
39	三国吴铁刀（01118）		
40	三国吴铁刀（69849）		
41	三国吴铁削刀（01125）		
42	三国吴铁削刀（00793）		
43	三国吴铁钩（01121）		

续表

序号	器物名称、编号	修复前	修复后
44	三国吴铁凿（07907）		
45	三国吴铁凿（07908）		
46	三国吴残铁凿（07905）		
47	三国吴铁凿（07906）		
48	三国吴铁凿（07909）		

续表

序号	器物名称、编号	修复前	修复后
49	三国吴铁凿（07910）		
50	三国吴铁凿（07911）		
51	三国吴铁甾（07904）	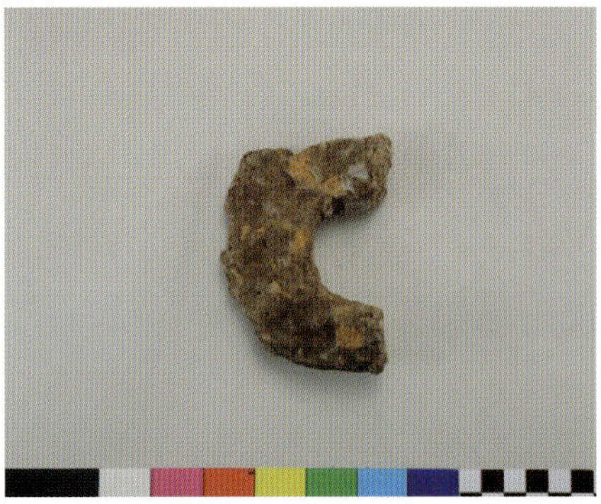	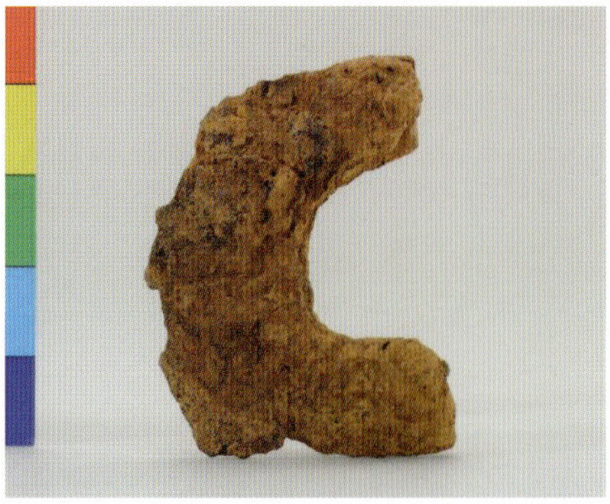
52	三国吴铁甾（07903）		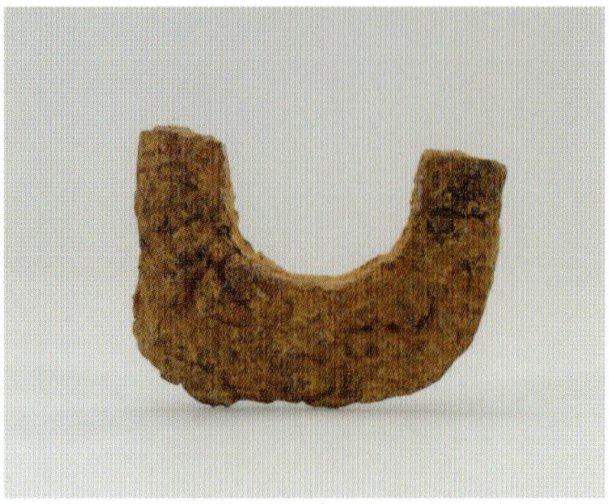

续表

序号	器物名称、编号	修复前	修复后
53	三国吴铁臿（07902）		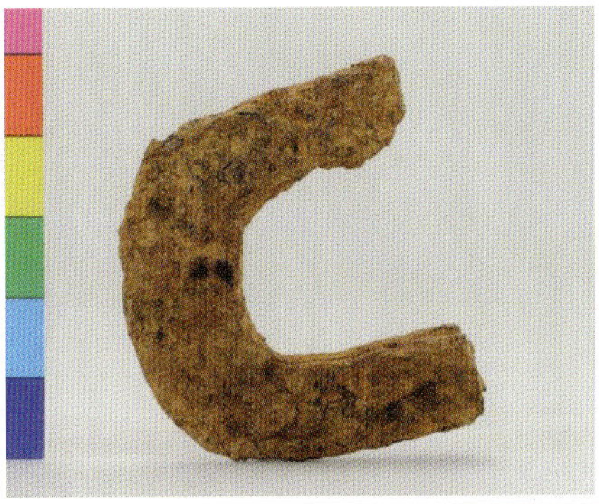
54	三国吴铁斧（07924）		
55	三国吴铁斧（07925）		
56	三国吴铁砧（07913）		

续表

序号	器物名称、编号	修复前	修复后
57	三国吴铁权（07914）		
58	三国吴铁臿（07901）		
59	三国吴残铁箕形器（07915）		
60	三国吴铁短剑（70702）		
61	三国吴铁锤（07912）		

续表

序号	器物名称、编号	修复前	修复后
62	三国吴铁甴（69567）		
63	三国吴铁镜（07926）		
64	三国吴铁鐎斗（07898）		
65	三国吴残铁鐎斗（07900）		

续表

序号	器物名称、编号	修复前	修复后
66	三国吴铁炉（10896）		
67	三国吴残铁鐎斗（07899）		
68	西晋铁刀（07931）		
69	东晋铁箭镞（09103）		
70	东晋铁剪刀（07930）		

续表

序号	器物名称、编号	修复前	修复后
71	东晋铁镜（07928）		
72	东晋铁镜（07927）		
73	南朝铁镜（07929）		
74	清铁钩（72034）		

续表

序号	器物名称、编号	修复前	修复后
75	清铁叉（01184）		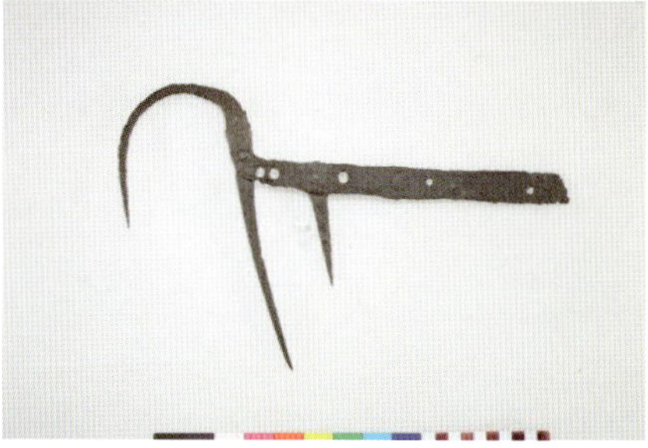
76	清铁锁（01186）		
77	清铁斧（01185）		
78	清铁锤（01180）		
79	清铁秤砣（01188）		

续表

序号	器物名称、编号	修复前	修复后
80	清铁锤（01182）		
81	清铁锤（01179）		
82	清铁挖锄（01181）		
83	清铁钟（01183）		

附录

续表

序号	器物名称、编号	修复前	修复后
84	清铁七星剑（00786）		
85	清铁剑（01175）		
86	民国铁匕首（07892）		
87	民国铁匕首（07893）		
88	民国铁匕首（07894）		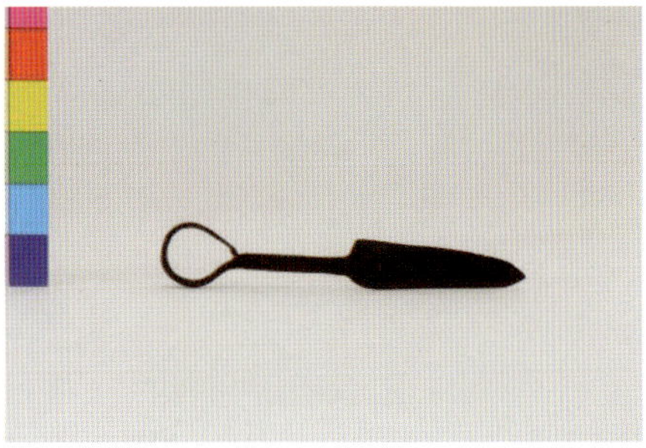

续表

序号	器物名称、编号	修复前	修复后
89	民国铁匕首（07895）		
90	民国铁刺刀（01140）		
91	民国铁刺刀（01141）		
92	民国铁梭镖（00791）		
93	民国铁矛（07889）		

续表

序号	器物名称、编号	修复前	修复后
94	民国铁矛（07890）		
95	民国铁矛（07888）		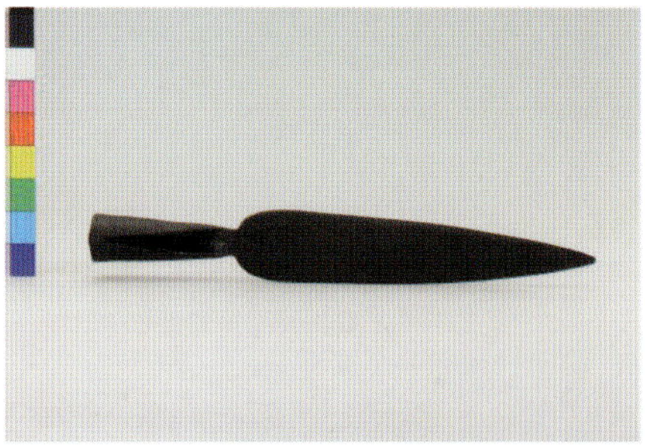
96	民国宗教用具（01173）		
97	民国铁鞭（01133）		
98	民国铁手枪（01171）		

续表

序号	器物名称、编号	修复前	修复后
99	民国铁饼模（01169）	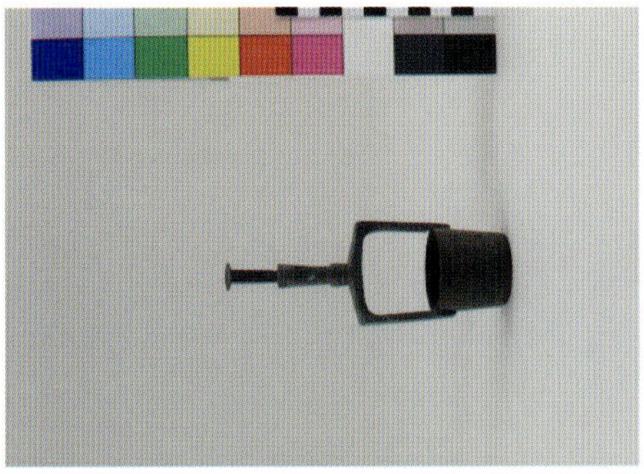	
100	民国铁飞叉（01138）		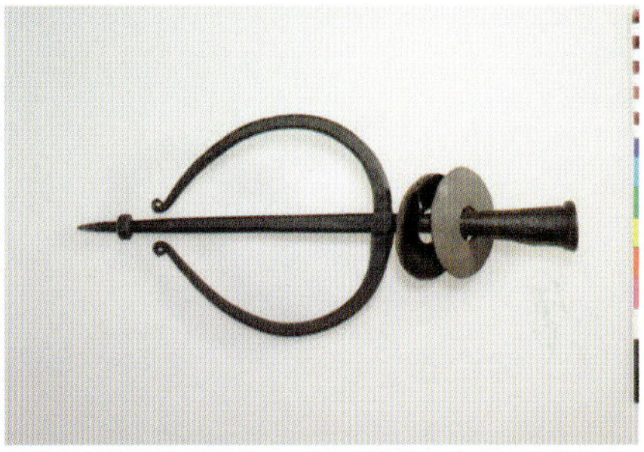
101	民国铁刀（00790）		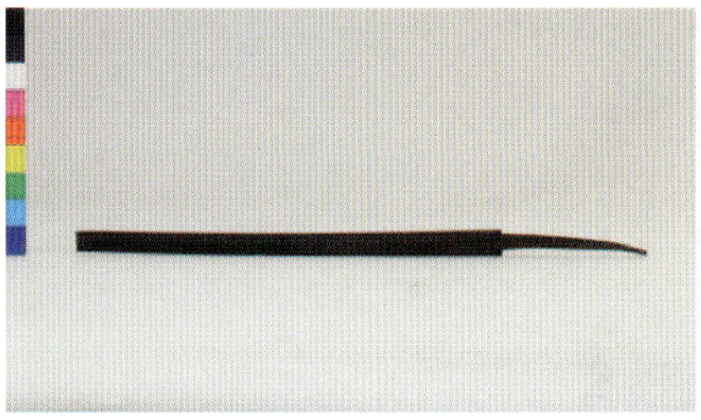
102	民国铁大刀（01126）		
103	民国铁刃木柄刀（00792）		

附录

续表

序号	器物名称、编号	修复前	修复后
104	民国铁大刀（01127）		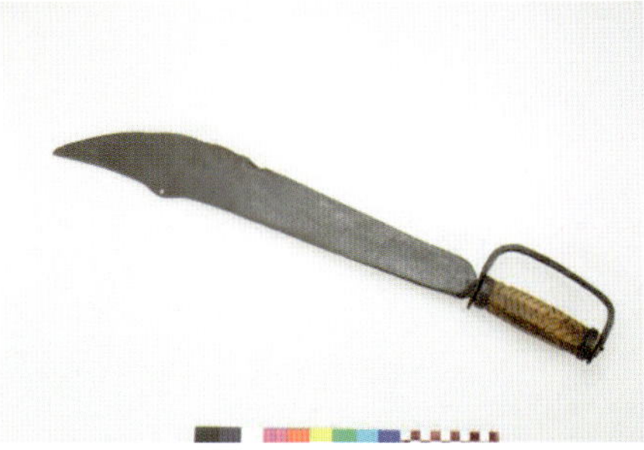
105	民国长矛铁刀（01131）		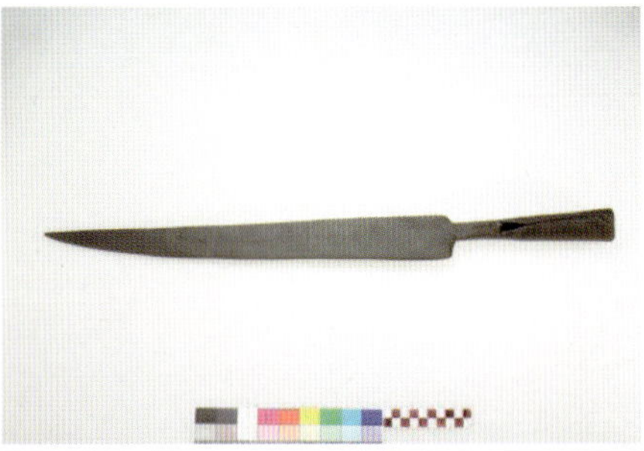
106	民国长矛铁刀（01132）		
107	民国长矛铁刀（01130）		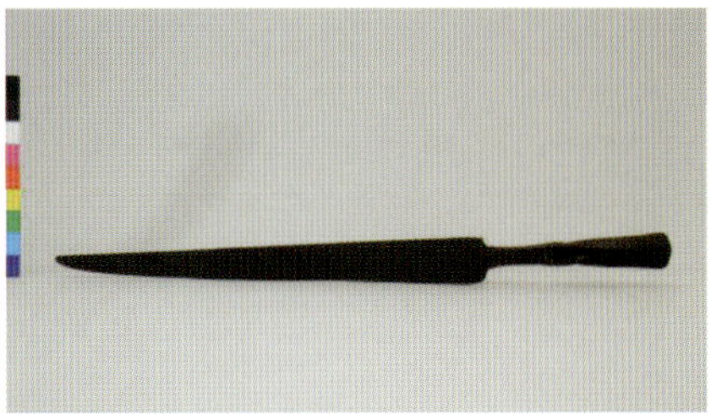
108	民国铁矛（07891）		

续表

序号	器物名称、编号	修复前	修复后
109	民国铁剑（01136）		
110	民国双手铁剑（01135）	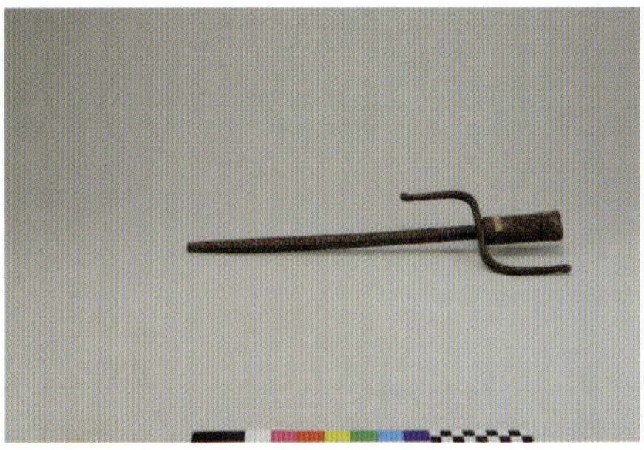	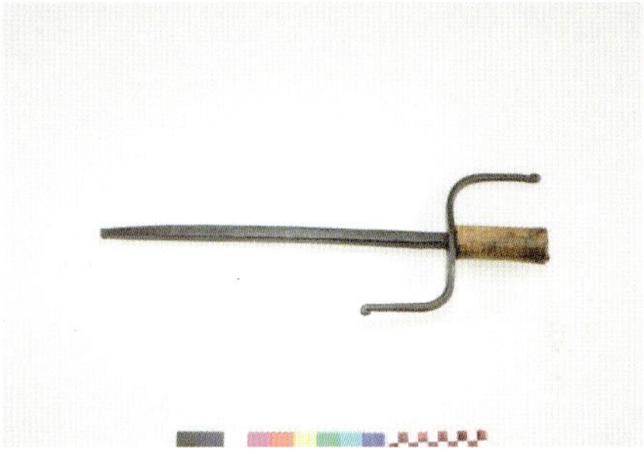
111	民国铁刺刀（01137）		
112	民国铁圣饼夹（01134）		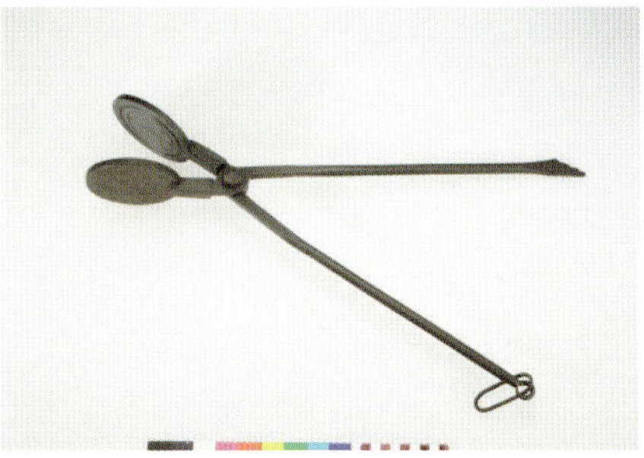
113	民国铁片刀（00789）		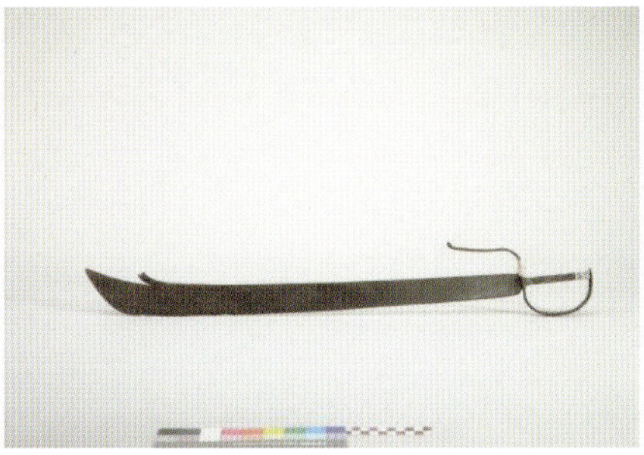

附录

续表

序号	器物名称、编号	修复前	修复后
114	民国铁大刀（01129）	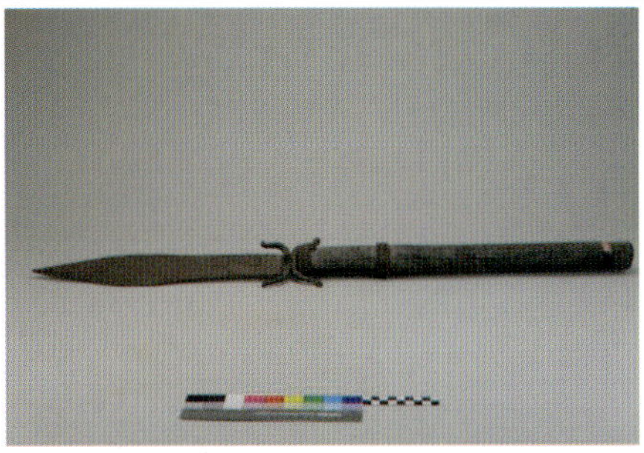	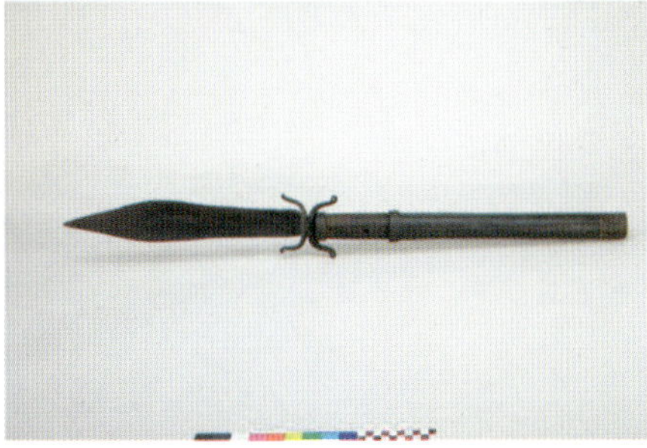
115	民国铁大刀（01128）		
116	民国铁马刀（00787）		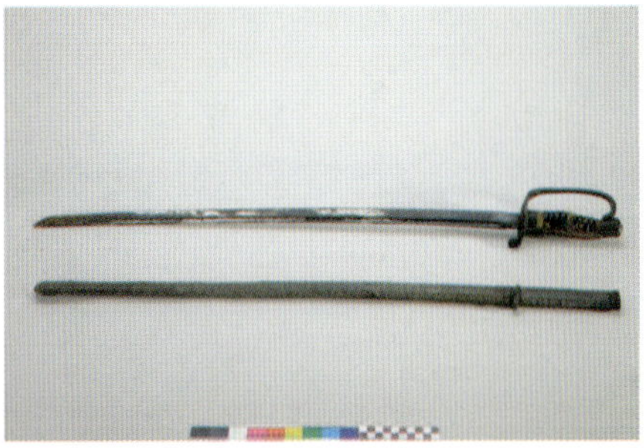
117	民国铁马刀（00788）		
118	民国宗教用具（07896）		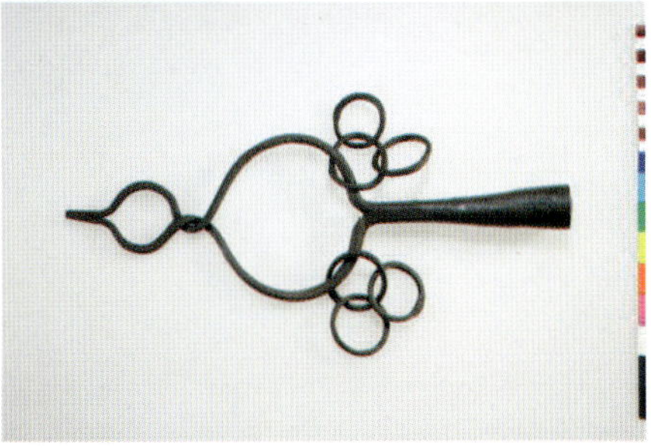

续表

序号	器物名称、编号	修复前	修复后
119	民国铁枪管（01143）		
120	民国铁刀（01139）		
121	民国铁刀（01187）		

附录

附录C 铁器X射线荧光分析总表

序号	器名器号	位	态	分析号	Cu	Sn	Pb	Fe	Ag	Sb	Mn	Ni
1	环首铁刀（06085）	刀身表面	褐色	3579	0.577	<LOD	<LOD	96.668	<LOD	<LOD	0.865	<LOD
2		首	褐色	3580	0.564	<LOD	<LOD	93.397	<LOD	<LOD	3.355	<LOD
3		鞘	褐色	3581	0.560	36.176	1.734	54.720	<LOD	<LOD	6.362	<LOD
4	铁刀（00829）	刀身	褐色	3582	1.560	<LOD	0.357	97.050	<LOD	<LOD	<LOD	<LOD
5	错金铭文环首铁刀（06084）	刀身	黑色	3583				1.010	97.015		<LOD	<LOD
6		鞘	黑色	3584	0.710	<LOD	<LOD	95.106	<LOD	<LOD	2.609	<LOD
7		金铭文	黑色	3585	0.562	<LOD	<LOD	63.186	1.035	<LOD	1.555	<LOD
8	铁刀（00827）	刀身	黄褐色	3586	2.463	<LOD	0.228	94.825	<LOD	<LOD	<LOD	<LOD
9	铁剑（08586）	剑身	褐色	3587	0.308	<LOD	<LOD	97.260	<LOD	<LOD	1.404	<LOD
10			土黄色	3588	<LOD	<LOD	<LOD	96.557	<LOD	<LOD	1.232	0.350
11	环首铁削刀（08584）	柄	褐色	3589	0.070	<LOD	<LOD	98.602	<LOD	<LOD	0.465	<LOD
12	环首铁削刀（08589）	刀身	褐色	3590	0.075	<LOD	<LOD	99.421	<LOD	<LOD	0.099	<LOD
13	铁剑（01124）	从部	褐色	3591	0.067	0.047	<LOD	99.102	<LOD	<LOD	<LOD	<LOD
14		茎部	褐色	3592	2.543	<LOD	<LOD	95.288	<LOD	<LOD	0.429	<LOD
15	铁矛（06087）	骹部	灰褐色	3593	0.425	<LOD	<LOD	83.713	<LOD	<LOD	10.856	<LOD
16	铁镅（07354）	刀表面	黄褐色	3594	0.723	<LOD	0.077	97.030	<LOD	<LOD	0.734	<LOD
17		叶表面	灰褐色	3595	0.097	<LOD	<LOD	97.179	<LOD	<LOD	1.437	<LOD
18	铁矛（08585）	骹表面	红褐色	3596	0.250	<LOD	0.059	98.197	<LOD	<LOD	0.688	<LOD
19			白色	3597	<LOD	<LOD	<LOD	20.642	<LOD	<LOD	0.451	<LOD
20	铁矛（68121）	叶表面	红褐色	3598	<LOD	<LOD	<LOD	94.680	<LOD	<LOD	3.916	<LOD
21			灰白色	3599	<LOD	<LOD	<LOD	94.693	<LOD	<LOD	2.417	<LOD
22	铁矛（68120）	叶表面	黑褐色	3600	0.207	<LOD	<LOD	99.275	<LOD	<LOD	0.148	<LOD
23		骹表面	红色	3601	0.584	<LOD	<LOD	98.535	<LOD	<LOD	0.250	<LOD
24	铁矛（08550）	叶表面	黑褐色	3602	<LOD	0.089	<LOD	45.206	0.206	<LOD	0.350	<LOD
25		骹表面	白色	3603	0.048	<LOD	<LOD	18.333	<LOD	<LOD	0.262	<LOD

续表

序号	器名器号	位	态	分析号	含量/(%) Cu	Sn	Pb	Fe	Ag	Sb	Mn	Ni
26	铁矛(08588)	叶表面	黑褐色	3604	0.817	<LOD	<LOD	98.106	<LOD	<LOD	0.201	<LOD
27			灰白色	3605	0.386	<LOD	<LOD	96.584	<LOD	<LOD	1.381	<LOD
28	铁戟(08577)	援部	黑褐色	3606	<LOD	<LOD	<LOD	99.270	<LOD	<LOD	<LOD	<LOD
29		内部	黑褐色	3607	<LOD	<LOD	<LOD	99.517	<LOD	<LOD	<LOD	<LOD
30		胡部	黑褐色	3608	<LOD	<LOD	<LOD	96.045	<LOD	<LOD	0.533	<LOD
31	铁戟(08578)	援部	黑褐色	3609	<LOD	<LOD	<LOD	99.169	<LOD	<LOD	0.114	<LOD
32		胡部	黑褐色	3610	<LOD	<LOD	<LOD	99.078	<LOD	<LOD	<LOD	<LOD
33		内部	黑褐色	3611	<LOD	<LOD	<LOD	99.450	<LOD	<LOD	0.122	<LOD
34	铁刀(01118)	刀身	黑褐色	3618	<LOD	<LOD	<LOD	92.283	<LOD	<LOD	5.411	<LOD
35		锈蚀剥落	黑褐色	3619	0.466	<LOD	<LOD	98.684	<LOD	<LOD	0.259	<LOD
36	铁钩(01120)	器身	黑褐色	3620	0.482	<LOD	<LOD	97.296	<LOD	<LOD	1.236	<LOD
37	铁剑(01142)	从部	红褐色	3621	4.498	<LOD	0.365	94.630	<LOD	<LOD	<LOD	<LOD
38		格部	绿色	3622	27.649	66.355	3.794	1.779	0.211	<LOD	<LOD	<LOD
39	铁削刀(01125)	刀身	黄色	3623	6.408	<LOD	0.958	91.738	<LOD	<LOD	<LOD	<LOD
40	铁刀(01122)	刀身	黑色	3624	1.190	<LOD	<LOD	96.140	<LOD	<LOD	1.578	<LOD
41		剥落	黄色	3625	2.258	<LOD	<LOD	96.747	<LOD	<LOD	0.157	<LOD
42	铁削刀(00793)	刀身	黑色	3626	9.960	<LOD	0.505	87.807	<LOD	<LOD	<LOD	<LOD
43		剥落	黄色	3627	0.596	<LOD	0.038	98.867	<LOD	<LOD	<LOD	<LOD
44	铁匕首(07895)	表面	黑褐色	3628	0.722	<LOD	<LOD	97.956	<LOD	<LOD	0.395	<LOD
45	铁钩(01121)	表面	黑褐色	3629	0.592	<LOD	<LOD	96.959	<LOD	<LOD	1.376	<LOD
46	铁匕首(07893)	表面	黑褐色	3630	0.940	<LOD	<LOD	97.815	<LOD	<LOD	0.481	<LOD
47	铁匕首(07894)	表面	黑褐色	3631	0.176	<LOD	<LOD	99.013	<LOD	<LOD	0.319	<LOD
48	铁匕首(07892)	表面	黑褐色	3632	0.156	<LOD	<LOD	98.906	<LOD	<LOD	<LOD	<LOD
49	铁凿(07906)	表面	褐色	3633	1.411	<LOD	<LOD	97.837	<LOD	<LOD	<LOD	<LOD
50	铁凿(07910)	表面	灰褐色	3634	0.885	<LOD	<LOD	98.397	<LOD	<LOD	<LOD	<LOD
51		剥落	黑褐色	3635	2.861	<LOD	<LOD	96.584	<LOD	<LOD	<LOD	<LOD
52	铁凿(07905)	表面	灰褐色	3636	0.755	<LOD	<LOD	98.130	<LOD	<LOD	<LOD	<LOD
53	铁凿(07911)	表面	黑褐色	3637	5.129	<LOD	<LOD	93.891	<LOD	<LOD	<LOD	<LOD
54	铁凿(07907)	表面	褐色	3638	1.042	<LOD	<LOD	97.586	<LOD	<LOD	<LOD	<LOD

续表

序号	器名器号	位	态	分析号	含量/(%)							
					Cu	Sn	Pb	Fe	Ag	Sb	Mn	Ni
55	铁凿（07909）	表面	黄褐色	3639	2.389	<LOD	<LOD	96.715	<LOD	<LOD	<LOD	<LOD
56		剥落	黑褐色	3640	1.161	<LOD	<LOD	98.440	<LOD	<LOD	<LOD	<LOD
57	铁凿（07908）	表面	黑褐色	3641	14.699	<LOD	<LOD	84.487	<LOD	<LOD	<LOD	<LOD
58		剥落	黑褐色	3642	0.594	<LOD	<LOD	99.003	<LOD	<LOD	<LOD	<LOD
59	铁臿（07902）	表面	灰褐色	3643	0.089	<LOD	<LOD	16.880	<LOD	<LOD	<LOD	<LOD
60	铁刀（07931）	表面	黄色	3644	0.183	<LOD	0.076	96.697	<LOD	<LOD	<LOD	<LOD
61	铁叉（01184）	柄表面	黑褐色	3645	0.144	<LOD	<LOD	99.173	<LOD	<LOD	<LOD	<LOD
62		叉表面	黑褐色	3646	1.146	<LOD	0.048	97.714	<LOD	<LOD	0.145	<LOD
63	铁剑（00796）	从部	黄色	3647	1.192	<LOD	0.254	96.250	<LOD	<LOD	0.598	<LOD
64	铁梭镖（00791）	镖身	灰褐色	3648	0.224	0.053	<LOD	98.355	<LOD	<LOD	0.369	<LOD
65			白色	3649	0.490	0.119	<LOD	94.940	0.231	<LOD		
66	铁刺刀（01140）	刀身表面	银色	3650	<LOD	<LOD	<LOD	12.654	<LOD	<LOD	0.063	86.233
67		刀身剥落	红褐色	3651	0.248	<LOD	<LOD	96.902	<LOD	<LOD	0.446	1.695
68		柄表面	褐色	3652	71.911	<LOD	0.031	0.175	<LOD	<LOD	<LOD	<LOD
69		鞘表面	银灰色	3653	57.221	<LOD	0.144	0.119	<LOD	<LOD	0.354	10.403
70		鞘表面	褐色	3654	0.214	0.037	<LOD	98.673	<LOD	<LOD	<LOD	<LOD
71		鞘装饰	褐色	3655	69.065	0.329	1.269	0.673	<LOD	0.052	<LOD	0.059
72	铁刺刀（01141）	从部	红褐色	3656	0.260	<LOD	<LOD	97.261	<LOD	<LOD	0.135	1.461
73		柄装饰	褐色	3657	70.034	0.181	0.524	0.512	<LOD	0.045	<LOD	0.058
74		格部	褐色	3658	57.716	1.462	5.741	1.671	<LOD	0.837	<LOD	0.160
75	铁矛（07889）	叶表面	黑褐色	3659	0.350	<LOD	<LOD	98.158	<LOD	<LOD	0.413	0.172
76	铁矛（07890）	叶表面	黑褐色	3660	0.188	<LOD	<LOD	98.811	<LOD	<LOD	0.396	<LOD
77	铁挖锄（01181）	表面	黑褐色	3661	0.439	<LOD	<LOD	99.032	<LOD	<LOD	<LOD	<LOD
78	宗教用具（01173）	柄表面	黑褐色	3662	0.073	0.069	<LOD	99.100	<LOD	<LOD	<LOD	<LOD
79		环形片表面	灰褐色	3663	<LOD	<LOD	0.258	98.306	<LOD	<LOD	0.522	<LOD
80			黑褐色	3664	0.088	<LOD	<LOD	99.236	<LOD	<LOD	0.202	<LOD
81	铁斧（07924）	表面	黄色	3665	0.226	<LOD	<LOD	98.260	<LOD	<LOD	<LOD	<LOD

续表

序号	器名器号	位	态	分析号	含量/(%)							
					Cu	Sn	Pb	Fe	Ag	Sb	Mn	Ni
82	铁斧（01185）	表面	黑褐色	3666	0.341	<LOD	<LOD	99.218	<LOD	<LOD	<LOD	<LOD
83	铁斧（07925）	表面	黄色	3667	0.926	<LOD	<LOD	98.011	<LOD	<LOD	<LOD	<LOD
84	铁斧（07925）	表面	灰褐色	3668	10.255	<LOD	<LOD	87.447	<LOD	<LOD	1.118	<LOD
85	铁锤（01182）	表面	黑褐色	3669	0.330	<LOD	<LOD	99.360	<LOD	<LOD	<LOD	<LOD
86	铁锤（01180）	表面	红褐色	3670	0.198	<LOD	<LOD	97.771	<LOD	<LOD	0.730	<LOD
87	手枪（01171）	表面	黑褐色	3671	0.332	<LOD	<LOD	97.826	<LOD	<LOD	<LOD	<LOD
88	铁秤砣（01188）	表面	黑褐色	3672	1.875	<LOD	<LOD	97.620	<LOD	<LOD	0.148	<LOD
89	铁锤（01179）	表面	红褐色	3673	0.495	<LOD	<LOD	98.691	<LOD	<LOD	<LOD	<LOD
90	铁锤（01179）	剥落	红褐色	3674	0.018	<LOD	0.006	23.123	<LOD	<LOD	<LOD	<LOD
91	铁锤（01179）	剥落	黑褐色	3675	<LOD	<LOD	<LOD	99.423	<LOD	<LOD	0.167	<LOD
92	铁匝（00801）	表面	灰褐色	3676	0.056	<LOD	0.005	15.382	<LOD	<LOD	0.465	<LOD
93	铁匝（00801）	剥落	红褐色	3677	<LOD	<LOD	<LOD	98.291	<LOD	<LOD	<LOD	<LOD
94	铁鞭（01133）	表面	黑褐色	3678	0.104	<LOD	<LOD	99.091	<LOD	<LOD	<LOD	<LOD
95	铁饼模（01169）	桶形外壁	褐色	3679	6.870	<LOD	0.050	80.086	<LOD	<LOD	0.364	12.120
96	铁饼模（01169）	方柄表面	黑褐色	3680	77.413	2.090	3.612	1.392	0.269	0.228	<LOD	0.761
97	铁钟（01183）	外表面	褐色	3681	<LOD	<LOD	0.069	98.783	<LOD	<LOD	<LOD	<LOD
98	长矛铁刀（01130）	表面	褐色	3682	<LOD	<LOD	<LOD	99.159	<LOD	<LOD	<LOD	<LOD
99	长矛铁刀（01132）	表面	褐色	3683	0.132	<LOD	<LOD	98.729	<LOD	<LOD	0.572	<LOD
100	长矛铁刀（01131）	表面	黑褐色	3684	0.680	<LOD	<LOD	98.277	<LOD	<LOD	0.435	<LOD
101	铁矛（07788）	表面	黑褐色	3685	0.144	<LOD	<LOD	98.616	<LOD	<LOD	0.416	<LOD
102	铁刀（01187）	表面	黑褐色	3686	0.235	<LOD	0.049	99.103	<LOD	<LOD	<LOD	<LOD
103		柄顶端	黑褐色	3687	0.323	<LOD	<LOD	98.131	<LOD	<LOD	0.519	<LOD
104	铁刀（01139）	鞘中部	灰黑色	3688	0.011	<LOD	<LOD	1.023	<LOD	<LOD	<LOD	<LOD
105		鞘底部	黑褐色	3689	<LOD	<LOD	<LOD	98.898	<LOD	<LOD	0.150	<LOD
106	铁剑（00795）	丛表面	红褐色	3690	0.347	<LOD	<LOD	98.532	<LOD	<LOD	<LOD	<LOD
107		丛剥落	黑褐色	3691	0.069	<LOD	<LOD	99.582	<LOD	<LOD	<LOD	<LOD
108	铁刀（00790）	黑褐色	3692	0.272	<LOD	<LOD	97.556	<LOD	<LOD	1.343	<LOD
109		刀表面	灰白色	3693	0.282	<LOD	0.070	93.013	<LOD	<LOD	1.294	2.169

续表

序号	器名器号	位	态	分析号	含量/(%)							
					Cu	Sn	Pb	Fe	Ag	Sb	Mn	Ni
110	铁飞叉（01138）	叉表面	黑褐色	3694	0.261	<LOD	<LOD	98.628	<LOD	<LOD	0.340	<LOD
111		刃表面	灰白色	3695	0.264	<LOD	<LOD	97.886	<LOD	<LOD	0.424	<LOD
112	铁大刀（01126）	刃表面	黑褐色	3696	0.362	<LOD	<LOD	98.491	<LOD	<LOD	0.473	<LOD
113		柄表面	黄褐色	3697	0.034	<LOD	0.004	0.802	<LOD	<LOD	<LOD	<LOD
114	铁大刀（01127）	刃表面	黑褐色	3698	0.206	<LOD	0.339	97.719	<LOD	<LOD	0.562	<LOD
115	铁刃木柄刀（00792）	刃表面	灰褐色	3699	0.083	<LOD	<LOD	99.153	<LOD	<LOD	<LOD	<LOD
116		格表面	黑色	3700	57.572	0.384	3.163	1.017	<LOD	0.074	<LOD	0.292
117	铁剑（01175）	丛表面	黑褐色	3701	0.633	<LOD	<LOD	98.975	<LOD	<LOD	<LOD	<LOD
118		丛表面	黄褐色	3702	0.096	<LOD	<LOD	99.523	<LOD	<LOD	<LOD	<LOD
119	铁七星剑（00786）	格表面	黑色	3703	62.066	0.708	2.569	1.017	<LOD	0.275	<LOD	0.05
120		鞘装饰表面	黄褐色	3704	68.610	0.660	3.071	1.189	<LOD	0.110	<LOD	0.227
121		首表面	黑色	3705	<LOD	3.193		10.265	<LOD	0.414	0.405	0.756
122	铁剑（01135）	表面	褐色	3706	<LOD	<LOD	<LOD	99.383	<LOD	<LOD	<LOD	<LOD
123	铁刺刀（01137）	刃表面	褐色	3707	0.250	<LOD	<LOD	97.688	<LOD	<LOD	0.770	<LOD
124	铁剑（01136）	剑表面	褐色	3708	0.578	<LOD	<LOD	97.274	<LOD	<LOD	<LOD	<LOD
125	铁圣饼夹（01134）	饼夹表面	褐色	3709	0.082	<LOD	<LOD	99.283	<LOD	<LOD	<LOD	<LOD
126	铁片刀（00789）	刀表面	褐色	3710	0.129	<LOD	<LOD	98.649	<LOD	<LOD	0.568	<LOD
127	铁剑（00800）	叶表面	黑褐色	3711	0.311	<LOD	<LOD	99.185	<LOD	<LOD	<LOD	<LOD
128	铁大刀（01129）	刀表面	灰白色	3712	0.106	<LOD	0.036	98.233	<LOD	<LOD	0.292	<LOD
129	铁大刀（01128）	刀表面	灰白色	3713	0.168	<LOD	<LOD	98.664	<LOD	<LOD	0.368	<LOD
130	铁面（69567）	刃表面	黑褐色	3714	7.839	<LOD	<LOD	90.367	<LOD	<LOD	0.710	<LOD
131	铁釜（07353）	腹表面	黑色	3715	0.197	<LOD	<LOD	94.366	<LOD	<LOD	4.208	<LOD
132			灰白色	3716	0.270	<LOD	<LOD	93.260	<LOD	<LOD	4.090	<LOD
133	铁水钩（09215）	器表面	黑褐色	3717	<LOD	<LOD	<LOD	94.772	<LOD	<LOD	3.452	0.352
134	环首铁刀（08580）	刃表面	灰褐色	3718	<LOD	<LOD	<LOD	96.342	<LOD	<LOD	1.875	<LOD

续表

序号	器名器号	位	态	分析号	Cu	Sn	Pb	Fe	Ag	Sb	Mn	Ni
135	铁矛（07891）	叶表面	黑褐色	3719	0.195	<LOD	<LOD	98.605	<LOD	<LOD	0.439	0.120
136	宗教用具（07896）	柄表面	黑褐色	3720	0.753	0.047	<LOD	98.138	<LOD	<LOD	0.398	<LOD
137		环表面	黑表面	3721	0.602	0.054	<LOD	98.090	<LOD	<LOD	0.460	0.264
138	铁酱（08549）	刃部	灰白色	3722	0.217	<LOD	<LOD	92.471	<LOD	<LOD	5.247	<LOD
139		銎部	红褐色	3723	0.401	<LOD	0.041	95.420	<LOD	<LOD	2.549	<LOD
140	环首铁刀（08583）	柄部	黑褐色	3724	0.085	<LOD	<LOD	97.386	<LOD	<LOD	1.234	0.325
141	铁短剑（70702）	从表面	黄色	3725	1.171	<LOD	0.110	97.123	<LOD	<LOD	<LOD	<LOD
142		从剥落	黑褐色	3726	0.571	<LOD	<LOD	98.950	<LOD	<LOD	<LOD	<LOD
143	环首铁刀（08579）	刃表面	黑褐色	3727	0.482	<LOD	<LOD	98.193	<LOD	<LOD	0.445	<LOD
144	铁钩（72034）	表面	灰白色	3728	0.888	<LOD	<LOD	91.306	<LOD	<LOD	5.566	<LOD
145			黑褐色	3729	0.440	<LOD	<LOD	95.032	<LOD	<LOD	3.294	<LOD
146	铁刀（08559）	刃表面	黑褐色	3730	0.623	<LOD	<LOD	97.934	<LOD	<LOD	0.561	<LOD
147	环首铁削刀（08587）	刃表面	红褐色	3731	<LOD	<LOD	<LOD	97.078	<LOD	<LOD	1.828	<LOD
148			灰白色	3732	0.938	<LOD	<LOD	89.582	<LOD	<LOD	5.189	0.993
149	铁斧（08527）	銎表面	黑褐色	3733	0.136	<LOD	<LOD	98.687	<LOD	<LOD	0.573	<LOD
150	铁刀（69849）	刃表面	黄色	3734	2.737	<LOD	<LOD	95.478	<LOD	<LOD	<LOD	<LOD
151	铁锤（07912）	表面	黑褐色	3735	0.630	<LOD	<LOD	98.914	<LOD	<LOD	2.185	<LOD
152	铁箭镞（09103）	表面	灰白色	3736	<LOD	<LOD	<LOD	95.721	<LOD	<LOD	<LOD	<LOD
153	环首铁刀（10896）	刃表面	黄褐色	3744	1.633	<LOD	<LOD	97.633	<LOD	<LOD	<LOD	<LOD
154	铁锥斗（07898）	残片断口	黑褐色	3745	1.747	<LOD	<LOD	97.810	<LOD	<LOD	<LOD	<LOD
155		口沿表面	红褐色	3746	0.864	<LOD	<LOD	98.438	<LOD	<LOD	0.123	<LOD
156	铁锥斗（07900）	口沿断口	黑褐色	3747	0.798	<LOD	<LOD	98.786	<LOD	<LOD	<LOD	<LOD
157	铁剑（00794）	从部	黑褐色	3748	0.106	<LOD	<LOD	99.343	<LOD	<LOD	<LOD	<LOD
158			黄色	3749	1.948	<LOD	0.062	97.451	<LOD	<LOD	<LOD	<LOD
159	铁剑（00799）	从部	黄色	3750	3.624	<LOD	0.941	92.444	<LOD	<LOD	0.262	<LOD
160		剥落	黑褐色	3751	0.423	<LOD	<LOD	98.827	<LOD	<LOD	<LOD	<LOD
161	铁刀（00831）	刃表面	黑褐色	3752	0.281	<LOD	<LOD	99.049	<LOD	<LOD	<LOD	<LOD

续表

序号	器名器号	位	态	分析号	含量/(%) Cu	Sn	Pb	Fe	Ag	Sb	Mn	Ni
162	铁刀（00830）	刃表面	黑褐色	3753	0.527	<LOD	<LOD	98.991	<LOD	<LOD	<LOD	<LOD
163	铁剑（00798）	从表面	黑褐色	3754	0.333	<LOD	<LOD	99.154	<LOD	<LOD	<LOD	<LOD
164	铁剑（00797）	从表面	红色	3755	1.284	<LOD	0.196	96.649	<LOD	<LOD	<LOD	<LOD
165		从表剥落	黑褐色	3756	0.493	<LOD	<LOD	99.019	<LOD	<LOD	<LOD	<LOD
166	铁刀（00828）	刃表面	黑褐色	3757	0.580	<LOD	<LOD	99.112	<LOD	<LOD	<LOD	<LOD
167	铁剑（08552）	从表面	灰色	3758	0.310	<LOD	<LOD	98.745	<LOD	<LOD	0.106	<LOD
168		茎表面	黑褐色	3759	0.089	<LOD	<LOD	98.981	<LOD	<LOD	0.152	<LOD
169	铁枪管（01143）	表面	黑褐色	3760	0.284	<LOD	<LOD	97.412	<LOD	<LOD	0.601	0.543
170		鞘表面	银	3761	2.137	<LOD	<LOD	26.807	<LOD	<LOD	<LOD	66.788
171	铁马刀（00788）	格表面	褐色	3762	69.598	0.141	0.701	0.358	<LOD	<LOD	<LOD	0.048
172		柄装饰件	褐色	3763	63.876	0.119	0.720	0.397	<LOD	<LOD	<LOD	<LOD
173		刃表面	红褐色银色	3764	0.142	<LOD	<LOD	97.872	<LOD	<LOD	0.738	0.667
174		鞘穿表面	黑色	3765	50.810	1.418	6.959	2.783	<LOD	0.666	0.126	5.835
175	铁马刀（00787）	格表面	黑色	3766	70.591	0.804	1.091	0.355	<LOD	0.087	<LOD	1.096
176		柄表面	褐色	3767	71.315	0.382	1.059	0.328	<LOD	<LOD	<LOD	0.167
177	铁锁（01186）	锁头	灰褐色	3768	0.172	<LOD	<LOD	98.641	<LOD	<LOD	0.391	<LOD
178		锁链	黑褐色	3769	0.843	<LOD	<LOD	97.590	<LOD	<LOD	0.278	0.307

注：其中错金铭文环首铁刀（06084）刃身金 0.645%，金铭文含金 32.59%；铁梭镖（00791）镖身含钴 3.929%；铁刺刀（01140）鞘表面含锌 27.881%，鞘表面含锌 32.029%；铁刺刀（01141）鞘装饰部位含锌 28.525%，柄装饰部位含锌 28.615%，格部位含锌 32.266%。

后　记

　　每一次的文物保护修复都是一个对文物价值再认知的过程，是一个对保存状态再评估的过程，也是文物保护与修复实践相印证的过程。

　　《鄂州市博物馆馆藏铁器保护修复报告》的出版，是鄂州市博物馆进一步加强馆藏文物保护工作的重要举措。对文物保护修复过程的忠实记录，对保护材料、技术及实施工艺的详细描述，对保护修复效果的客观评价等，将为完整、准确地揭示文物的价值和内涵，宣传、推广文物保护修复技术和成功经验，切实提高保护修复水平，促进馆藏文物保护科学化和规范化发挥积极作用。

　　本书的编辑出版，得到了湖北省文化和旅游厅、湖北省文物考古研究院、北京大学考古文博学院、鄂州市文化和旅游局的指导和支持。湖北省文物考古研究院研究员李玲、副研究员卫扬波参与图文审核修改，全书照片由湖北省博物馆郝勤建拍摄。在此，一并致以真诚的谢意。本书是我馆正式出版的第一本馆藏文物保护修复报告，如有疏漏错误，恳请读者批评指正。

编　者